Franz Carl Müller

Psychopathologie des Bewusstseins

Für Ärzte und Juristen bearbeitet

Franz Carl Müller

Psychopathologie des Bewusstseins
Für Ärzte und Juristen bearbeitet

ISBN/EAN: 9783743337978

Hergestellt in Europa, USA, Kanada, Australien, Japan

Cover: Foto ©berggeist007 / pixelio.de

Manufactured and distributed by brebook publishing software
(www.brebook.com)

Franz Carl Müller

Psychopathologie des Bewusstseins

PSYCHOPATHOLOGIE

DES

BEWUSSTSEINS.

FÜR AERZTE UND JURISTEN BEARBEITET

VON

Dr. FRANZ CARL MÜLLER,

DIRIGIRENDEM ARZT IN ALEXANDERSBAD.

LEIPZIG,

VERLAG VON AMBR. ABEL.

1889.

Vorwort.

Die Lehre vom Bewusstsein beschäftigt uns in zweifacher Hinsicht. Während wir uns einerseits klar zu machen haben, was man überhaupt unter Bewusstsein versteht, und dabei manche Theorie erfahren werden, die, umsponnen von philosophischen und metaphysischen Kunstausdrücken nichts weniger als leicht verständlich ist, betreten wir bei der Schilderung der Krankheiten des Bewusstseins ein Gebiet, das schon vielfach bearbeitet wurde, das grosse praktische Wichtigkeit hat und durch Beispiele aus dem Leben dem Verständniss näher gebracht werden kann.

Im Anschluss an meine im 39. Jahrgang, Heft II, von „Friedreichs Blättern für gerichtliche Medicin" erschienene Arbeit: „Bewusstsein und Bewusstseinsstörungen" gehe ich in den nachfolgenden Kapiteln daran, dasselbe Thema ausführlich durchzusprechen, wobei ich die juristische Seite der aufgeworfenen Fragen einer eingehenden Beachtung würdigen werde. Der Gang des Buches soll im Ganzen etwa der sein, dass zuerst die einzelnen Theorien des Begriffes Bewusstsein (vom medicinischen, juristischen und philosophischen Standpunkt) reproducirt werden. Daran schliesst sich eine Betrachtung aller Zustände, in denen das Bewusstsein eine Störung erfährt oder aufgehoben wird und den Schluss bildet ein kurzes Resumé der verschiedenen Ansichten, wie sich Arzt, Richter und Strafgesetzbuch zu den vorher erläuterten Ausnahmezuständen der Psyche stellen.

Es liegt nicht in meiner Absicht, bei den einzelnen Kapiteln (wie bei der Hypnose, bei der Trunksucht u. s. w. u. s. w.) eine ausführliche Literaturangabe zu bringen, für viel wichtiger halte ich es, durch prägnante Beispiele aus dem praktischen Leben den Einfluss zu beweisen, den Bewusstseinspausen auf das Handeln des Menschen ausüben.

Alexandersbad, im Mai 1889.

Franz Carl Müller.

Inhaltsverzeichniss.

Erster Theil.
Der Begriff Bewusstsein.

Der Begriff Bewusstsein ist, so klar er auch zu sein scheint, doch unendlich schwer zu definiren. Ein Jeder weiss, oder glaubt wenigstens zu wissen, was Bewusstsein ist, aber wenn er daran geht, sich über das, was ihm so klar erscheint, in Worten auszudrücken, dann sieht er erst ein, wie er sich winden und drehen muss, um eine nur einigermassen befriedigende Erklärung zu geben. Die diesbezügliche Literatur ist ein getreues Spiegelbild meines eben Gesagten. Während der Eine mit dem Rüstzeug dunkelster, philosophischer Kunstausdrücke einherschreitet, glaubt der Andere mit einem kräftigen Satze den gordischen Knoten zu zerhauen und sagt: „Das Bewusstsein ist das Wissen vom Sein."

Ich will im Nachstehenden die einzelnen Ansichten wiederholen und besprechen und am Schlusse in Zusammenfassung des Gehörten selbst versuchen, eine genügende Erklärung zu geben.

Dr. Schwartzer sagt in seiner Abhandlung: „Die Bewusstlosigkeitszustände als Strafausschliessungsgründe"*): „Das Bewusstsein ist etwas bis jetzt Unerklärbares, etwas Ursprüngliches, unmittelbar Gegebenes, und alle Bemühungen, das Wesen desselben zu ergründen, führen resultatlos auf die dürren und unfruchtbaren Haiden der Metaphysik."

Es ist eine Function der Seele, aber nicht identisch mit ihr, denn die Seele ist ja auch im bewusslosen Zustande (z. B. im Schlafe) vorhanden. Bewusstsein ist ein inneres Gewahrwerden, ein mehr oder minder deutliches Gefühl dessen, was als geistiges Leben

---

*) l. c. p. 5.

in uns vorgeht, ein Wahrnehmen der eigenen Existenz und Persönlichkeit als eines von der Aussenwelt abgeschlossenen, selbständigen Wesens — und nebstbei eines bestimmten Complexes von Empfindungen, Vorstellungen und Willensthätigkeiten. Aber wie das alles vor sich geht und wie der Mechanismus der Seele functionirt, das ist der wissenschaftlichen Forschung bisher unentdeckt geblieben.

Schwartzer stellt zwei Eigenschaften des zu erklärenden Begriffes neben einander: einerseits die Wahrnehmung der eigenen Persönlichkeit und andrerseits das Vorhandensein eines bestimmten Complexes von Empfindungen, Vorstellungen und Willensthätigkeiten. Oder mit anderen Worten: er denkt sich das Bewusstsein als einen Vorgang, bei dem aus einem bestehenden Schatze von psychischen Fähigkeiten etwas herausgenommen wird, und hält es ausserdem für nothwendig, dass diese Herausnahme dem Centralorgane bekannt wird, dass sie ein bestimmtes Gefühl erzeugt.

Wir werden im Nachfolgenden einsehen, wie nahe diese Definition der Schlusserklärung kommt, nur wird bei der letzteren das Hauptgewicht gerade auf die Relation zwischen dem Einzelvorgang und dem gesammten Gehirnleben gelegt.

Wenn ich im Citiren der geläufigsten Ansichten weiterfahre, dürften an dieser Stelle einige Sätze aus dem „Leitfaden der Psychiatrie" von Neumann Platz finden:

„Das Bewusstsein des Menschen ist die einzige, unbestreitbare Basis unseres Wissens."

„Die Bewusstseinserscheinungen folgen bei allen Menschen denselben Grundgesetzen, was jedoch individuelle, namentlich qualitative Unterschiede nicht ausschliesst."

„Das Bewusstsein, statt dessen wir die Formel: Seele setzen können, ist vom räumlichen Dasein des Körpers abhängig. Es lebt nicht im Raume und beansprucht keinen Raum für sich; man darf also nicht nach dem Sitz der Seele, sondern nur nach dem Organ (Werkzeug) der Seele fragen."

„Seit Jahrhunderten hat man das Gehirn als das Organ der Seele angesprochen. Wenn es feststeht, dass die peripherischen, sensiblen und motorischen Nerven nach ihrer Durchschneidung dem Bewusstsein weder Stoffe zuführen, noch Aufträge von ihm erhalten, so ist damit erwiesen, dass der sog. Sitz des Bewusstseins nicht in ihnen enthalten ist, sondern an dem Orte, zu welchem jene die Reizzustände zuführen und von welchem jene ihre Reizzustände empfangen. Hiermit werden wir nothwendig auf das Gehirn gewiesen und weil das Gehirn mit Ausnahme der Rinde nur aus einer den Nerven homogenen Substanz besteht, so musste die Rinde der Ort sein, auf den man unter diesem Gesichtspunkt verfiel. — Das Bewusstsein verkehrt mit der Aussenwelt durch unsere Sinnesorgane, doch so, dass nicht die Aussenwelt direct, sondern nur die Veränderungen, welche sie in unseren Sinnesorganen erzeugt, in unser Bewusstsein gelangen."

Hier begegnen wir schon dem ersten Widerspruche: Während Neumann Bewusstsein und Seele als identisch annimmt, sagt Schwartzer, man müsse die beiden Begriffe trennen, denn im Schlafe sei ja zwar die Seele, aber kein Bewusstsein vorhanden. — Die Frage nach dem Sitze des Bewusstseins ist von Neumann sehr gut besprochen. Wir werden gleichsam per exclusionem auf die Gehirnrinde gewiesen. Im Weiteren sehen wir, dass auch diese Localisation noch mehr eingeschränkt werden kann.

G. H. Schneider meint in seiner Schrift: „Die psychologische Ursache der hypnotischen Erscheinungen"*): „Das Bewusstsein ist das Wissen vom Sein." Er meint, wenn wir vom Bewusstsein sprechen, so thun wir dies von einem zweifachen Standpunkt aus: erstens verstehen wir darunter einfach die blosse Aufmerksamkeit, mit der wir bewusste Bewegungen von unbewussten unterscheiden, und zweitens denken wir an den Gefühlseindruck, den eine bewusste Handlung hinterlässt. „Nach dem ersten Begriff ist eine Wahrnehmung erst dann eine bewusste, wenn sie eine Apperception, nach dem zweiten Begriffe dagegen schon dann, wenn sie eine Perception ist."

Möge auf die einfache Erklärung Schneiders gleich Riegers**) Ansicht folgen:

1. Man weiss und kann sagen, was man gerade denkt und thut und dieses Wissen ist ein solches, dass man auch später noch davon sagen kann;

---

*) Leipzig, Ambrosius Abel 1880.
**) Hypnotismus, p. 79.

2. Derjenige Geisteszustand, in dem man im Stande ist, mit freier Ueberlegung zu handeln."

Wir lernen hier eine neue Eigenschaft des Bewusstseins kennen: „dass man auch später noch davon sagen kann." Diese Eigenschaft, die Reproductionsfähigkeit, ist von eminenter Bedeutung bei der Beurtheilung krankhafter Zustände, denn die Amnesie ist oft das einzige Symptom, welches uns berechtigt, in foro an eine tiefere, etwa durch Alkohol oder Epilepsie ausgelöste Beschränkung der Zurechnungsfähigkeit zu denken.

Auch an die Zurechnungsfähigkeit denkt Rieger bei seiner Definition, wenn er das Bewusstsein einen Zustand heisst, in dem man mit freier Ueberlegung handeln kann. Wenn ein Subject in seiner freien Willensentschliessung irgendwie gehemmt oder gebunden ist, so nimmt seine strafrechtliche Verantwortlichkeit im concreten Falle entsprechend ab.

In dem eben citirten Werke erklärt Rieger gelegentlich der Schilderung des Hypnotismus, dass uns gerade bei Betrachtung hypnotischer Zustände klar wird, wie sehr die Verfassung des sogenannten Bewusstseins abhängig ist von den Sinneseindrücken. Er reproducirt eine Bemerkung von Reil: „wir würden dem Bewusstsein und dem Wahnsinn bald auf die Spur kommen, wenn wir erst wüssten, was Schlaf und Wachen sei."

In Krafft-Ebing's Lehrbuch der Psychiatrie*) lesen wir: „Das Bewusstsein repräsentiren die in der Zeiteinheit im wissenden Ich gegenwärtigen Vorstellungen. Die Elemente unseres Bewusstseins und damit alles geistigen Lebens und Wirkens sind die Vorstellungen." —

Es mag hier der Platz sein, in Kurzem die bisher gefundenen Thatsachen zu wiederholen: das Bewusstsein ist eine Function der Seele (Schwartzer), sein Sitz ist in der Gehirnrinde (Neumann), es hat die Fähigkeit, zu reproduciren, und von seiner Verfassung ist die Möglichkeit freier Ueberlegung abhängig (Rieger), es verkehrt durch die Sinnesorgane mit der Aussenwelt (Neumann), seine Elemente sind die Vorstellungen (Krafft-Ebing).

Es ist bei der Erklärung eines so difficilen Begriffes und bei

---

*) p. 41.

dem Versuche, sich in einem Chaos von differenten Ansichten ein klares Selbsturtheil zu bilden, nothwendig, dass wir methodisch, Schritt für Schritt vorwärts gehen, dass wir die einzelnen Ansichten gründlich durchsprechen und schliesslich all' das, was uns brauchbar erscheint, recapitulirend zusammenfassen.

Wir kommen nun zu einer eingehenden Erörterung von Kräpelin in seinem Lehrbuch der Psychiatrie*): „Aeussere Reize erzeugen in unserm Innern gewisse eigenthümliche, nicht näher definirbare Zustandsveränderungen, die wir unmittelbar auffassen und als Vorstellungen, Gefühle, Strebungen u. dgl. bezeichnen. Diese allgemeinste Thatsache der inneren Erfahrung bezeichnen wir als das Bewusstsein. Ueberall, wo äussere Eindrücke in psychische Vorgänge umgesetzt werden, ist Bewusstsein vorhanden, denn dasselbe ist eben nichts Anderes als ein Ausdruck für das Stattfinden dieser Umwandlung. Das Wesen des Bewusstseins ist für uns absolut dunkel, wir wissen nur, dass die Existenz desselben in gesetzmässiger Abhängigkeit von den Functionen der Hirnrinde steht und dass auch die einzelnen Vorgänge im Bewusstsein höchst wahrscheinlich gewissen, bisher noch unbekannten physiologischen Processen im Centralorgane parallel gehen, resp. an sie gebunden sind. Wie von der Beschaffenheit der peripheren Sinnesorgane die Umsetzung der physikalischen Reize in Sinneserregung abhängig ist, so sind weiterhin die Zustände des Centralorganes für die Umwandlung der physiologischen Erregungen in Bewusstseinsvorgänge von massgebender Bedeutung. Ob und in welchem Masse diese letztere Umwandlung stattfindet, das ist bisher im Einzelfalle oft äusserst schwierig zu eruiren, da uns in die innere Erfahrung eines Individuums kein directer Einblick, sondern nur ein Rückschluss aus seinem äusseren Verhalten möglich ist. Aus diesem letzteren allein entnehmen wir mit grösserer oder geringerer Wahrscheinlichkeit, ob dasselbe als Resultat psychischer Vorgänge zu betrachten ist oder nicht."

Also die Umwandlung äusserer Eindrücke in psychische Vorgänge und die dabei stattfindenden Zustandsveränderungen der Psyche bezeichnet Kräpelin als Bewusstsein.

----

*) III. Aufl. 1889. p. 85 f.

So lange also physiologische Reize in psychische Vorgänge umgesetzt werden, ist ein Individuum bewusst, wenn das nicht mehr stattfindet, dann ist das Handeln unbewusst, es tritt Bewusstlosigkeit ein.

Jeder Reiz, der an die Bewusstseinsschwelle herantritt, muss eine gewisse Intentität haben, die natürlich temporär und individuell den grössten Schwankungen unterworfen ist. Während bei gespannter Aufmerksamkeit ein kleiner Anstoss genügt, um einen psychischen Eindruck auszulösen, gehen bei Störungen des Bewusstseins oft die stärksten Eindrücke spurlos vorüber. Wirken auf dasselbe Individuum gleichzeitig zwei Reize ein, so gelangt jedes Mal nur der intensivere zum Bewusstsein, während der schwächere einfach keine Reaction verursacht. Nach der nothwendigen Grösse des jeweiligen Reizes unterscheiden wir die verschiedenen Helligkeitsgrade des Bewusstseins. Die Klarheit des Bewusstseins ist abhängig von der Erfassung äusserer und innerer Eindrücke durch die Aufmerksamkeit.

Durch Kräpelin's Erörterung sind wir einen Schritt weiter gegangen, wir haben jetzt Grade und Abstufungen des Bewusstseins gefunden und wissen, dass die verschiedenen Helligkeitsgrade unter dem Einflusse vorübergehender, individuell höchst differenter Eindrücke stehen.

Noch in anderer Weise können wir weiter vorwärts schreiten. Während wir vorher die Gehirnrinde als den Sitz des Bewusstseins bezeichneten, können wir dies näher präcisiren. Wir werden nach den Ausführungen von Wernicke*) in seiner Abhandlung: „Ueber das Bewusstsein" auf die Grosshirnrinde gewiesen. Es ist nicht uninteressant, dem Gedankengange Wernicke's zu folgen: Mit der Entwickelung der Grosshirnrinde nimmt die Intelligenz der Thiere zu. — Wenn die Grosshirnlappen entfernt werden, unterbleiben die Leistungen des Bewusstseins. — Bei der Dementia paralytica, die mit einem progressiv sich entwickelnden Verfall des Bewusstseins verbunden ist, finden wir bei der Section Atrophie des Markes und der Rinde der Hemisphären. — Endlich spricht dafür der anatomische Bau des Gehirnes: der radiäre Stabkranz ist der anatomische

---

*) Zeitschrift f. Psychiatrie. Bd. XXXV, pag. 420.

Ausdruck der Nervenfasern, die zu den in der Rinde befindlichen Ganglienzellen laufen. In diesen Ganglien werden die von Aussen vermittelst der Sinnesorgane entstehenden Begriffe associirt.

Nach dieser anatomischen Besprechung giebt Wernicke an, dass der Inhalt des Bewusstseins von Aussen geliefert wird. Die Grosshirnrinde hat die Fähigkeit, nicht nur äussere Eindrücke aufzunehmen, sondern auch sie festzuhalten und gelegentlich wieder zu verwenden, d. h. es entstehen durch einen vorübergehenden Reiz der Grosshirnrinde in derselben moleculäre Veränderungen, die ähnlich wie beim Edisonschen Phonographen es jederzeit ermöglichen, die dem früheren Reiz entsprechende Reaction auszulösen. Es ist an und für sich vielleicht ein nicht recht passender Vergleich, die Grosshirnrinde mit einer Metallplatte in Parallele zu stellen und anzunehmen, dass wie dort das gesprochene Wort einen sichtbaren Eindruck hinterlässt, der später die Reproducirung des Wortes ermöglicht, so hier in der Grosshirnrinde Veränderungen durch äussere Eindrücke hervorgerufen werden, die gleichfalls eine spätere Reaction zulassen. Ich bin mir wohl bewusst, dass die Veränderung im Aggregatszustande der Gehirnrinde eine andere ist und sein muss, als der mechanische Eindruck auf dem Staniolstreifen, aber es kam mir darauf an, einen recht anschaulichen Vergleich zu geben.

Die Vorgänge im Bewusstsein sind verschieden nach ihrer Qualität:

1) Einfache, d. i. Bildung von Begriffen. Die Begriffe entstehen aus Erinnerungsbildern; ihre Festigkeit ist proportional der Häufigkeit der gleichen Sinneseindrücke. Je häufiger der gleiche Eindruck die Gehirnrinde trifft, desto fester und sicherer haftet er im Gehirn, aber auch desto leichter und getreuer kann er reproducirt werden. — Die anfänglich schwierige Bahn wird durch oftmaliges Beschreiten immer sicherer.

2) Complicirtere Vorgänge: Darunter zählen wir Intelligenz, Wille, Gemüth.

In der Erfassung des Wortes Bewusstsein haben wir einen neuen Fortschritt zu verzeichnen: es hat die Fähigkeit auf Grund von Vorstellungen Begriffe zu bilden.

So einfach und sicher uns diese Ansicht begründet zu sein scheint, so halte ich es doch für nothwendig, einen Einwand, den

Koch*) in „Noch ein Wort über das Bewusstsein" gemacht hat, zu citiren: „Das Bewusstsein bildet keine Begriffe und keine Schlüsse, also hat es auch kein Urtheil. Das Bewusstsein bildet sich seinen Inhalt nicht selbst; es giebt in den Ganglienzellen des Hirns ablaufende, physiologische Processe, deren Resultate unter gewissen Bedingungen bewahrt werden können. Das Bewusstsein kann ohne Inhalt nicht zur Aeusserung gelangen, aber rein an sich hat es keinen Inhalt. Es vermittelt bloss als fundamentale Eigenschaft des psychischen Lebens das Innewerden und Erkennen und Wollen, aber es vermittelt sie auch nur als conditio sine qua non."

Während nun Wernicke nach dem Vorstehenden von dem Inhalte des Bewusstseins spricht, hat es nach Koch keinen solchen. Es ist ohne Vortheil, diesem Gedankengange lange nachzuhängen, wir kommen zu sehr in die abstracte Philosophie hinein. Während es auf der einen Seite keinen Inhalt hat, kann es anderweit ohne Inhalt nicht zur Aeusserung gelangen. Also muss doch, da ein Bewusstsein ohne Aeusserung ebenso wenig als Bewusstsein angenommen werden kann, wie wir die Tugend nicht als Tugend ansehen, wenn sie sich nicht durch irgend welche wahrnehmbare Thatäusserungen oder Thatunterlassungen documentirt, sein Inhalt, ohne dessen es nach Koch's eigener Ansicht nicht zur Aeusserung gelangen kann, ein integrirender Bestandtheil desselben sein. Wenn Koch behauptet: es ist nur eine fundamentale Eigenschaft, die nicht erkennt, nicht Schlüsse zieht, sich in ihrem fundamentalen Dasein nicht ausbilden kann, so steht er damit im Widerspruch mit der Erfahrungsthatsache, dass das Bewusstsein sich mit fortschreitender Allgemeinbildung auch verfeinert und ausbildet. Wir brauchen nur zur Illustration dieses Satzes eine der Arten des Bewusstseins als Beispiel anzuführen, ich meine das Rechtsbewusstsein. Wie mit allen übrigen Eigenschaften der Seele, so steht es auch hier. Sie sind alle einer Vervollkommnung, einer Ausbildung fähig, gar das Bewusstsein, das ja durch die Sinnesorgane seine Nahrung, wenn ich so sagen darf, bezieht. Wenn wir annehmen, dass die Sinnesorgane geschärft werden können, dann liegt der zweite Schluss, dass das Organ, für welches sie arbeiten, änderungsfähig ist, sehr nahe.

---

*) Zeitschrift f. Psychiatrie. Bd. XXXV, p. 599.

In der Abhandlung von Weiss*): „Die krankhaften Bewusst-
seinszustände" finden wir zum ersten Male bei unserem Thema den
Versuch, das Positive aus dem Negativen heraus zu erklären, den
Begriff „Bewusstsein" durch Schilderung seiner Störungen anschaulicher zu machen. Weiss hat sehr Recht mit seiner Ansicht:
wenn das Verständniss eines Begriffes im umgekehrten Verhältniss
zu der Anzahl der vorhandenen Erklärungsversuche steht, dann ist
es um die Deutlichkeit des Begriffes „Bewusstsein" schlecht bestellt.
Wir haben bei der geringen Anzahl von Erklärungsversuchen, die
ich bis jetzt citirt habe, schon zur Genüge gesehen, wie sehr
Meinungsverschiedenheiten das Bild trüben. — Weiss sagt: Grund-
elemente des nervösen Centralapparates sind: die Fähigkeit, centripetale Reize zu percipiren und centrifugale Bewegungen auszulösen.
Beides entsteht durch Bewegung kleinster Theilchen. Das Wie der
Umsetzung eines Reizes in Bewegung ist uns unbekannt.

Das Gehirn hat nun ferner noch folgende Eigenschaften: die
Ausbreitung einer Bewegung von der Quelle derselben je nach
Massgabe ihrer Intensität und die Nachhaltigkeit einer einmal
abgelaufenen Bewegung, d. h. Perceptions- und Reproductionsfähigkeit. Der Ablauf einer Function des Centralnervensystems ist abhängig von der Reizgrösse und von der Disposition des Centralorganes.

Wenn wir uns an Fechner's psychophysische Versuche erinnern, dann wissen wir, dass jeder Reiz, um überhaupt bewusst
zu werden, eine bestimmte Grösse haben muss (Fechner's: Reiz-
oder Bewusstseinsschwelle). Für ihn ist jeder psychische Act ein
bewusster. Reize, die unterhalb des Schwellenwerthes bleiben, sind
unbewusst. Von diesem Standpunkt aus betrachtet ist das Bewusstsein nichts anderes, als die Beziehung des jeweiligen cerebralen
Einzelvorganges zu dem vorher bestandenen Gesammtinhalt des
Gehirnes.

Ein cerebraler Einzelvorgang besteht demnach aus zwei mit
einander auf's Engste verbundenen Componenten, aus dem centripetalen Reizanstoss und der dadurch ausgelösten centrifugalen Bewegung. Beispielsweise sieht ein Kind einen glänzenden Gegenstand

---

*) Zeitschrift f. Psychiatrie. Bd. XXXVIII, p. 45.

vor sich, es greift mit den Händchen darnach, ihn zu fassen. Zuerst also wurde auf centripetalem Wege durch die brechenden Medien des Auges, die Retina und den Opticus der Gehirnrinde ein Reiz übermittelt, dort wird derselbe in die Strebung, diesen gesehenen Gegenstand zu besitzen, transformirt und diese Strebung auf centrifugalem Wege nach der Peripherie zurückgeleitet. — Je häufiger die gleichen Gehirnvorgänge sich wiederholen, um so sicherer und prompter wird die Verbindung der beiden Componenten von Statten gehen. Jeder einzelne Act erhöht durch Störung der Gleichgewichtsverhältnisse der kleinsten Elemente eben diese Labilität und auf diese Weise entsteht die Disposition zur Wiederholung früher schon abgelaufener Gehirnvorgänge. Wenn wir uns an mein früheres Beispiel vom Phonographen zurückerinnern, dann müssen wir unwillkürlich daran denken, dass wie dort, wenn der Staniolstreifen nicht stetig seine Stellung veränderte, die Wiederholung desselben Lautes einen tieferen Eindruck machen würde, so auch in der Grosshirnrinde durch Anhäufung desselben Reizes und der davon abhängigen Bewegung unbedingt an der Stelle, wo eben der Reiz sich in Bewegung umsetzt, eine intensivere Molekularverschiebung angenommen werden muss.

Von diesem Standpunkt aus ist der Begriff Bewusstsein ein metaphysisches Abstractum, er ist eben nichts anderes als die Relation des momentanen Einzelvorganges zu den im Gehirn niedergelegten, bleibenden Resten früher abgelaufener Gehirnvorgänge und sein anatomischer Sitz ist am Ende des centripetalen Reizes und am Anfang der centrifugalen Bewegung.

Anders ist es nun aber bei den Reflexvorgängen. In Folge sehr häufiger Wiederholung haben diese einen so constanten und gleichförmigen Ablauf, dass der centripetale Reiz und die centrifugale Bewegung in rein mechanischer Verbindung stehen und der Gesammtinhalt des Gehirnes von diesem Vorgang gar nicht berührt wird.

Sensibler Reiz und motorische Entladung, die vielleicht anfangs starke und vielfältige Beziehungen zu dem Gesammtinhalt des Gehirns hatten, können sich durch Uebung davon loslösen: bewusste Vorgänge können mit der Zeit in unbewusste übergehen. Wir können dafür vorzügliche Beispiele aus unserer eigenen Erziehung anführen. Welche Mühe macht es dem Schulkind, über die ersten Anfangsgründe des Lesens und Schreibens hinauszukommen! Die Erfassung der einzelnen Buchstaben beim Lesen und die Wiedergabe des Gehörten beim Schreiben ist anfänglich eine sehr bewusste. Der Erwachsene dagegen merkt beim Lesen und Schreiben nicht mehr auf den einzelnen Buchstaben, bei ihm verlaufen diese beiden Thätigkeiten reflexartig. Wir haben hier den einfachen Beweis für den allmählichen Uebergang bewusster Vorgänge in unbewusste. Die betreffenden Gehirnbahnen sind so eingefahren, dass das Benutzen derselben nicht mehr gefühlt wird.

A. Perault*) sagt, das Bewusstsein höre aus einer Art von Abstumpfung durch Gewohnheit auf.

Solche, mit dem Gesammtinhalt des Gehirns nicht verknüpfte Vorgänge können aber auch nicht reproducirt werden und in dieser Reproductionsunfähigkeit haben wir das Kriterium, ob ein Akt bewusst war oder unbewusst: wir sehen mitunter Individuen Handlungen ausführen, die wir gewohnheitsgemäss auf psychische Motive zurückführen. Nun weiss das Individuum später nicht nur von den Motiven nichts, sondern es kann sich überhaupt nur traumhaft auf die Handlung zurückerinnern. Steht die Glaubwürdigkeit der Aussage in dem betreffenden Falle fest, dann müssen wir annehmen, dass es im Gehirnleben Zustände giebt, in denen Reize einwirken und Bewegungen ausgelöst werden, oder Bewegungen durch intracerebrale Vorgänge sich von selbst auslösen, welche Reize und Bewegungen mit dem Gesammtinhalt des Gehirns gar nicht in Verbindung stehen. Wenn wir wiederholen, so haben wir folgende unbewusste Vorgänge:

1) Reize, die unter dem Schwellenwerth liegen;
2) Reflexvorgänge und
3) Reize, die durch die Länge der Zeit, welche zwischen der Einwirkung und der gewünschten Reproduction liegt, einfach vergessen worden sind. Die molekulären Veränderungen, die der Reiz einstmals im Gehirn schuf, sind durch andere intensivere Einwirkungen verdrängt worden.

Das zum Vergessen nothwendige Zeitmass ist abhängig:

*) Weiss, l. c. p. 64.

1) von der Intensität des einstigen Reizes,

2) von der Häufigkeit seiner Einwirkung und

3) von dem jeweiligen Zustande des Gehirns.

Solch' vergessene Einwirkungen brauchen nun nicht unbedingt und rettungslos verloren zu sein; es ist möglich, dass sie gewissermassen nur von anderen, späteren Einwirkungen überdeckt sind. Sie können auf Wunsch absolut nicht mehr reproducirt werden, tauchen dann aber oft ohne Zusammenhang mit dem jeweiligen Gedankeninhalt und zu einer Zeit, wo man ihrer nicht bedarf, aus der Vergessenheit auf. „Das Gedächtniss ist ein launiges und capriciöses Wesen", sagt Schopenhauer.

Es möge gestattet sein, an dieser Stelle noch einige der geläufigsten Ansichten über den besprochenen Gegenstand anzuführen.

Wundt*) sagt in seiner Psych. Physiologie: „Es ergeht uns hier (beim Bewusstsein) gerade wie bei der Empfindung, bei der auch keine andere Definition möglich ist, als die, dass sie das Einfachste ist, was wir in uns finden."

Stricker**) glaubt, dass das Bewusstsein nach den Grenzen mit dem Selbstbewusstsein zusammenfalle.

Nicht uninteressant ist es, die Ansichten der Materialisten zu hören. Nicht als ob wir damit weiter kämen, sondern desswegen, weil wir dadurch einsehen, dass auch mit der crassesten Negation alles Psychischen nichts erreicht wird.

„Das Bewusstsein ist ein Punkt des Gehirns, der die Gedanken, die auf ihrem Wege bis dahin gedrungen sind, zur Erscheinung gelangen lässt."***).

„Das Bewusstsein ist gleich Empfindung, d. h. empfinden ist gleich bei Bewusstsein sein."

„Indem uns ein Gedanke bewusst wird, tritt er damit zugleich in die Erscheinung. Bewusst werden ist also gleichbedeutend mit in die Erscheinung treten."

Beim Menschen ist der Sitz des Bewusstseins im Gehirn. Hierfür lernen wir einen neuen, sehr hübschen Beweis kennen. Wenn der Zufluss des Blutes zum Gehirn unterbrochen wird und damit

---

*) pag. 707.

**) Cit. in Weiss, l. c. pag. 47.

***) J. C. Fischer, Das Bewusstsein. Leipzig 1874.

dem Gehirn die ernährende Flüssigkeit entzogen wird, oder wenn sonst Circulationsstörungen im Gehirn stattfinden, dann schwindet das Bewusstsein. Wenn wir andererseits auf irgend eine Weise den Zufluss des Blutes zu einem andern Organ, ich nehme an, zum Arme, unterbrechen, dann wird das Bewusstsein absolut nicht beeinflusst. Ich erinnere mich hierbei an einen alten, häufig wiederholten Versuch, nämlich an die Compression der Carotiden: wenn man einem Menschen beide Halsschlagadern durch einen Druck mit den Fingern verengert, so stürzt er fast augenblicklich besinnungslos nieder, um, so bald die comprimirende Hand loslässt, sich rasch wieder zu erholen. Es genügt also diese kurze, künstlich hervorgerufene Gehirnanämie, um den Zustand des Bewusstseins so wesentlich zu beeinflussen.

Druck auf das Gehirn und Zerstörung einzelner Theile desselben reflectirt auch auf die Verfassung des Bewusstseins, wogegen andere Theile des Nervensystems beliebig gedrückt oder verletzt werden können, ohne dass dabei das Bewusstsein in Mitleidenschaft gezogen wird.

Alle jene Schriftsteller, welche vom Bewusstsein als von einer selbstständigen Macht ausgehen, müssen zugeben, dass es auch eine Menge von Processen giebt, die unbewusst sind und sich doch durch nichts vom Bewussten unterscheiden. Mit dieser Ansicht geräth man in einen Dualismus, der mit der sonstigen Einheit der Natur contrastirt. Wie es Nerven giebt, die gewisse Schwingungen als Schall fortleiten, so giebt es Nerven und Nervencentren, die auf ebenso unbewusste Weise aus Empfindungen Gedanken bilden. Das Bewusstsein ist nicht der Urheber dieser Gedanken, sondern bloss der Sammelplatz derselben. Jeder Gedanke tritt als ein fertiges Gebilde vor unser Bewusstsein, die Gedanken sind nicht von ihm abhängig, sondern sie werden bloss in ihm sichtbar.

Dass der Materialist noch weiter geht und den Willen auf dieselbe Stufe stellt, sei hier noch kurz erwähnt. Was wir denken und was wir wollen, das geschieht nicht aus unserem freien Willen, nach reiflichem Ueberlegen und wird nicht durch ethische Motive geordnet, nein, so hoch steht der Mensch nicht. Alles das baut sich aus unbekannten und ungewollten Gründen auf, und wenn zufällig ein Theil dieses rein mechanischen Processes aus dem Chaos des Unbewussten über die Schwelle des Bewusstseins emportaucht, so ist daran nicht das denkende Individuum schuld, sondern das wechselnde Spiel der Verhältnisse. Wir können uns die materialistische Ansicht noch viel anschaulicher machen: das gesammte Denken, Fühlen, Wollen, kurz seine ganze geistige Thätigkeit ist ein auf- und abwogendes Meer von Functionen der Gehirnzellen. Ueber dieses Meer zieht der Materialist einen Strich; was unter dem Strich ist, ist unbewusst, über dem Strich thront das Bewusstsein. Nun kann aber eine Welle, deren Thal noch unter der Grenze liegt, mit ihrem Berg darüber steigen. Es kann, wenn sich kein Lüftchen regt, Alles ruhig bleiben und zu einer andern Zeit kann Welle auf Welle emporschäumen. Daran ist nicht der Strich schuld, sondern die Summe äusserer Einflüsse.

Wir sind nun glücklich so weit, dass wir auch den freien Willen negiren — ein netter Standpunkt, wenn wir bedenken, dass von der Verfassung desselben auch die Zurechnungsfähigkeit abhängt. Man dürfte keinen Menschen mehr strafen, wenn man von diesen Grundsätzen ausgeht; denn man kann doch Niemand für etwas verantwortlich machen, was ungewollt von ihm sich abspielt als ein Reflex. Nehmen wir auch immer an, dass ein Guttheil unserer ganzen psychischen Verfassung von hereditären Einflüssen bedingt und durch dunkle, innere Motive gelenkt wird, über Allem steht doch hoch erhaben die Fähigkeit des psychisch gesunden Menschen, nach freiem Willen zu handeln, Recht und Unrecht zu unterscheiden, auftauchende schlechte Triebe zu unterdrücken und nach sittlichen Gründen sein Thun und Lassen einzurichten.

Nach dieser kurzen Abschweifung können wir in dem Gedankengang der Materialisten weiterfahren: „Alles was wir thun, ist unserm Bewusstsein gegenüber rein reflectorisch, d. h. unwillkürlich, von Wille und Bewusstsein unabhängig entstanden und unser Bewusstsein spielt nur die Rolle des ersuchten Zeugen, der seine Unterschrift unter ein fertiges Dokument setzt."

„Unser bewusstes Wollen ist ein Wollen unserer Natur, das uns zum Bewusstsein gelangt ist."

Dass das Bewusstsein nicht zur Erzeugung der Gedanken nothwendig ist, wird durch den Hinweis auf die Träume bewiesen. Der Traumgedanke unterscheidet sich in nichts von dem wachen Gedanken. Der nächste Satz in Fischer*) lautet: „Das wache Denken wird durch die wachen Sinne regulirt — das ist der einzige Unterschied." Während er im vorhergegangenen Satz behauptet, es gebe keinen Unterschied, führt er jetzt einen solchen als den einzigen an. Mir scheint, dass es etwas ganz anderes ist, wenn wir unter der Controlle unserer wachen Sinnesorgane denken, als wenn, wie es im Traume geschieht, die Gedanken sich unlogisch aneinander reihen und regellos aufbauen. Die Controlle durch die wachen Sinne bedingt einen gewaltigen Unterschied, sie macht den Denkprocess bewusst, sie kann ihn auch gewollt machen. Aus dem traumhaften Gewirr, aus dem Auf- und Abgaukeln der Empfindungen wird vernunftgemässes, logisches Denken, aus dem verschwommenen Empfinden wird selbstbewusstes, gewolltes Handeln. Die Persönlichkeit des träumenden Menschen ist eine ganz andere, als die des wachen. Es fehlt der freie Wille und deshalb fallen auch Handlungen, welche in Traum- und Schlafzuständen verübt worden sind, unter den Begriff der Unzurechnungsfähigkeit.

Dieser kleine Unterschied, den Fischer als den einzigen, bedeutungslosen anführt, ist so bedeutend, dass er die Grenze der Zurechnungsfähigkeit bildet. —

Es erübrigt noch, zu erfahren, wie sich der Materialist bei seiner Ansicht über das Bewusstsein die Verantwortlichkeit des Einzelindividuums denkt.

„Dem Bewusstsein die Macht zuschreiben, es könne Gedanken erzeugen, heisst, ihm eine Schöpfung aus dem Nichts zutrauen. Indem wir es zum Range einer Gottheit erheben, gewaltiger als der Gott der Christen, der auch aus dem Nichts nichts erschaffen konnte, belasten wir es mit dem ganzen Gewicht der Verantwortlichkeit für alle Gedanken, die es erweckt und für alle Thaten, die daraus hervorgehen. Bei dieser, dem Bewusstsein innewohnenden Schöpferkraft, wäre sie eine Wahrheit, müsste man sich freilich wundern, wie es möglich, dass das Bewusstsein thörichten, wahnsinnigen, verbrecherischen Gedanken das Leben giebt, und die Verantwortlichkeit, die es dafür träfe, könnte nicht schwer genug sein."

Also weder das Gute, das wir thun, wird uns zum Verdienst

_____

*) p. 61.

angerechnet, noch tragen wir Schuld für das Schlimme; Alles ent-
springt unabhängig vom Willen, lediglich aus unserer Natur heraus.
Darnach sollen die Gerichtshöfe ihre Sprüche fällen. Schuldig sind
Alle gleich. Alle Handlungen geschehen, weil sie geschehen müssen.
Das Bewusstsein rettet keinen aus verbrecherischen Antrieben.
Wenn einer gerettet wird, so dankt er es dem Zufall und der
Natur. Wollt ihr absolut strafen, so straft die Natur und nicht die
That. Wie sich die Justiz mit diesen Thatsachen abfindet, das ist
ihre Sache.

Was ist nun der Mensch der Materialisten? Ein armseliges
Wesen, das in seinen Handlungen einzig und allein abhängig ist
von dem unverschuldeten Zustand seiner Natur. Ein Zellenhaufen
ohne Willen und Moral, ohne die Fähigkeit, sich zu bilden und zu
bessern, ohne Verantwortlichkeit für Unrecht, aber auch ohne Lohn
und sei es nur die Selbstzufriedenheit für die Zeit, wo das bessere
Ich im Kampfe mit der Leidenschaft gesiegt hat. Auf gleicher
Stufe wie die einzellige Monade. Alles Uebersinnliche ist dem
Menschen genommen. Der Materialismus bietet ihm in Nichts ein
Aequivalent für das, was er ihm abstreitet.

Hoch über den einzelnen Lebewesen thront als mystische Gottheit die Natur, die nach eisernen Gesetzen handelt, für die es
keine denkenden Menschen giebt, sondern bloss ihre Befehle aus-
führende Werkzeuge. Ihr Wille siegt immer, gegenüber der Ohnmacht des Geschöpfes. Die Entwickelung des Menschengeschlechtes
geht ihren Gang, mögen auch ganze Generationen nach Pflicht und
Gesetz leben; wenn sie will, fallen sie doch zum Opfer. Alles Ueberlegen, alles Sorgen für die Zukunft, für das Wohl der Epigonen ist
eitler Selbstbetrug; grausam schreitet die Natur ihren Weg über
das Streben ihrer Geschöpfe hinweg.

Wenn die Ansicht des Materialismus richtig wäre, dann müssten
wir sofort und unbedingt annehmen, dass unsere jetzige Weltord-
nung die denkbar verrückteste ist. Mit welcher Sorge umgeben wir
den aufwachsenden Menschen, und welche Mühe kostet es, ihn
heran zu bilden! Er wird in Moral und Religion eingeführt, er
lernt Recht und Unrecht unterscheiden und soll gekräftigt werden
für den zukünftigen Kampf im Leben, wo er mit Pflichtgefühl handeln soll. Alles das ist verlorene Liebesmüh', wir brauchen ihn

weder vor dem Schlechten zu bewahren, noch zum Guten anzuleiten, denn er handelt im Einzelfalle ja doch nicht nach seinem Willen und seinem Gewissen, sondern so, wie seine Natur es ihm vorschreibt.

Wir strafen den Verbrecher und nehmen ihm unter Umständen das Höchste, was er hat, das Leben, aber wir forschen eifrig bei jeder verbrecherischen Handlung darnach, wie das Bewusstsein im Augenblick der That beschaffen war. Wir sprechen den, dessen Sinneswahrnehmungen aufgehoben waren, frei und billigen dem Andern, dessen Sinne verdunkelt waren, mildernde Umstände zu. Der Begriff der vollen Verantwortlichkeit des geistig gesunden Menschen für sein Thun und Lassen zieht sich durch unser ganzes Rechtsleben. Der Zurechnungsfähige ist sich seiner That und ihrer Folgen klar bewusst und muss dafür in vollem Masse büssen. Unser Leben ordnet sich nach den Gesetzen der Moral und nach den Nützlichkeitsgesetzen, wie sie das Zusammenleben vieler Menschen in einem grossen Staatskörper mit sich bringt. Im Willen jedes einzelnen gesunden Theiles liegt es, diese Gesetze zu halten; er ist im Stande, gegentheiligen Antrieben seiner Natur entgegen zu treten und ihrer Herr zu werden. Wer das Gesetz bricht, ist dem Gesetz verfallen.

Auf sittlichen Grundsätzen baut sich unser heutiges Rechtsleben auf. Auf der einen Seite volle Verantwortlichkeit, auf der andern die Sühne. Anders der Materialist: bei ihm geschieht Gut und Bös nicht durch den freien Willen, sondern durch die über denselben stehende Natur. Wenn es eine Gewalt giebt, die über uns steht und von uns unbeeinflussbar ist, die aber unser Thun und Lassen regelt, dann wäre es ein schreiendes Unrecht, wenn wir für etwas büssen müssten, das über unsern Köpfen hinweg für uns handelt. Gerade so gut könnten wir für den Schaden, den Elementarereignisse anstiften, die Verantwortung tragen. Es klingt wie Hohn, wenn der Materialist am Schlusse seines Exposés, nachdem er Alles über den Haufen geworfen, ausruft: „Die Justiz mag sich mit diesen Thatsachen auseinander setzen."

Und gehen wir noch einen Schritt weiter! Die menschliche Gesellschaft hält sich in ihrem Bestand nicht allein durch menschliche Gesetze, sondern auch durch göttliche zusammen. Auch in dem niederst entwickelten Volke ruht dieser Gottglaube. Mag auch das einzelne Volk diesen Gott halten für was es will; der Idolanbeter sowohl wie der Verehrer des Sonnencultus, das Volk, das sich für jede einzelne Naturkraft eine eigene Gottheit schuf, oder der Monotheist — sie Alle haben, wie eine tief verborgene Ahnung, den Glauben an eine höhere Macht, zu der man beten muss und die uns lenkt, die uns bestraft und belohnt. Daraus erwuchs folgerichtig der Unsterblichkeitsglaube. Aus der idealen Wechselwirkung zwischen Geschöpf und Schöpfer, aus dem Glauben an ein zweites Leben entstanden die einzelnen Religionen. Mag man noch so skeptisch denken, es ist doch nicht recht möglich, dass ein Glaube, der sich in den verschiedensten Stämmen unabhängig von einander entwickelte, der sich bei allen ausbildete, nur eine Wahnidee sei. Man muss annehmen, dass ein so mächtiger Faktor im Denken aller Völker einen positiven Hintergrund haben muss. Wollen wir auch die Verschiedenheiten der einzelnen Religionen als Flitterwerk betrachten, in Allen ruht als gleicher Kern der Glaube an die Fortdauer nach dem Tode. Und da in dieser Fortdauer, bewusst oder unbewusst, das Wohlergehen des Einzelnen von seinem ersten Leben abhängig gemacht ist, so folgt daraus die Annahme von Lohn oder Strafe, oder mit andern Worten, die Verantwortlichkeit für unser Handeln. Langsam und schrittweise gingen durch die Jahrtausende hindurch die Völker in diesem Glauben vorwärts und bauten darauf ihre Moralgesetze auf. Diese werden nicht erschüttert durch die Lehren des Materialismus, die einfach das, woran die Menschheit so lange gearbeitet hat, durch Trugschlüsse vernichten wollen.

Es erübrigt uns noch, auf die philosophische Seite des Begriffes Bewusstsein näher einzugehen. Ich benutze dabei vorerst die Ansichten Hartmann's.

Die ganze Hartmann'sche Philosophie ist in dem schönen Satze von C. G. Carus enthalten: „Der Schlüssel zur Erkenntniss vom Wesen des bewussten Seelenlebens liegt in der Region des Unbewusstseins." Das Unbewusste ist nach Hartmann das Vorwiegende im Geistesleben, aus ihm heraus entsteht das Bewusste, welches das Wichtigere ist.

Das Unbewusste bildet

1. und erhält den Organismus, stellt innere und äussere Schäden wieder her, leitet seine Bewegungen zweckmässig und vermittelt seinen Gebrauch für den bewussten Willen;

2. es giebt im Instinkte jedem Wesen das, was es zu seiner Erhaltung nöthig braucht und wozu sein bewusstes Denken nicht ausreicht (so giebt es dem Menschen die Instinkte zum Verständniss der Sinneswahrnehmungen, zur Sprach- und Staatenbildung);

3. es erhält die Gattungen durch Geschlechts- und Mutterliebe, veredelt sie durch die Auswahl in der Geschlechtsliebe und führt die Menschengattung in der Geschichte unverrückt dem Ziele ihrer möglichsten Vollkommenheit zu;

4. es leitet die Menschen beim Handeln oft durch Ahnungen und Gefühle, wo sie sich durch bewusstes Denken nicht zu rathen wüssten;

5. es fördert den bewussten Denkprocess durch seine Eingebungen im Kleinen, wie im Grossen, und führt die Menschen in der Mystik zur Ahnung höherer, übersinnlicher Einheiten;

6. es beglückt die Menschen durch das Gefühl für's Schöne und die künstlerische Produktion.

Eine gewisse Sphäre gehört ausschliesslich dem Unbewussten an, eine zweite gehört bei dem Einen gleichfalls dem Unbewussten und kann bei einem Andern schon dem Bewusstsein zugänglich sein. Der Gang der Weltgeschichte lehrt uns, dass aller Fortschritt in Vergrösserung und Vertiefung der dem Bewusstsein gehörenden Sphäre besteht, dass also das Bewusste das Höhere ist.

Bewusstsein ist nicht ein ruhender Zustand, sondern ein Process — ein stetiges Bewusstwerden. Man muss es unterscheiden vom Selbstbewusstsein. Das Selbstbewusstsein ist die Anwendung des Bewusstseins auf das Subjekt, das Bewusstsein dagegen geht auf's Objekt. Es kann ein Bewusstsein ohne Selbstbewusstsein geben, niemals aber ein Selbstbewusstsein ohne Bewusstsein.

Nicht in der Form der Sinnlichkeit, nicht in der Erinnerung und nicht in der Möglichkeit des Vergleiches von Vorstellungen liegt das Wesen des Bewusstseins, seine conditio sine qua non sind die Gehirnschwingungen oder allgemeiner: die materielle Bewegung.

Die Losreissung der Vorstellung von ihrem Mutterboden, dem Willen, zu ihrer Verwirklichung, und die Opposition des Willens gegen diese Emancipation heissen wir Bewusstsein. Es ist die

Stupefaction des Willens über die von ihm nicht gewollte und doch empfindlich vorhandene Existenz der Vorstellung, oder mit einfachen Worten: Es entsteht die von Aussen imprägnirte Vorstellung; das Unbewusste stutzt über das Ungewohnte, dass eine Vorstellung existirt, ohne gewollt zu sein.

Wir werden die scharfe Trennung des Bewusstseins und Selbstbewusstseins später noch benützen, und zwar bei der Schilderung der Schlafwandelzustände, bei denen nach Hartmann bloss das Selbstbewusstsein mangelt, das Bewusstsein dagegen erhalten ist.

Mit der Ansicht, dass unser Bewusstsein kein ruhender Zustand ist, sondern ein Process, ein ständiges Werden und Sichselbstvermehren, müssen wir uns sofort befreunden, wenn wir uns dabei vorhalten, dass in dem fortwährenden Gewinnen von Schätzen aus dem unbewussten Seelenleben der Aufbau unserer geistigen Individualität beruht. Stellen wir uns das Reich des Unbewussten als ein gewaltiges Bergwerk vor, dann sind wir selbst die Schatzgräber, die mit jedem Förderkorbe, der aus der Tiefe an's Licht gebracht wird, neue Schätze für das bewusste Geistesleben gewinnen.

Im weiteren Verlaufe seiner Darstellungen kommt Hartmann auch auf die Frage nach dem Sitze des Bewusstseins. Wir sind dieser Frage früher schon näher getreten und haben als Antwort gefunden: sein Sitz sei in der Grosshirnrinde. Hartmann, der sich etwas weniger präcise ausdrückt, kommt zu demselben Resultat und bringt hierfür eine Reihe von Beweisen bei.

Nicht in dem Glauben, in diesen Beweisen etwas Neues für die Begründung unserer früher schon festgestellten Ansicht zu finden, sondern desshalb, weil es ein Genuss ist, Hartmann's geistreichen Auseinandersetzungen zu folgen, will ich hier seinem Gedankengange folgen:

Das Gehirn ist in formeller und materieller Beziehung das höchste Produkt organischer Bildungsthätigkeit.

In ihm ist der Stoffwechsel schneller als in jedem anderen Körpertheile, desshalb ist auch die Blutzufuhr verhältnissmässig viel stärker. (Hartmann heisst dies eine „Concentration lebendiger Thätigkeit wie in keinem anderen Theile des Körpers".)

Da man nach den Versuchen von Flourens gewissen Thieren, z. B. den Hühnern, das Gehirn herausnehmen und dieselben noch

Monate und Jahre lang leben und körperlich gedeihen sehen kann, so schliesst Hartmann daraus, dass das Gehirn für die organischen Functionen des körperlichen Lebens keine Bedeutung hat. Da es bei seiner complicirten Struktur doch einen Zweck haben muss, so wird es wohl mangels einer körperlichen Bedeutung eine geistige haben müssen. Ich muss hierbei bemerken, dass ich hier nur die Ansichten Hartmann's reproducire, ohne mich ihnen anzuschliessen. — Wer Gehirnanatomie selbst getrieben hat oder wenigstens ihren Methoden und Resultaten mit Interesse gefolgt ist, der weiss, wie sehr Körper und Psyche zusammenwirken, dass bei Verletzungen des Gehirns, resp. seiner Rinde, nicht nur psychische Defecte zu verzeichnen sind, sondern auch in die Augen fallende körperliche Störungen vorhergesagt werden können. — Wenn wir durch einen Querschnitt die eine Gehirnhälfte des Kaninchens abtrennen, so finden wir neben den bekannten körperlichen Störungen ebenso bekannte psychische, wie z. B. die Ungeschicklichkeit in der Nahrungsaufnahme, im Nesterbau und in der Fürsorge für die Nachkommenschaft. Ich will es dahingestellt sein lassen, ob ein Huhn, dem man das ganze Gehirn hinweggenommen hat, wenn es auch weiterlebt, sich während dieser Zeit körperlich fortentwickeln kann. —

Ein weiterer Grund Hartmann's ist folgender: Mit steigender Vollkommenheit des Gehirnes oder der es vertretenden Ganglienknoten steigt die geistige Befähigung im Thierreiche, während die leiblichen Functionen von Allen gleich gut vollzogen werden. Also die Vervollkommnung und complicirtere Ausbildung des Centralorganes lässt die körperliche Seite der Lebensäusserung unberührt, sie verfeinert nur die rein psychischen Processe.

Die geistigen Anlagen und die Leistungsfähigkeit stehen im Verhältniss zur Quantität des Gehirnes, insoweit nicht die Qualität desselben Abweichungen herbeiführt. Bei der Qualität denkt Hartmann an den grösseren Wasserreichthum des Gehirns von Kindern.

Das bewusste Denken kräftigt das Gehirn, wie jede Thätigkeit ihr Organ und ist diese Kraftäusserung des Gehirns stets von Stoffverbrauch begleitet. Die Schlussprodukte dieses Stoffverbrauches fand man in der Phosphorsäure, was seiner Zeit zu dem bekannten Spruche Moleschott's Veranlassung gab: „Ohne Phosphor kein

Gedanke." — Je mehr man bewusst denkt, desto denktüchtiger wird das Gehirn, desto mehr nimmt es an Quantität zu und desto besser wird es in seiner Qualität.

Grösserer Reichtum an Windungen und Zunahme der Fettsubstanzen im Gehirn sind das Resultat dieser gewollten Gehirngymnastik.

Jede Störung der Integrität des Gehirnes bringt eine Störung der bewussten Geistesthätigkeit hervor. Eine Unterbrechung in dem regelmässigen Blutzufluss hat genau ebenso wie ein Austritt von Blut im Gehirn aus einem geborstenen Gefäss und der damit verursachte mechanische Druck auf die umgebenden Gehirntheile nicht nur Störung in den Bewegungsfunctionen, sondern vorerst und gewöhnlich sofort, nachdem die eben geschilderten Schädlichkeiten anfingen einzuwirken, wenn dies nur irgend brüsk geschah, Verdunkelung und vollständige Aufhebung des Bewusstseins zur unmittelbaren Folge.

Mit der völligen Aufhebung der Hirnfunction ist die Bewusstseinsthätigkeit ebenfalls aufgehoben. — Wir können diesen Satz benutzen, um auch noch auf eine oft aufgeworfene Frage ein Streiflicht zu werfen. — Hört bei unserer heutigen Methode, einen Verbrecher zu tödten, also bei der Enthauptung, mit dem Fallen des Kopfes auch sofort das Bewusstsein auf?

Bei der jetzigen Hinrichtungsweise wird durch ein Fallbeil der Kopf vom Rumpfe getrennt, und zwar nimmt die den Tod herbeiführende Procedur nur sehr kurze Zeit in Anspruch. Es werden nicht nur die Weichtheile des Halses und Nackens, sondern auch die grossen Schlagadern und das Rückenmark durchschnitten. Dass durch die Continuitätstrennung des letzteren alle diejenigen Nerven ausser Function treten, die oberhalb der Schnittfläche entspringend im Rückenmark nach abwärts verlaufen, ist selbstverständlich. — Es giebt aber auch Nerven, die in ihrem Verlaufe mit dem Rückenmark gar nichts zu thun haben, die vom Centralorgan aus ohne Umwege zu den höheren Sinnesorganen herantreten, wie es beispielsweise beim Opticus, Olfactorius und Acusticus der Fall ist. Es könnte nun Jemand auf den Gedanken gerathen, dass diese Nerven, die ja nicht direct verletzt werden, noch, wenn auch kurze Zeit, ihre Lebensthätigkeit bewahren können. Dieser Einwand kann leicht beseitigt werden, so bald wir uns vergegenwärtigen, dass auch die Hauptschlagadern des Halses, die Vertebrales und die Carotiden durchschnitten sind. — Wenn ein Druck auf die Carotiden des Menschen genügt, um eine sofort eintretende Ohnmacht zu erzeugen, um wie viel sicherer muss das Bewusstsein aufgehoben sein, wenn die blutzuführenden Gefässe nicht nur gedrückt, sondern vollständig getrennt sind, wenn also kein Blutstropfen mehr zum Gehirn gelangen kann. — —

Es würde uns viel zu weit führen und brächte auch keinen Nutzen, wenn ich alle die Theorien, die über den Begriff Bewusstsein aufgestellt worden sind, citiren und besprechen wollte. Ich gebe im Nachstehenden nur mehr einige differente Ansichten wieder, um zu zeigen, welche Gegensätze herrschen.

Während Reinhold die Existenz unbewusster Vorstellungen leugnet, gibt J. H. Fichte unbewusste neben bewussten zu; während Bennecke die bewussten Vorstellungen aus den unbewussten ableitet, vertritt Herbart die direct entgegengesetzte Meinung, die unbewussten entsprängen aus den bewussten.

Die Reihe derer, die den Aufbau unserer geistigen Individualität aus dem Reiche des Unbewussten erklären, beginnt mit Thomas von Aquin und hat von ihm bis zum Schöpfer der „Philosophie des Unbewussten" eine stattliche Anzahl von Vertretern gefunden. Leibnitz spricht von perceptiones sine apperceptione seu conscientia und von perceptiones insensibiles. Mill erklärt, es gäbe Empfindungen, deren wir aus gewohnter Unachtsamkeit nicht bewusst werden. Nach Hamilton ist die Kette unserer Ideen oft nur durch unbewusste Mittelglieder verbunden. Lewes nimmt an, dass viele psychische Akte ohne Bewusstsein stattfinden, und Maudsley behauptet direct: die Thatsache unbewusster Vorstellungen ist erwiesen. Nach Bennecke sind nur diejenigen Vorstellungen vom Bewusstsein begleitet, welche ein höheres Mass von Intensität besitzen. Fechner sagt, die Psychologie könne von unbewussten Vorstellungen und Schlüssen nicht Abstand nehmen. Wundt, Zöllner und Helmholtz sprechen von unbewussten Schlüssen und Ulrici endlich meint, es würden sowohl Empfindungen, als auch andere psychische Akte, wie Liebe und Sehnsucht, oftmals unbewusst ausgeübt. —

Betrachten wir aber die Sichtung des reichen Materiales als eine unfruchtbare Arbeit und suchen wir lieber, selbst zu einer Definition zu gelangen, die, alles philosophischen Schmuckes bar, nicht noch mehr verwirrt, sondern aufklärt.

Noch ist der Weg nicht ganz geebnet, noch an mancher Haltestelle werden wir rasten müssen, aber wollen wir nicht vergessen, dass wir wenigstens am Wege angelangt sind, der zum Ziele führt: Locke, Condillac, James Mill, Volkmann und Brentano*) nehmen an, dass das Bewusstsein jedem psychischen Akt als solchem immanent sei. Horwicz**) erklärt in seinem Werke: „Psychologische Annalen auf physiologischer Grundlage", dass Bewusstsein und Gefühl zusammenfallen. Mit dieser Erklärung ist nichts gewonnen, denn es ist ebenso schwer, den Begriff „Gefühl" zu definiren, als es mit dem Begriff „Bewusstsein" der Fall ist. Zudem lässt sich gegen diese Identificirung der beiden Begriffe der Einwand vorbringen, dass Gefühlsempfindungen aufgehoben sein können, wenn das Bewusstsein noch vollständig erhalten ist. Wenn ich durch Injection von Cocain oder durch Begiessen mit Aether eine bestimmte Körperregion anästhesire, so werden dortselbst keinerlei Eingriffe empfunden, wenngleich das Bewusstsein keine Einbusse erfahren hat. Es müsste höchstens angenommen werden, dass Horwicz unter „Gefühl" das Empfinden der Umsetzung des von aussen nach innen verlaufenden Reizes und der von innen nach aussen erfolgenden Bewegung versteht, dann aber hat er es unterlassen, dieses „Gefühl" in Relation zu dem Gesammtinhalt des Gehirnes zu setzen.

Wir können hier wiederholen, um aus dem Bisherigen das uns wichtig Erscheinende herauszugreifen und einer näheren Betrachtung zu unterwerfen:

Das Bewusstsein ist eine Function unseres Seelenlebens und verkehrt durch die Sinnesorgane mit der Aussenwelt. Seine Elemente sind die Vorstellungen, die es in Begriffe umwandelt. Sein Sitz ist in der Grosshirnrinde; es kann percipiren und reproduciren. Die

---

*) Weiss, l. c. p. 47.
**) Weiss, l. c. p. 59.

Beziehung des jeweiligen cerebralen Einzelvorganges zu dem Gesammtinhalt des Gehirnes eben ist es, die wir Bewusstsein heissen.

„Es verkehrt durch die Sinnesorgane mit der Aussenwelt." Gerade die Wahrnehmungen durch die Sinne sind es, die das geistige Inventar des Menschen aufbauen und vergrössern. Ohne Sinnesorgane wäre ein Mensch, wenn wir uns einen solchen vorstellen können, überhaupt kein Mensch mehr. — Mag das angenommene Individuum auch ein Gehirn, auch eine Seele besitzen, es kann nichts damit anfangen, denn es fehlt ihm zur Bethätigung geistigen Lebens der Anstoss von aussen, der beim vollsinnigen Menschen durch die Sinnesorgane erfolgt. Ganz richtig sagt L. Büchner[*]) in seinen „Thatsachen und Theorien", dass der Besitz angeborener Ideen und Vorstellungen nicht mehr als existirend angenommen wird, dass vielmehr alle unsere Begriffe das Endprodukt einer langen Geistesarbeit sind, die ihre Nahrung von der Aussenwelt bezogen hat.

Drei Factoren sind es, die unbedingt zusammenwirken müssen, um unser bewusstes Leben zu ermöglichen: nämlich das Vorhandensein äusserer Objecte, ein im Menschen befindliches Organ, das diese Objekte erkennen und erfassen kann, und endlich Leitapparate, die im Stande sind, die äusseren Objecte dem inneren Organe vorzuführen. „Mag eine Vorstellung noch so abstract sein, sie findet ihre letzte Wurzel doch immer in sinnlichen Wahrnehmungen, während die abstracten Vorstellungen nun selbst wieder zu Objecten werden und so weiter ins Unendliche. Aus dem ganzen Wechsel der Vorstellungen aber entsteht schliesslich der sogenannte »Geist«, indem er seiner selbst bewusst oder sein eigenes Object wird." (Piderit.)

„Vom anatomisch-physiologischen Standpunkt muss das Ganze nervöser Thätigkeit mit Einschluss der Psyche und des Bewusstseins als ein an sich höchst einfacher Reflex- oder Uebertragungsmechanismus angesehen werden, dessen anatomischer Weg von der Peripherie oder Aussenseite des Körpers in der Regel nach dem sogenannten Centralgrau oder nach den im Innern des Mittelhirns

---

[*]) l. c. p. 325.

oder Hirnstammes gelegenen zerstreuten grauen Substanz - Inseln und von hier nach dem sogenannten Rindengrau oder Hirnmantel geht und der auch auf demselben Wege von dem Centrum nach der Peripherie wieder zurückkehrt — indem das im Rindengrau entstehende bewusste Wollen seine Befehle dem Centralgrau übermittelt, welches sie dann weiter durch Muskeln und Nerven ausführen lässt. Denn sowie dieses Centralgrau einerseits durch das Körpernervensystem oder durch zahllose Nervenfasern mit dem ganzen Körper in Verbindung steht und alle von aussen kommenden Eindrücke aufzunehmen befähigt ist, so unterhält es andererseits durch die sogenannten Stabkranzfasern die innigste und unmittelbarste Verbindung mit dem Hirnmantel und reflectirt alle auf dasselbe vom Körper her geschehenden Eindrücke sofort und unmittelbar nach der grauen Rindensubstanz, d. h. nach dem Sitz der Psyche und des Bewusstseins oder nach demjenigen Theile des Gehirnes, in welchem allein die eigentlich psychischen Processe von Vorstellen, Urtheilen, Schliessen, Denken, bewusstem Fühlen, Begehren und Wollen zu Stande kommen. Hier nun werden jene Eindrücke oder von aussen kommenden Nachrichten zunächst den Empfindungszellen überliefert und von diesen auf die Vorstellungszellen übertragen, welche sie in Vorstellungen und Denkakte umsetzen und durch Ueberstrahlung auf die motorischen und Bewegungszellen zurückreflectiren, d. h. Handlungen und Willensakte hervorrufen. Alle die zahllosen Zellen der grauen Hirnrinde, von denen jede einzelne als ein elementares Reflexcentrum betrachtet werden kann, stehen bekanntlich durch ebenso zahlreiche Querfasern unter einander in unmittelbarer und innigster Verbindung, so dass jede Art von Uebertragung zwischen ihnen als möglich erscheint. Diese Uebertragungen oder von einer Gehirnzelle zur anderen gehenden und zunächst auf das Centrum beschränkt bleibenden moleculären Schwingungen der Gehirnsubstanz repräsentiren nun die eigentlich psychischen oder intellectuellen Erscheinungen, welche sich von den mit der Peripherie des Körpers in Verbindung stehenden Nervenschwingungen oder den Körperreflexen sehr wesentlich dadurch unterscheiden, dass sie mit Bewusstsein und spontan oder freiwillig ausgeübt werden. Der Wille tritt hier in Activität und verhindert den Reflex der von aussen kommenden Erregung oder Schwingung nach aussen, ausser durch sich selbst hindurch, weil die von ihm erregte Nervenbeschleunigung stärker ist, als alle übrigen und diese aufhebt oder beherrscht. — Alle von den Gehirnzellen ausgehenden Erregungen sind in der Regel stärker, als die blossen Reflexbewegungen, weil der Wille eine beliebig grosse Anzahl von Zellen in Bewegung setzen kann, während bei jenen nur eine kleinere Anzahl thätig ist. Alle die zahllosen Schwingungen der Atome der Aussenwelt wirken fortwährend von allen Seiten unter Vermittelung der Sinnesorgane auf uns ein und bestimmen unser Sein und unsere Individualität nach Massgabe der Organe, mit denen wir sie in uns aufnehmen." (Büchner.) — Es wird also das bewusste Leben um so reichhaltiger sein, je feiner organisirt das Centralorgan ist, je besser und getreuer die Sinnesorgane ihm Reize zuleiten und je grösser die Mannigfaltigkeit der umgebenden Welt ist.

Allmählich sind wir wieder in philosophische Erörterungen hineingerathen; der Begriff Bewusstsein, den ich im Vorstehenden klar und kurz präcisiren wollte, beginnt sich zu umschleiern. Begriffe wie Seelenleben, Geist, Gefühl, Weltanschauung drängen sich heran und vermischen sich mit der Definition vom Bewusstsein, weil ja von jedem ein Stückchen dazu gehört. Ich will mit der Anführung von Definitionen schliessen, weil ich den Begriff sonst eher verwirre, als kläre. Wollen wir uns an die letzten Worte der früheren Erklärung zurückerinnern: „Bewusstsein ist die Relation des jeweiligen cerebralen Einzelaktes zu dem Gesammtinhalt des Gehirnes."

Gehen wir auf die verschiedenen Grade oder, wenn ich so sagen darf, Arten des Bewusstseins über, so stellen wir an die Spitze als die höchste Stufe das Selbstbewusstsein. Wir sprechen des Ferneren von einem Persönlichkeitsbewusstsein, wenn das Ich sich über die in ihm stattfindenden Vorgänge klare Rechenschaft geben kann; wir haben ein Zeit- und Raumbewusstsein, wenn die Vorstellungen nach den Anschauungen des Raumes und der Zeit ihren Ablauf finden, und endlich nehmen wir ein „Weltbewusstsein" an, in welchem sich das Einzelindividuum in Correlation zu der Gesammtheit gleichartiger Lebewesen setzt. Wenn wir noch einen Schritt weiter gingen, würden wir noch eine Summe der verschiedensten „Bewusstseinsgrade" entdecken; ich will aus diesen nur eines herausgreifen, nämlich das „Rechtsbewusstsein", — ein Begriff, mit dem wir später uns noch öfter zu befassen haben werden.

Neben dem vollbewussten Seelenleben steht durch viele Fäden verknüpft die Sphäre des unbewussten Seelenlebens, welche die erstere an Umfang bedeutend überragt. — Sie ist andauernd thätig; setzt die Erregungen, welche die sensiblen Nerven dem Gehirn vom Körper aus zuführen, in Stimmungen um, regulirt die durch den Willen ausgelösten Bewegungen und verarbeitet die in der Gehirnrinde entstandenen Vorstellungen in complicirte psychische Processe, deren Resultate sich als Anschauungen, Urtheile, Schlüsse und Affecte dem Gesammtbewusstsein darstellen. Dieser unbewusst arbeitenden Thätigkeit verdanken wir unsere geistige Individualität.

———————

In pathologischen Fällen kann es nun vorkommen, dass das Resultat dieser unbewussten Gehirnmechanik nicht, wie es bei dem gesunden Individuum der Fall ist, zum Bewusstsein vordringt (dann bleibt es überhaupt unbewusst), oder es wird nur auf Umwegen vom Selbstbewusstsein erfasst (dann documentirt es sich als Hallucination oder als vollzogene, impulsive Handlung). Schliesslich können die dem Bewusstsein zukommenden Functionen (worunter wir Aufmerksamkeit, Reflexion, künstliche Reproduction rechnen) gänzlich aufgehoben werden. Es kommt dies bei verschiedenen psychischen Erkrankungen vor, ich erinnere nur an das Fieberdelir, an den epileptischen Krampfanfall, die schwere Alkoholintoxication, an vorgeschrittene Demenzzustände.

Wir haben noch eines eigenthümlichen Zustandes zu gedenken, nämlich des sogenannten doppelten Bewusstseins. Dasselbe kommt zumeist bei solchen Individuen vor, die hypnotisirt werden können. Sie erinnern sich im normalen Zustande durchaus nicht an die Vorkommnisse des künstlichen Schlafes und haben umgekehrt in der Hypnose keine Gedächtnissbrücke zu den Erlebnissen der normalen Zeit. — Fälle von doppeltem Bewusstsein sind oft beschrieben worden und gleichen sich im Einzelnen sehr. Wir finden solche citirt von Schröder van der Kolk in „Pathologie

und Therapie der Geisteskrankheiten"*. Derselbe behandelte ein
zwanzigjähriges Mädchen, das seit dem sechzehnten Lebensjahre an
einem wunderbaren Wechsel des psychischen Befindens und des
ganzen Gebahrens litt. Während sie an dem einen Tage nach
choreatischen Zuckungen in einen Zustand verfiel, in dem sie sich
wie ein Kind benahm, war sie am nächsten Tage ein gebildetes
Mädchen, das verschiedene Sprachen verstand, das sich seinem
Alter entsprechend unterhalten konnte. „Dabei wusste sie aber
nichts vom unmittelbar vorhergegangenen Tage, sondern ihr Gedächtniss correspondirte nur mit dem zweitvorhergegangenen Tage
oder mit dem sogenannten hellen Tage. Dies ging so weit, dass
sie an dem läppischen oder kindischen Tage wieder Französisch zu
lernen angefangen, aber nur wenige Fortschritte gemacht hatte,
während sie doch am folgenden Tage ganz fliessend sprach."

Als ihre Eltern einst einen Umzug vorzunehmen hatten, be-
nutzten sie den läppischen Tag, und Tags darauf wunderte sich die
Kranke über den Wechsel des Aufenthaltsortes; sie wusste nicht,
wie sie in die neue Wohnung gekommen war.

Aehnliche Beobachtungen haben Goldtammer**), ferner M.
Macario***) und Mesnet†) veröffentlicht. Die neuere Literatur
ist reich an identischen Schilderungen.

So wären wir denn bei dem zweiten Theile des uns beschäf-
tigenden Themas, bei den Krankheiten und Störungen des Bewusstseins angelangt. Es gibt solche, die von körperlichen und geistigen
Erkrankungen abhängen, und andere, welche sich auf gesundem
Boden entwickeln, um nach raschem Ablauf das betroffene Individuum zur Norm zurückkehren zu lassen.

---

*) Pag. 31, citirt aus Rieger „der Hypnotismus". pag. 99.
**) Archiv f. preuss. Strafrecht, Bd. XI, 1863, p. 606 ff.
***) Annales medico-psychologiques, tom. IX, 1847, pag. 47.
†) Etudes sur le somnambulisme envisagé au point de vue pathologique.
Paris 1860.

Zweiter Theil.

Die Störungen des Bewusstseins.

Erstes Capitel.

Die abnormen Zustände des Schlaflebens.

Wir müssen von vornherein zwei verschiedene Arten streng auseinanderhalten, es ist dies *a)* die Schlaftrunkenheit und *b)* das Schlafwandeln, letzteres auch Nachtwandeln genannt. Ad *a)*. Unter Schlaftrunkenheit verstehen wir einen eigenthümlichen Zustand, der sich in der Mitte zwischen Wachen und Schlafen befindet. Wenn Jemand plötzlich und brüsk geweckt wird, kann es vorkommen, dass er nicht gleich zum vollen Selbstbewusstsein und zur Auffassungsfähigkeit der umgebenden Aussenwelt gelangt. Er blickt mit irren, in weite Ferne gerichteten Augen vor sich hin, die Gesichtsmuskulatur ist ängstlich verzogen, die Handlungen sind incorrect und unzweckmässig. Traumvorstellungen des eben noch tiefen Schlafes werden mit in das beginnende Erwachen herübergenommen und wirken bestimmend ein auf die triebartigen Handlungen. Die Rückerinnerungsfähigkeit ist meist vollständig aufgehoben oder doch nur auf die dem vollständigen Erwachen unmittelbar vorhergehenden Augenblicke beschränkt. Kurzum, wir haben einen Symptomencomplex vor uns, der einer acuten Sinnesverwirrung gleich ist und die in derselben unternommenen, resp. unterlassenen Handlungen stehen nicht unter der Controle des klaren, selbstbestimmenden und durch Motive geleiteten Willens.

Unmittelbar daran schliesst sich das sogenannte Schlafwachen an. Das Individuum kommt beim Erwecken zwar zum Bewusstsein, aber nicht zum Selbstbewusstsein; es kann complicirte

Handlungen beginnen und ausführen und steht dann beim Erwachen dem Resultate seines Handelns so fremd gegenüber, als sei das Alles durch ein anderes Individuum geschehen.

So erzählt Spitta von einem Universitätsfreunde, der fast jeden Morgen nach dem Aufstehen in einen Zustand von Träumerei verfiel, welcher einer leichten Betäubung nicht unähnlich war; er sass auf seinem Bette, stierte vor sich hin und sah kaum, was um ihn vorging. Diese Verfassung pflegte gewöhnlich so lange anzuhalten, bis er sich das Gesicht gewaschen hatte, dann erst kam er wieder ganz zu sich und war oft trotz der grössten Mühe nicht im Stande, den Inhalt seiner Träumerei sich in's Gedächtniss zurückzurufen. Manchmal gelang es ihm und dann konnte man den Reichthum poetischer Bilder und Gleichnisse bewundern, welche ihm, einem sonst nüchternen und trockenen Menschen, während seines Träumens gekommen waren.*)

Hier schliessen sich die Traumzustände des wachen Lebens an, in welchen auf Kosten des Willens mehr die Gefühlssphäre betont ist, wo das Individuum, ohne die Absicht irgendwie handelnd eingreifen zu wollen, sich seinen beschaulichen Gedanken hingiebt. Es scheint fast, als ob man in diesem Stadium aus sich selbst heraustretend betrachten wollte, was für Eindrücke die stets thätige Gehirnrinde auffasst und wie sie dieselben ohne Correction des Verstandes umbildet, ausspinnt und aneinanderreiht. — Hierbei erinnere ich mich an die hübsche Erzählung, die uns von dem grossen Denker Newton überliefert ist: Er befand sich nämlich stundenlang in einer derartigen Vertieftheit des Geistes, dass er für alle äusseren Eindrücke abgestorben zu sein schien; nach seiner eigenen Aussage wartete er in diesem Zustande förmlich ab, bis ihm die Gedanken ganz von selbst kamen und er verdankte diesem Brüten seine grossartigen Entdeckungen.

Ad *b*). Schlafwandeln oder Nachtwandeln — ein Traumzustand, in dem die psychomotorische Sphäre im Sinne von Traumideen erregbar und zur Ausführung zweckmässiger Handlungen fähig ist. Die Auffassung der realen Aussenwelt ist nicht ganz aufgehoben, aber nur auf das beschränkt, was mit den Traumideen im Zusam-

---

*) Citirt aus Radestock, Schlaf und Traum. p. 232.

menhang steht. Es werden die complicirtesten Handlungen unternommen und zu Ende geführt, Tagesgeschäfte fortgesetzt und gefährliche Unternehmungen gewagt. Das Handeln braucht durchaus
nicht der Logik zu entbehren, wenn es nur irgendwelchen Zusammenhang mit den unmittelbar vorhergegangenen oder gewohnten Tages-
beschäftigungen hat; für alles besteht nachher complete Amnesie.
Der Schüler, der bis in die Nacht hinter seinen Arbeiten sass und
schliesslich darüber einschlief, findet dieselben am Morgen vollendet
auf seinem Tische und weiss nicht, wann er sie fertig gebracht hat;
der Mathematiker, den ein Problem quält und plagt, der noch im
Traume mit demselben kämpft, findet im Traume die Lösung und
schreibt sie in diesem Zustande nieder. Der Musiker staunt am
Morgen über die Melodien, die gesetzt auf seinem Tische liegen,
die ihm so verwandt mit seinem Fühlen sind und die er doch nicht
bewusst componirt hat. Dies sind alles verbürgte Berichte, freilich
haben wir keinen Beweis dafür, ob die im Schlafzustande verfassten
Arbeiten auch gut waren.

Andererseits ist es eine häufige Beobachtung, namentlich bei
jüngeren Individuen, dass dieselben Nachts das Bett verlassen, sich
eventuell auch theilweise ankleiden, mit stierem, gläsernem Blick
im Zimmer umhergehen, dasselbe wohl auch verlassen, sich dann
wieder auskleiden und ins Bett legen und am Morgen dann von all
dem absolut gar nichts mehr wissen. — Hat man sie in der Nacht
angerufen und so zum Wachen gebracht, dann erschrecken sie und
wissen nicht, wie und warum sie aus dem Bette gekommen sind.

Wir finden in Shakespeare's Macbeth in der ersten Scene des
fünften Aufzuges eine vorzügliche Schilderung des Nachtwandelns,
wie die Lady Macbeth gefoltert von Gewissensbissen über die von
ihr verschuldeten Mordthaten in der Nacht mit „offenen Augen,
aber mit schlafenden Sinnen" umhergeht: „Sie stand aus ihrem Bette
auf, warf ihr Nachtgewand um, schloss ihren Schreibtisch auf, nahm
Papier, legte es zusammen, schrieb, las das Geschriebene, versiegelte
es und ging dann wieder zu Bette; und die ganze Zeit in
tiefem Schlafe."

Dass in der Schlaftrunkenheit sowohl wie im Zustande des
Nachtwandelns Verbrechen begangen werden können, ist aus der
Actionsfähigkeit des Individuums von selbst zu erklären. Ich will

für Beides, für die Möglichkeit in den angeführten Zuständen überhaupt zu handeln und ferner verbrecherische Handlungen zu begehen, aus der grossen Anzahl von Beispielen nur einige wenige
hier anführen.

Burdach, der zwischen seinem zehnten und dreissigsten Lebensjahre Anfälle von Schlafwandeln hatte, erzählt darüber folgendes:
„Ich habe während dieses Zustandes Handlungen vorgenommen, die
ich blos desshalb als die meinigen anerkennen musste, weil sie von
Niemand Anderem konnten vollzogen sein; so war es mir eines
Tages unbegreiflich, als ich beim Erwachen bemerkte, dass ich kein
Hemd anhatte, und so blieb es trotz der grössten Anstrengung mich
zu besinnen, bis das Hemd in einem anderen Zimmer zusammen-
gerollt unter einem Schranke versteckt gefunden wurde. Einmal
wurde ich im Schlafwandel geweckt durch die Frage: Was ich
suche? Mein erster Gedanke war, ich dürfe es nicht verrathen; in
demselben Augenblicke aber fragte ich mich selbst, was ich denn
gewollt und nun zu verschweigen habe und strengte mich an, die
Erinnerung zu finden, aber vergebens.‟

Für die Unfähigkeit, sich an das im Schlafwandel Geschehene
zu erinnern, lässt sich die nachstehende Erzählung verwerthen: ein
Freund Burdach's erfuhr, dass seine Gattin in der vorhergegangenen Nacht auf dem Kirchdache spazieren gegangen sei; er fragte
sie nun im Mittagsschlafe leise nach ihrer nächtlichen Wanderung
und erhielt einen ausführlichen Bericht, mit dem Zusatze, sie habe
sich durch einen Nagel am Fusse verletzt. — Als sie nun wieder
erwacht gefragt wurde, ob sie an dem betreffenden Fusse Schmerzen
empfinde, bejahte sie dies, wusste aber weder von der nächtlichen
Wanderung etwas, noch von der Wunde am Fusse.

Hoffbauer*) citirt einen Fall, wo ein Mann, der in einem
Wagenschuppen schlief, beim nächtlichen Erwachen eine Gestalt
auf sich zukommen sah. Er rief ihr vergeblich zu, ergriff dann die
Axt und schlug die Gestalt nieder. Erst durch Stöhnen wurde er
wach und erkannte, als er vollständig zur Besinnung gekommen
war, dass er seine Frau erschlagen hatte.

Gundisalve, ein spanischer Schulmeister, pflegte des Nachts

---

*) Die Psychologie in ihren Hauptanwendungen auf die Rechtspflege.
Halle 1808.

im Schlafe seine Schule abzuhalten, zu singen, zu reden, zu schelten, wie wenn er wachte. Ein Klosterbruder, der in derselben Kammer schlief, drohte ihn, wenn er Nachts nicht ruhig wäre, mit der Ruthe zu peitschen. In einer der darauf folgenden Nächte stand nun der Schulmeister in seiner Schlaftrunkenheit auf und suchte seinen Schlafgenossen mit einer grossen Scheere zu erstechen. Da ihn dieser hatte kommen sehen, so wich er aus und der Nachtwandler traf mit seinen Stichen nur das Kopfkissen.

Nach den Erzählungen von Joseph Frank träumte einem jungen Menschen, zwei wilde Männer forderten ihn auf, ihnen zu folgen. Sie führten ihn durch schöne Landschaften, hoben ihn dann in die Luft und warfen ihn in ein Fass. Am nächsten Morgen wurde der Nachtwandler in einem leeren Fasse vorgefunden, in das er, ohne es zu wissen, in der Nacht hineingestiegen war.

Der Medicinalrath Ebers in Breslau berichtet von seinem Sohne, dass er Nachts aufstand, laut sprach, umherging, Gegenstände berührte, in den Weg gestellten Hindernissen auswich, dann wieder in's Bett ging und am anderen Morgen nichts mehr davon wusste.

Dass in diesem Zustande die Tagesarbeiten fortgesetzt werden und dass sogar geistige Probleme gelöst werden, die dem wachen Geiste zu schwer sind, davon habe ich im Vorhergehenden schon gesprochen. Die Berichte darüber sind nicht absolut sicher, ich führe hierher gehörige Beispiele nur der Vollständigkeit wegen als Citate an:

Jessen*) berichtet von einem Juristen, der ermüdet über seiner Arbeit einschlief und sie am Morgen fertig vorfand.

Schindler**) erzählt von einem Regierungssecretär, der im Schlafe eine Examenarbeit so gut vollendete, dass er sie ohne etwas daran zu ändern einlieferte.

Pfaff***) schildert uns ein persönliches Erlebniss: er hielt sich im Elternhause auf und beschäftigte sich auf's Eingehendste mit einer wissenschaftlichen Arbeit. Einst schlief er ein mit dem Gedanken an eine schwere Stelle, über die er sich noch nicht einig

---

*) Versuch einer wissenschaftlichen Begründung der Psychologie. Berlin 1855. p. 589.
**) Radestock, Schlaf und Traum. p. 177.
***) ibidem.

war. In der Nacht erwachte er durch ein Frostgefühl und fand sich in dem Bibliothekzimmer, wohin zu gelangen er mehrere Zimmer hatte passiren müssen.

Cardan*) behauptete, eines seiner Werke im Schlafe vollendet zu haben.

Condillac**)˙ fand oft am Morgen seine Arbeit vollendet vor.

Burdach***) sagt: „Mein Jugendfreund, Gustav Hänsel, der sich wenig oder gar nicht im Dichten versucht hatte, fand in der Zeit, als ihn der Gedanke an die Befreiung Deutschlands von der französischen Herrschaft lebhaft beschäftigte, eines Morgens auf seinem Arbeitstische eine von ihm verfasste Ode an Napoleon, welche Schwung der Gedanken und Feuer des Ausdruckes mit Richtigkeit des Versbaues vereinigte, und alles Bemühen, sich seines Dichtens zu erinnern, war vergeblich.“

M. Perty†) verdanken wir die Geschichte von einem Studenten in Amsterdam. Derselbe hatte drei Abende lang vergeblich sich gemüht, den Fehler in einer complicirten Rechnung zu entdecken; am Morgen des vierten Tages fand er die richtige Lösung nach einer neuen besseren Methode vor, ohne dass er wusste, wie er dazu gekommen war und doch musste er die Handschrift als seine eigene anerkennen.

Wenn, wie Ennemoser erzählt, ein Bauer im Schlafwandel einen an einem Abgrund stehenden Baum fällt — an einer Stelle, wohin er sich im wachen Zustande niemals getraut hätte, so ist das ein Beweis dafür, dass der Nachtwandler seine Situation nicht klar beurtheilt. Er sieht zwar, aber er verarbeitet das Geschehene nicht vollkommen. Er ist nicht deswegen furchtfrei, weil der Nachtwandel ihm etwa höhere Kräfte verliehe, sondern nur, weil er die Gefahr nicht kennt. — Der Reiter, der ohne es zu wissen, über den zugefrorenen Bodensee geritten war, stürzte zusammen, als ihm dies am Ufer erzählt wurde, und als er die Gefahr erkannte, die er ahnungslos bestanden.

---

*) Radestock, Schlaf und Traum. p. 177.
**) ibidem.
***) ibidem.
†) Die mystischen Erscheinungen in der menschlichen Natur. 1872.
Bd. I. 141—152.

Wenn wir den Bericht eines Fachmannes, der mit nüchternen, wissenschaftlichen Blicken betrachtet, nachlesen und überdenken, so wird unser Glaube von den Wunderleistungen im Schlafwandel immer mehr eingeschränkt. Ich führe zu diesem Zwecke eine Notiz von Albers*) aus der Bonner medicinischen Klinik an. Ein Student der Mathematik, dessen Vorfahren das Nachtwandeln auf ihn und zwei Brüder vererbt hatten, wurde sechs bis sieben Nächte von mehreren Personen zugleich beobachtet. Obgleich die damaligen Leiter der Klinik für mystische Auffassung nicht ganz unempfänglich waren, bemerkte man doch keine höheren Verstandeskräfte an ihm. Tabakspfeife, Schreibzeug und ein Buch wurde von ihm gleich automatisch behandelt. Eine Pfeife, die er genommen, konnte er sich nicht selbst anzünden; als man ihm dabei geholfen, ging sie wieder aus, da er nicht zog. Er setzte sich an einen Tisch, nahm einen Bogen und schrieb einige Buchstaben gut darauf; er griff nach einem Buche, blätterte um, ungefähr in der Zeit, wo man eine Seite kann gelesen haben, hörte aber nicht auf, als man das Licht auslöschte. Dann ging er zu einem der Anwesenden, fasste ihn unter den Arm und nöthigte ihn, auf- und abzugehen. In einer anderen Nacht ging er an den mit zwei Lichtern besetzten Tisch, nahm ein Buch und blätterte darin, als ob er läse. Das Auge wurde aber nicht bewegt, sondern blieb halb offen und starr; auch hielt er das Buch in derselben Richtung, als man das Licht entfernte. Albers fuhr mit dem Finger in das Auge des Kranken, welches sich erst schloss, als er die Hornhaut berührte. Nachdem der Student das Buch hingelegt, griff er zu Mappe und Hut, schloss die Thüre auf und wollte offenbar ins Colleg gehen. Als er die Hausthüre verschlossen fand, kehrte er wieder zurück, legte Mappe und Hut hin und ging wieder auf und ab. Jede Berührung machte ihn schaudern, der Puls war hart und klein. Beim Namen gerufen, wachte er nicht auf, wie man es sonst von Nachtwandlern sagt, auch nicht als es direkt ins Ohr geschah. Als er gerüttelt wurde, erwachte er; die Augen schlossen sich, er fiel nach rückwärts und musste gehalten werden. Er wusste nicht, wo er war, hatte keine

---

*) Beobachtungen auf dem Gebiete der Pathologie. III. Bonn 1840. p. 59—81.

Erinnerung an das Geschehene, und wunderte sich, ausser Bett und in Gesellschaft der ihn beobachtenden Personen zu sein.

Alle Bewegungen waren rein automatische, von einer Steigerung der gewöhnlich vorhandenen Geisteskräfte war also in diesem von Fachmännern genau beobachteten Falle nichts zu constatiren. — Was für halsbrecherische Kunststücke vollbracht werden können, beweist der von Binz*) beschriebene Fall: Ein Mann, der schon in seiner Jugend am Nachtwandeln gelitten hatte, erwachte einmal in der Nacht, weil ihn die Kniee schmerzten. Das Zimmer war vom Mond genügend erleuchtet, um seine absonderliche Lage ihn erkennen zu lassen. Er kniete nämlich im Hemd auf dem sechs Fuss hohen Porcellanofen des Schlafzimmers und hielt sich mit beiden Händen krampfhaft an dessen Seitenrändern, die profilartig vorsprangen, fest. Durch Zuruf weckte er seine Frau, diese hielt den vor dem Ofen stehenden Stuhl und auf seine Lehne tretend, stieg er herab. Er war als guter Turner denselben Weg hinaufgestiegen. Den weissen Ofen hatte er offenbar für ein Object seines Traumes gehalten, von dem übrigens keine Erinnerung übrig blieb und erst der Schmerz der nackten Kniee rief die schlafenden Gehirnzellen zum Wachsein. — Es liessen sich nun noch eine Menge ähnlicher Beispiele hier erwähnen; aber dieselben würden uns nichts Neues bringen und nur ermüden. Hauptsache ist der Nachweis, dass in Fällen von Schlaftrunkenheit sowohl wie Schlafwandeln das davon befallene Individuum handeln (also auch verbrecherisch handeln) kann und dass unter Umständen diese Handlungen ein gewisses logisches Gepräge haben. Vergessen darf dabei nicht werden, dass für alle in diesem Zustand ausgeführten Actionen wenn nicht vollständige Amnesie, so doch sehr getrübte Erinnerungsfähigkeit besteht.

Als hierher gehörig betrachte ich noch das simulirte Nachtwandeln. Es kann verschiedene Gründe geben, die Jemand dazu veranlassen — entweder er will das Mitleid seiner Nebenmenschen erregen oder er bezweckt, in den Geruch der Heiligkeit zu kommen, als ein höher organisirtes Wesen angestaunt zu werden. Schliesslich kann auch in dem wechselvollen Bilde der Hysterie ein Anfall

---

*) Radestock, Schlaf und Traum. pag. 179.

von Schlafwandel vorkommen. Es wird nicht schwer fallen, bei der
Erforschung der Vergangenheit des Individuums und bei der eingehenden Beobachtung Anhaltspunkte zur Entdeckung der Simulation zu finden; doch darf man dabei den alten Glaubenssatz der
Psychiater nicht vergessen, dass Simulation ungleich seltener ist,
als man glaubt, und dass von den zur Beurtheilung gelangenden
Fällen viele ausgeschieden werden müssen, in denen der Simulant
doch psychisch gestört ist. Der simulirte Zustand ist zwar nicht
vorhanden, aber dahinter lauert eine tiefe Erkrankung, die gewissermassen dissimulirt wird. —

Indem wir nun das Gebiet der sogenannten natürlichen Schlaf-
zustände verlassen, kommen wir zu den künstlich hervorgerufenen.
Wenn auch die Adjectiva „natürlich" und „künstlich" vielleicht
nicht sehr gut gewählt sind, so wird doch daraus klar werden,
dass der jetzt zu beschreibende Symptomencomplex sich von dem
eben verlassenen dadurch unterscheidet, dass er durch äussere
Einflüsse hervorgerufen und in seinem Ablaufe modificirt wird. Ich
meine den Hypnotismus.

In den letzten zehn Jahren ist der Hypnotismus eine viel besprochene und ventilirte Frage geworden, ohne dass man der Lösung wesentlich näher getreten wäre. Alle möglichen Theorien und
Hypothesen — anscheinend leicht verständliches und hochtrabendes
Phrasengeklingel — bekam man zu hören. Versuche häuften sich
auf Versuche, im Sprechzimmer und in der Klinik des erfahrenen
Neuro- und Psychologen sowohl wie in den Sitzungen derer, die in
dem Glauben an die vierte Dimension die Erklärung des Welträth-
sels zu finden wähnen. Auch auf der Bühne und im Salon wird
hypnotisirt und von der Menge bang klopfenden Herzens Beifall
gerufen. Dass man auch schliesslich ein Heilmittel in der Hypnose
zu sehen glaubte, ist nur natürlich bei dem Wunsche des Menschen,
seine und seiner leidenden Nebenmenschen Lage zu verbessern. Je
übersinnlicher ein Mittel, um so grösser die Zahl der Gläubigen.

Andererseits ist häufig die Meinung laut geworden, dass von
Hypnotisirten durch sogenannte Suggestion Verbrechen begangen
werden können, für die sie nicht verantwortlich sind, und dass
ferner Hypnotisirte ähnlich wie Betrunkene oder aus irgend einem
anderen Grunde Hilflose das Opfer eines Verbrechens werden können.

Die Literatur über den Hypnotismus ist ins Ungeheure angewachsen und der Strom verbreitert sich von Tag zu Tag. Sie eingehend zu besprechen, würde allein schon ein umfangreiches Werk ergeben. Darum will ich an dieser Stelle nur in grossen Zügen die Geschichte des Hypnotismus durchgehen, will an klaren Beispielen die beobachteten Symptome anschaulich machen und schliesslich deren Relation zum Forum schildern. Wir werden des Interessanten so viel finden, dass es dem Schreiber schwer wird, das richtige in den Rahmen vorliegender Arbeit passende Mass zu finden.

Ich schreibe hier keine Geschichte des Hypnotismus und bin darum nicht verpflichtet, mich über die einzelnen Ansichten über diesen Gegenstand auszulassen. Was der Leser von mir verlangen kann, sind drei Dinge:

1) ein kurzgedrängter Bericht über die Entwickelung des Begriffes (der darum nothwendig ist, weil es nur so möglich ist, sich über den Werth oder Unwerth der einzelnen Theorien ein Urtheil zu bilden);

2) eine Definition des Begriffes: Hypnotismus nach dem heutigen Stande der Wissenschaft;

3) die Relation des Hypnotismus zum Gesetz. (Wir haben hierbei am längsten uns aufzuhalten, weil viele Fragen beantwortet werden müssen.) Es kann ein Hypnotisirter ein Verbrechen begehen oder das Object eines solchen werden. Wie ist das Zeugniss eines hypnotisirbaren Individuums aufzufassen? Wie steht es mit dem freien Willen, mit dem Bewusstsein, der Rückerinnerung und der Zurechnungsfähigkeit eines Individuums, welches dem künstlichen Schlafe zugänglich ist?

Der Hypnotismus ist viel, viel älter als sein Name, denn während dieser erst in den vierziger Jahren unseres Jahrhunderts von dem Engländer J a m e s B r a i d zum ersten Male für den in Frage stehenden Zustand gebraucht wurde, ist es sicher, dass sich schon im Alterthum eine Reihe von überlieferten Thatsachen durch nichts Anderes als den Hypnotismus erklären lässt.

Die Heilungen durch Handauflegen sind ebenso eine unbewusste Hypnose, als wie die Mutter ahnungslos hypnotisirt, indem sie ihrem fiebernden Kinde die Hand auf die heisse Stirn legt und es

so einschläfert. Die indischen Zauberer, die durch lange fortge-
setztes Anstarren eines bestimmten Punktes oder durch Anhören
einer ermüdenden gleichförmigen Melodie in die Hypnose gerathen
sind, haben das Gefühl für verletzende Eingriffe in ihren Körper
verloren, wie sich gewiss auf dieselbe Weise die heroische Stand-
haftigkeit mancher Opfer der Folter erklären lässt.

Aber man kann noch einen Schritt weiter gehen und alle die
bekannten religiösen Verzückungen hierher rechnen. In dem Augenblick, wo die Pythia zu Delphi ihre erst durch Priesterkunst verständlich gemachten Orakelsprüche sagte, war sie nicht weniger
hypnotisch verändert, als eine der frommen Beterinnen unseres Jahrhunderts, die nach langem Anschauen eines heiligen, wunderthätigen
Bildes in Verzückung fällt, in der sie prophetische Sprüche von
sich gibt.

Im Jahre 1646 erschien ein Werk des Jesuitenpaters Atha-
nasius Kircher unter dem Titel: „Ars magna lucis et umbrae".
In diesem Buche finden wir die Bemerkung, dass eine Henne, deren
Kopf man auf den Boden drückt, regungslos in dieser Stellung
verharrt, wenn man von dem Schnabel aus auf dem Boden hin
einen Kreidestrich zieht. Dieser unzählige Male wiederholte und
als richtig befundene Versuch ist die erste sichere Notiz über das
Hypnotisiren der Thiere und ist auch der jedesmalige Ausgangspunkt der hierher gehörigen Experimente.

Am Ende des vorigen Jahrhunderts erregte Mesmer grosses
Aufsehen und stiftete auch viel Unheil. So viel ist sicher, dass
er schon wirkliche Hypnosen zu Stande brachte.

Die erste wissenschaftliche Bearbeitung wurde dem vorliegenden Gegenstande durch den Manchester Gelehrten James Braid
zu Theil. Mit nüchternem Verstande entkleidete er den Hypnotismus des an ihm haftenden Flitterwerkes von Humbug und Mysticismus und wies vor Allem nach, dass von dem Magnetiseur kein
specifisches Fluidum auf sein Medium übergeht, dass die blosse
Feststellung der Augenachsen genügt, um den künstlichen Schlaf
auszulösen. Von ihm stammt auch, wie schon oben bemerkt, der
Name: Hypnotismus.

Braid's Ansichten sind noch heute zum grossen Theile als
richtig anerkannt und doch hatte er bei Lebzeiten heftige Kämpfe

zu bestehen. Die exacte Wissenschaft verhielt sich durchaus ablehnend bis zur Mitte der siebziger Jahre, wo Charles Richet in seiner berühmten Abhandlung: „Du somnambulisme provoqué", die Braid'schen Ansichten wieder in ihr Recht einsetzte. — Nun begann man auch in gelehrten Kreisen der neuen Erscheinung Aufmerksamkeit zuzuwenden. In Deutschland verdanken wir Czermak, Binswanger, Weinhold, Heidenhain, Preyer, Rieger u. A. m. werthvolle Untersuchungen; die französische Literatur ist von einer geradezu überwältigenden Reichhaltigkeit. Nach Richet kamen Charcot, Binet, Bernstein und deren Schüler mit hochinteressanten casuistischen Beiträgen. — Hack Tuke und Gurney sind von englischer, Tamburini von italienischer Seite zu nennen; kurzum in allen Ländern und in allen Schulen befasste man sich mit dem neuen Zweig der Wissenschaft, experimentirte und erklärte, häufte Hypothesen auf Hypothesen und das Resultat — ist ein babylonisches Durcheinander von Ansichten.

Darum ist die Beantwortung der in 2) vorhin gestellten Frage: Was verstehen wir unter Hypnotismus? durchaus keine leichte.

Wenn man einem geeigneten Individuum einen glänzenden Glasknopf oder einen am Ende mit Metall verzierten Bleistift oder sonst einen ähnlichen Gegenstand so vor die Augen hält, mit dem Befehle, denselben scharf zu fixiren, dass der zu fixirende Gegenstand nicht weit von den Augen und etwas über denselben ist, dann entsteht nach längerer oder kürzerer Zeit, in der das betreffende Individuum die sichtbaren Zeichen einer leichten acuten Bindehautentzündung (Thränensecretion und krampfhaftes Blinzen) zeigt, eine höchst eigenthümliche Veränderung in dem psychischen Gebahren der Versuchsperson. Die weitgeöffneten Augen schauen mit parallel gerichteten Axen in die Ferne, wodurch der Blick etwas Leeres, Geistloses bekommt. Die Umgebung wird verkannt, die Sensibilität ist in hohem Grade herabgesetzt oder ganz aufgehoben, so dass man schmerzhafte Eingriffe ohne jede Reaction wagen kann. Dabei verharren die Glieder in der Stellung, die man ihnen einmal gegeben hat, sei es auch die unnatürlichste. Legt man die Versuchsperson mit dem Kopfe und mit den Fersen auf zwei sich gegenüber stehende Stühle, so bleibt der Körper starr und steif liegen, als wenn es keine Hüftgelenke und keine Wirbelsäule gäbe, von deren Beweglichkeit doch sonst im Leben so manche Stellung abhängt. — Der Wille des Individuums ist vollständig in die Hand des Hypnotiseurs gegeben. Ein Stückchen Brod, das man als Kuchen erklärt, wird mit Behagen als solcher verzehrt, Essig als Wein getrunken, kurz die unglaublichsten Täuschungen der Sinnesorgane lassen sich imputiren. Aber das ist noch nicht Alles: das Individuum befolgt alle, auch die schlimmsten Befehle, wenn man nur die ihn umgebenden Verhältnisse so einrichtet, dass der verbrecherische Befehl als Nothwehr oder als Tugend erscheint. — Ich gebe dem Hypnotisirten einen Bleistift in die Hand und suggerire ihm, dieser Bleistift sei ein Revolver. (Unter Suggestion verstehen wir die künstliche Hervorrufung von Wahnideen bei hypnotisirten Personen, die artificielle Unterstellung des fremden Willens unter den eigenen. Es kann dies durch einen Befehl, durch eine einfache Bewegung, die dann imitirt wird, geschehen; es wird aber auch auf die Weise erzeugt, dass der Experimentator irgend eine willkürlich gewählte Situation so plastisch schildert, dass das Versuchsobject sie für wirklich bestehend annimmt.) Doch wollen wir nach dieser kurzen Abschweifung in der Ausführung des Beispieles weiterfahren: Nun bezeichne ich ihm eine Person der Umgebung als eine solche, die auf das Leben der Versuchsperson ein Attentat beabsichtigt, die ebenfalls mit einer Schusswaffe in der Hand auf ihn zukommt. Ich rede ihm zu, jetzt sei es Zeit, sich zu vertheidigen, sonst sei er verloren, er hebt den Bleistift, den er steif und fest für einen Revolver hält, in die Höhe und macht die Geberde als wollte er losdrücken. Hätte ich ihm wirklich eine geladene Pistole in die Hand gedrückt, er würde dieselbe mit ruhigem Blute benutzt haben, um den harmlos neben ihm Stehenden unschädlich zu machen.

Ich kann aber noch weiter gehen, ich setze Jemand durch Fixirenlassen des oben bezeichneten glänzenden Knopfes, oder (es gibt noch eine Reihe anderer, ebenso sicherer Methoden) durch Striche oder durch einen plötzlichen Befehl wie: Schlafe! in Hypnose und sage ihm: Du wirst morgen früh um neun Uhr in das Haus Nr. 9 der N.-Strasse gehen und dich dort melden, so wird das Versuchsobject, wenn ich es durch Anblasen oder durch Schütteln, durch einen Befehl oder endlich mittelst der Durchleitung des galvanischen Stromes durch den Kopf erweckt habe, vorläufig von dem erhaltenen Befehle gar nichts wissen. Er geht ruhig nach Hause, ohne das Geringste von dem kommenden Morgen zu ahnen. Am nächsten Morgen zur festgesetzten Zeit fasst es ihn mit unwiderstehlicher Gewalt, er macht sich auf den Weg und zur rechten Zeit ist er in dem Tags vorher angegebenen Hause und meldet sich dort. Er sieht zwar vielleicht absolut den Grund nicht, ein, aber der Wunsch taucht so lebhaft in ihm auf, dass er ihn mechanisch ausführt, vielleicht ihn später gar durch Syllogismen in seinen sonstigen Gedankenkreis einzureihen bestrebt ist. Wir finden ähnliche Suggestionen in der französischen Literatur, die noch nach einem halben Jahre ihre Wirkung nicht verloren hatten.

Die Erinnerung an das in der Hypnose Ausgeführte ist meist nach Aufhören derselben vollständig geschwunden und kehrt erst in einer neuen Hypnose zurück. Ebenso ist die Brücke zwischen dem Bewusstsein im normalen Zustand und im künstlichen Schlafe nur eine äusserst luftige, so dass man in diesen Fällen mit vollem Rechte vom „doppelten Bewusstsein" sprechen kann. Wir werden übrigens auf diesen Begriff später noch ausführlich zurückzukommen haben.

Die soeben beendete Darstellung der Erscheinungen des Hypnotismus soll nur eine summarische sein, sie dient nur dazu, ein Wegweiser in der nunmehr folgenden Besprechung der verschiedenen aufgestellten Theorien zu sein und wird später viel präciser gegeben werden können.

Es ist vorläufig noch unmöglich, eine befriedigende Erklärung des Hypnotismus zu geben. Man kann die einzelnen Symptome aufzählen und gruppiren, aber man kann nicht sagen, alle diese Erscheinungen entstehen auf dem und dem Wege, wie man etwa behaupten kann, eine Entzündung entsteht durch vermehrten Austritt von weissen Blutkörperchen oder die Dementia paralytica ist eine chronische Entzündung der Grosshirnrinde.

Wenn Jemand annimmt, dass die Hypnose durch Anämie der Grosshirnrinde und dadurch bedingte schlechtere Ernährung dieses Organes entsteht, so ist das ebenso eine Hypothese, der vorläufig noch der Beweis mangelt, als wenn Jemand den natürlichen und künstlichen Schlaf einfach identificirt.

Die Annahme Preyer's, dass in der Hypnose die Aufmerksamkeit auf Eine Vorstellung concentrirt wird, während das übrige Bewusstsein völlig leer ist, bringt uns, was Preyer selbst anführt, den Gedanken nahe, dass der Hypnotisirte das Gegenstück des „Zerstreuten" ist. „Der Experimentator kann die Tabula rasa seiner Vorstellungsthätigkeit beliebig beschreiben und jede von ihm hervorgerufene Vorstellung wird von dem „Brillantglanz der strahlenden Aufmerksamkeit" des sonst völlig actionslosen Patienten beleuchtet."

Einen ähnlichen Gedankengang verfolgt G. H. Schneider[*]): „Der Hypnotismus besteht in einer künstlich erzeugten, abnormen Einseitigkeit des Bewusstseins, resp. in einer abnorm einseitigen Concentration des Bewusstseinsprocesses." — Er nimmt an, dass durch die Manipulationen des Experimentators, seien dies nun Striche oder sei es die Aufforderung, einen glänzenden Gegenstand zu fixiren, in Verbindung vielleicht mit dem Glauben des Objects, dass etwas Aussergewöhnliches mit ihm vorgenommen wird, dessen Aufmerksamkeit allmählich von allen Eindrücken der Umgebung abgelenkt wird und sein Bewusstseinsinhalt sich nur auf bestimmte Eindrücke einlässt. Es werden alle Meldungen, die dem Centralorgan durch die Sinnesorgane zugehen, nur in dem Einen Sinne verwerthet, den die von dem Experimentator abhängige Situation erheischt. Wenn dieser dem Versuchsobject die Hände zusammenlegt und ihm einredet, es sei in der Kirche, so wird es dieser Situation entsprechend musikalische Klänge, die an sein Ohr gelangen, als Orgelklänge auffassen. Aendert der Experimentator die Situation und versetzt er sein Object in einen Wirthsgarten, so werden ganz dieselben Laute als Tanzmusik gehört. Es ist frappant, wie sich in den Zügen des Kranken die jeweilige Situation abspiegelt und wie kaleidoskopartig eine Stimmung die andere ablöst.

Ich hatte seiner Zeit Gelegenheit die Versuche mit anzusehen, die Professor Rieger in seinem „Hypnotismus" beschreibt, und kann nur wiederholen, dass die Aenderung des Gesichtsausdruckes,

---

[*]) Die psychologische Ursache der hypnot. Erscheinungen. Leipzig 1880.

den der Leser an den jenem Werke beigegebenen Abbildungen selbst studiren kann, eine ganz plötzliche und überraschende war.

Die Nachahmungsbewegungen hypnotisirter Personen stehen in der Mitte zwischen Reflexen und willkürlichen Handlungen, aber den willkürlichen Handlungen doch etwas näher, denn ein Hypnotisirter wird eine nachgeahmte Handlung, wenn er sich deren später überhaupt noch erinnert, als aus seinem freien Willen entstanden angeben und wird sich bemühen, einen Zusammenhang zwischen seinem sonstigen Denken und der in Frage stehenden einfach einem Fremden nachgeahmten That herauszufinden.

Ob nun die Hypnose entstanden ist durch die Feststellung der Augenaxen, oder durch die sogenannten magnetischen Striche, oder durch einen brüsken Befehl: Schlafe ein! oder endlich durch eine in einer früheren Hypnose angewandte Suggestion — immer ist der Wille der Versuchsperson von dem Experimentator abhängig, also ein unfreier, mit anderen Worten: Die freie Willensbestimmung ist beeinträchtigt oder aufgehoben. Es ist zwar möglich, dass eine hypnotisirte Person sich weigert, ein offenbares Unrecht zu begehen, wie es das eine der Rieger'schen Versuchsobjecte gethan hat, aber das dürfte denn doch ein Ausnahmefall sein. Der hypnotische Zustand ist eine „experimentell hervorgerufene Geistesstörung". — Diesen Satz Rieger's kann ich hier nur wiederholen. Es ist eine Geistesstörung, in der der Wille und damit die Handlungsfähigkeit direkt abhängig ist von äusseren Einflüssen, in der es keine freie, auf ethischen Motiven beruhende Willensbestimmung mehr gibt. Dieser Zustand ruft in den meisten Fällen allgemeine Empfindungslosigkeit hervor und befähigt den davon Ergriffenen, die wunderbarsten Stellungen einzunehmen und beizubehalten. Durch die Concentration des gesammten Bewusstseinsinhaltes auf Einen bestimmten Punkt ist es zu erklären, wenn der hierzu gewählte Sinn schärfer ist als im wachen Zustande und Dinge wahrnimmt, die dem Experimentator verborgen bleiben.

Für das in der Hypnose Geschehene und Gesprochene besteht in der Mehrzahl der Fälle nachherige Amnesie. Die Erinnerungsfähigkeit kehrt erst in einem zweiten künstlichen Schlafzustande zurück.

Schliesslich ist es möglich, einem Hypnotisirten einen Befehl zu geben, den dieser erst später, im vollständig wachen Zustande, ausführt, mag nun dieser Befehl eine aktive Thathandlung, z. B. die Verletzung einer bestimmten Persönlichkeit involviren, oder mag die Suggestion die falsche Beschuldigung eines Nebenmenschen oder gar der eigenen Person gebieten. Wir sehen, dass die hier gegebenen Verhältnisse äusserst complicirte sind und dass es seine gute Berechtigung hat, wenn man den Wunsch hegt, mit dem Strafrichter über die hier in Betracht kommenden Fragen in klares Einverständniss zu kommen.

Ich halte es für gut, bevor ich mich über die forensische Bedeutung der Hypnose ausspreche, erst einige hierher gehörige Fälle anzuführen.

In der allgemeinen österreichischen Gerichtszeitung 1855 Nr. 106 ist ein Bericht von Rizy über einen Criminalprocess enthalten, in welchem eine im Zustande des magnetischen Schlafes angeblich Genothzüchtigte durch gerichtlich bestellte Sachverständige (und zwar während der Untersuchung) in den magnetischen Schlaf zu dem Zwecke versetzt wurde, um in diesem Zustande gerichtlich vernommen zu werden.

Ein ähnlicher Fall ist auf Grund von Berichten des Eco dei Tribunali aus Venedig in der allgemeinen österreichischen Gerichtszeitung 1863 Nr. 27 und 38 besprochen; in diesem Falle bemerkte der Staatsanwalt, der die Vernehmung im magnetischen Schlafe (in der Hauptuntersuchung) beantragte: Mein Antrag geht nicht dahin, die Beschuldigte als Zeugin zu vernehmen, um so ein Beweismittel zu erlangen, sondern nur dahin, die Inzichten des Verbrechens .... zu sammeln.

In Goldtammer's „Archiv für preussisches Strafrecht", Bd. XI. 1863 findet sich nachstehende Schilderung: „Die an heftigen Magen- und Nervenleiden erkrankte, unverehelichte, völlig unbescholtene Amalie M. gerieth nach der Aussage ihres Arztes in den Zustand des natürlichen Somnambulismus. Auf ihr eigenes dringendes Ansuchen begann der Arzt mit auffallender Wirkung die magnetische Curmethode mit ihr; die Erscheinungen des Autosomnambulismus traten hierauf zwar seltener ein, blieben aber nicht völlig aus. Eines Tages fand sie der Arzt in dem Zustande der höchsten Aufregung; auf eindringliches Fragen darüber erfolgte keine genügende Antwort. Der Arzt versetzte sie in magnetischen Schlaf und in diesem sagte sie auf wiederholte Fragen: es sei vor Kurzem ein Mensch in ihr Zimmer gekommen, der sie übel traktirt habe; sie nannte ihn, er habe sein Schnupftuch im Bette zurückgelassen. Bei einer körperlichen Untersuchung wurden Spuren der That gefunden. Das fremde Schnupftuch fand sich im Bette. Die in den wachen Zustand zurückversetzte Kranke konnte Näheres über den Vorgang nicht angeben, ja es fehlte ihr die Erinnerung, also das wirkliche Bewusstsein des Vorfalles. Das Schnupftuch sah sie verwundert an und reichte es dem Arzte als ein vielleicht ihm gehöriges."

Die medicinische Facultät in Wien, die über diesen Fall zu einem Gutachten aufgefordert wurde, äusserte sich dahin, dass das Vorkommen schlafähnlicher Zustände möglich sei, in denen Personen Wahrnehmungen machen können, deren sie sich erst in einer Wiederholung dieses Zustandes erinnern. Ferner erkannte das Gutachten an, dass die Misshandelte sich in einem wehrlosen Zustande befunden habe und daraufhin wurde der Angeklagte verurtheilt.

Ein zweiter Fall, den Rieger in seinem „Hypnotismus" citirt, spielt zu Verona. Ein Mädchen, das von seinem Arzte zu Heilzwecken in den magnetischen Schlaf versetzt wurde, behauptete, der, Arzt hätte es in einem solchen Zustande genothzüchtigt. Im normalen Zustande wusste das Mädchen von der behaupteten Misshandlung nichts und desshalb stellte der Staatsanwalt den Antrag, man möchte das Mädchen zum Zwecke der Vernehmung in den hypnotischen Schlaf versetzen. Interessant sind die Gründe für seinen, übrigens an der Weigerung des Mädchens scheiternden Antrag, die ich desshalb wörtlich citire:

„Das Gesetz verpflichte den Richter, alle Mittel zur Erforschung der Wahrheit anzuwenden. Hier sei nur von der im magnetischen Schlaf Befindlichen eine Auskunft zu erhalten, andere Mittel lägen nicht vor, und die Sachverständigen begutachteten ohnedies die Fähigkeit, in dem reproducirten Zustande sich der Ereignisse aus dem früheren Zustande zu erinnern. Es handle sich darum, durch solche Angaben unbekannte Spuren der That zu erhalten, um ihnen nachgehen zu können. Es handle sich also nicht um die allerdings durch das Processgesetz untersagte Zeugenvernehmung einer bewusstlosen Person, sondern um die Erlangung einer Information zur Auffindung sonst zulässiger Beweise über unbekannte Thatsachen . . . Die hier beantragte Art der Erforschung sei nirgends untersagt, zumal ja auch nicht untersagt sei, Personen zu vernehmen, deren Aussage an sich keinen Beweis liefere, wie sogar Wahnsinnige über Umstände, über welche sie sich mit einiger Wahrscheinlichkeit zu äussern vermögen . . . Eine Tortur, ein Gottesurtheil, ein phantasmagorisches Spiel könne in einem Vorgang nicht gefunden werden, welcher natürliche, wenngleich abnorme Zustände und Verhältnisse, deren Wirklichkeit constatirt ist, nicht zur Verhüllung, sondern zur Enthüllung der Wahrheit verwendet. Es gebe heutzutage sehr viele, ungemein praktische und täglich verwendete Dinge, welche lange Zeit als Phantasmagorien unbeachtet blieben. Wenn der Telegraph den Verbrecher in die entferntesten Gegenden verfolgt und Eisenbahnen den Untersuchungsrichter schnell an den Thatort führen, warum sollte ein anderes, gleichfalls natürliches Mittel principiell ausgeschlossen werden, welches das Bild der That dem Richter, wenngleich etwas verschwommen, zu reproduciren vermöge?"

Dabei berief sich der Staatsanwalt auf einen Präcedenzfall, der sich in Triest abgespielt hatte. Es handelte sich um einen Mordversuch im magnetischen Schlaf. Die Beschädigte wurde vor der Gerichtscommission wieder in magnetischen Schlaf versetzt und machte in diesem Zustande die wichtigsten Enthüllungen.

Dagegen machte der Vertheidiger geltend: „Der Antrag erscheint in jedem Falle im Widerspruch mit der sittlichen Grundlage des Beweisverfahrens und des Gesetzes. Es ist ein Ehrenpunkt der Strafrechtspflege und bedingt ihren Erfolg, dass die Beweismittel, mit welchen sie den Beschuldigten überweist, von allen vermittelnden Kunstgriffen frei seien. Schrecklicher als die Tortur wäre der Zauber, welchen über, wenngleich vorurtheilsfreie, doch nur menschliche Gemüther das Schauspiel verhängen müsste, in welchem eine in einem aussergewöhnlichen und gleichsam übernatürlichen Schlafe befindliche Person Aussagen machte. Gesetzt selbst, der Richter bliebe, an dergleichen gewöhnt, so kalt, dass er diesem Einflusse trotzt und sich blos auf die von Seiten der träumenden Person gegebenen Winke über neue Beweismittel beschränkte, wer wollte

dafür bürgen, dass nicht im Laufe der Zeit an die Stelle des
juristischen Beweises die Angabe des Magnetisirten träte und die
Strafrechtspflege wieder in die Kinderwiege legte?"
Ich habe absichtlich die Ansichten des Staatsanwaltes und des
Vertheidigers hier im Wortlaut citirt, weil sie in klarer Weise die
beiderseitigen Standpunkte vertreten, auf die wir im Verlaufe der
Schilderung immer wieder zurückkommen müssen.

In den „annales médico-psychologiques" ist in einem Aufsatze
von Dr. M. Macario ein ähnlicher Fall beschrieben: „Eine
schlechte Person führte heimlich einen jungen Mann in das Zimmer
einer Somnambule in ihrem Anfall; derselbe that ihr Gewalt an,
während seine Gehilfin ihr den Mund verstopfte und so über den
kräftigen Widerstand Herr wurde, den jene trotz ihres Zustandes
entgegensetzte. Am folgenden Tage hatte die junge Somnambule
keine Erinnerung an die Ereignisse der Nacht. Erst in einem
späteren Anfall offenbarte sie ihrer Mutter das verbrecherische
Attentat, dessen Opfer sie gewesen war."

In dem Aufsatze von Binet und Féré „Die Verantwortlichkeit des Menschen angesichts der Thatsachen des Hypnotismus"*)
finden wir die Bemerkung: „In dem Pariser Hospital der Salpetrière
hat man zu wiederholten Malen einer Hypnotisirten ein Papier-
schnitzel in die Hand gegeben und ihr gesagt, das sei ein Dolch,
mit dem sie einen der assistirenden Aerzte ermorden solle. Nach
dem Erwachen stürzt sich die Kranke auf ihr Opfer und schlägt
auf dasselbe mit einer solchen Heftigkeit ein, dass Niemand mehr
sich gern zu diesen Experimenten hergeben mochte." Ebenso hat
man solchen Personen den Gedanken eingegeben, Gegenstände zu
stehlen, Photographien u. dgl. mehr.

Noch interessantere Details enthält Frederik W. H. Myer's
Aufsatz: „Die menschliche Persönlichkeit im Lichte der hypnotischen
Eingebung"**): Prof. Liégeois, dessen Specialfach gerichtliche
Medicin ist, hat sich damit beschäftigt, Hypnotisirte zu Verbrechen
anzustiften. — Die nachfolgende Erzählung ist im Wortlaut citirt:
„Ich versah mich mit einem Revolver und mehreren Patronen und
um mich zu vergewissern, dass die Versuchsperson, welche ich auf's

---

*) Citirt aus Sphinx, 1887. p. 242.
**) ibidem. p. 293.

Geradewohl unter den fünf oder sechs sich zufällig in Dr. Liébeaults Hause befindlichen Somnambulen auswählte, nicht glauben konnte, dass es sich um einen Scherz handle, lud ich einen Lauf und feuerte ihn im Garten ab, zeigte auch der Person das Kartenblatt, welches die Kugel durchbohrt hatte. Nach Verlauf von weniger als einer Viertel-Minute hatte ich Madame G. den Gedanken eingegeben, Herrn M. P. mit einem Pistolenschuss zu tödten. Mit der grössten Gelehrigkeit schritt sie auf M. P. zu und feuerte den Revolver auf ihn ab. Unmittelbar darauf durch den Polizei-Commissär zur Rede gestellt, gestand sie ihr Verbrechen mit der vollkommensten Gleichgültigkeit ein. Sie habe Herrn M. P. getödtet, weil sie ihn nicht leiden möge. Sie kenne die Folgen. Wenn ihr das Leben genommen würde, so ginge sie in eine andere Welt, ebenso wie das Opfer ihrer That, welches sie (in Hallucination) in seinem Blute vor sich liegen sah. Sie wurde nun gefragt, ob ich es nicht gewesen, welcher ihr den Gedanken des Mordes eingegeben habe. Darauf erklärte sie jedoch, dies sei nicht der Fall, sie allein sei schuldig und nähme alle Folgen auf sich."

Professor Liébeault veranlasste desgleichen durch Suggestion eine junge Dame, auf ihre eigene Mutter eine Pistole abzufeuern, von der sie nicht wusste, ob sie nicht scharf geladen war.

Derselben Dame suggerirte er, sich dem Untersuchungsrichter zu stellen und gegen sich selbst die Anklage zu erheben, sie habe ihre Freundin mit einem Messer ermordet. Und die Hypnotisirte führte diesen Befehl bis auf die kleinsten Einzelheiten durch.

In einem dritten Falle gab Liébeault einem jungen Manne ein Zuckerpulver mit dem Bemerken, es enthielte Arsenik; er befahl ihm, nach Hause zu gehen und damit seine Tante zu vergiften. Nach geraumer Zeit erhielt Liébeault von der Dame die Nachricht, dass der junge Mann dem Befehle nachgekommen war.

Hier hatte also die Suggestion auch noch eine bestimmte Zeitspanne nachgewirkt. Wie gross diese Zeitspanne sein kann, das mag man aus einem Beispiele ersehen. Professor Bernheim in Nancy beauftragte im August einen im hypnotischen Schlafe befindlichen alten Soldaten, er solle am ersten Urlaubstage, den er im Monat October habe, zu Dr. Liébeault gehen, wo er den Präsidenten der Republik antreffen und mit einer Medaille und Pension beschenkt würde. Wirklich am 5. October ging der Soldat zu Dr. Liébeault, stellte sich dort vor einen Bücherschrank, machte eine Verbeugung, sagte „Excellenz", dann streckte er die Hand aus und zog sie mit einem „Merci" zurück, um dann wieder fortzugehen. Als man ihn fragte, mit wem er denn spreche, sagte er: mit dem Präsidenten der Republik.

Professor Beaunis sagt, man kann zu einer hypnotisirten Person sagen: „In 10 Tagen werden Sie zu der und der bestimmten Stunde dies und das thun" und kann den Auftrag in einem verschlossenen Briefe aufschreiben. Zu der bezeichneten Stunde wird eine solche Person die ihr eingegebenen Handlungen genau ausführen und dabei überzeugt sein, dass sie nach eigener, freier Wahl handelt und dass sie anders hätte handeln können, wenn sie gewollt hätte; und doch wird sie, wenn sie den Brief öffnet, finden, dass das, was sie soeben gethan hat, nur ein Auftrag ist, der ihr vor zehn Tagen hypnotisch eingegeben war."

Ich will nun die Aufzeichnung hierher gehöriger Fälle beenden, um nicht zu ermüden. Wir haben gesehen, dass Hypnotisirte das Opfer eines Verbrechens geworden sind und erst in einer zweiten Hypnose sich dessen wieder erinnerten. Ich habe Beispiele angeführt, dass Hypnotisirte actuelle Verbrechen vollbrachten, die ihnen vor längerer und kürzerer Zeit suggerirt worden waren. Ebenso leicht kann natürlich diesem Boden auch eine falsche Anschuldigung entspriessen, in welcher der unter dem Banne der Hypnose Stehende mit aller Bestimmtheit und anscheinenden Ueberzeugung einen Unschuldigen eines fingirten Verbrechens bezichtet. Nicht minder einfach wäre es, ein wirkliches Verbrechen von sich ab einem Anderen aufzuhalsen, wenn man sich der Hilfe eines Suggestionen zugänglichen Individuums bedient.

Die hier in Betracht kommenden gerichtlich medicinischen Fragen sind nun folgende:

1) Darf der Richter eine Wiederholung der Hypnose vor Gericht, natürlich von sachverständiger Hand geleitet, verlangen, wenn ein Individuum erklärt, es sei in einer früheren Hypnose ein Verbrechen an ihm begangen worden oder wenn gar das Individuum nichts davon weiss, aber die äusseren Umstände dafür sprechen, dass es in willenlosem Zustande das Opfer einer verbrecherischen

That geworden ist? — Wir haben hier sofort zwei Punkte scharf zu trennen: 1) ob das Individuum selbst angiebt, es sei im hypnotisch-willenlosen Zustande gewissermassen überrumpelt worden. Dann wird es sich auch der That und ihrer Einzelheiten erinnern und diese Erinnerungsfähigkeit ist ein Verdacht erregendes Moment, denn in den meisten Fällen von Hypnose besteht in der darauffolgenden freien Zeit Amnesie für das in dem abnormen Zustande aktiv Unternommene und passiv Erfahrene. Es darf demnach als ein Ausnahmefall betrachtet werden, wenn die Erinnerung erhalten ist, und das betreffende Individuum müsste schon sehr prägnante anderweitige Symptome von Nervosität und Hysterie darbieten, welche die Fähigkeit, auch dem hypnotischen Schlafe zugänglich zu sein, sehr naheliegend erscheinen lassen.

2) Ganz anders liegt die Sache im zweiten Falle, wenn irgendwelche Momente gegeben sind, die es als gewiss erscheinen lassen, dass an Jemand ein Verbrechen begangen worden ist, für welches das Opfer keine Erinnerung hat, an dessen Folgen es aber leidet. Am besten lässt sich dies durch ein Beispiel illustriren: ein unbescholtenes Mädchen fühlt, ohne sich einen Grund sagen zu können, allerlei Beschwerden, die Regel bleibt aus, Uebelkeit und Erbrechen stellen sich ein. Der consultirte Arzt findet, dass der Hymen zerstört ist und constatirt das Bestehen einer Schwangerschaft im so und so vielten Monat. Die Patientin erklärt die Diagnose sofort für falsch, ja für unmöglich, da sie sich niemals vergangen habe. — Eine Wiederholung der Untersuchung unter Beiziehung eines zweiten Arztes bestätigt das Resultat der früheren Untersuchung. Das Mädchen bleibt aber positiv bei seiner früheren Aussage, dass eine Cohabitation nicht stattgefunden habe, bestehen. — Die untersuchenden Aerzte entdecken an der Patientin allerlei kleine Züge von Nervosität, vielleicht auch von Hysterie, kommen schliesslich zu der Ueberzeugung, dass die Aussagen wahr sind und es bleibt ihnen als letzter Ausweg nur die Erklärung übrig, dass das Verbrechen im Zustande der Hypnose verübt worden ist, dass ferner die Amnesie in einer zweiten Hypnose schwinden werde. Sie stellen dem Mädchen diese ihre Ansicht, die allein im Stande ist, dessen Geschlechtsehre wieder zu restituiren, klar und erhalten die Einwilligung, eine neue, gewissermassen explorative Hypnose künstlich

hervorzurufen. — Diese gelingt nun relativ rasch und in derselben erzählt das Mädchen mit allen Details, dass in einem früheren gleichen Zustande eine bestimmte Persönlichkeit, deren Namen sie angiebt, sie missbraucht habe. Sobald die Hypnose vorüber ist, weiss das Mädchen wieder kein Wort mehr von den Enthüllungen, die es im künstlichen Schlafe gemacht hat. Man theilt ihr mit, was sie erzählt hat, es kommt zum Strafantrage und schliesslich zu der Frage, ob der Richter eine neue Hypnose veranlassen darf, um sich von der Richtigkeit der Angaben der Aerzte persönlich zu überzeugen. Wenn die Verhältnisse so klar liegen wie hier, so sehe ich keinen Grund ein, warum man nicht nochmals hypnotisiren sollte. Man führt den Verbrecher an den Ort seiner That, man confrontirt ihn mit der Leiche, um auf sein Gewissen einzuwirken, man geht unter Umständen auf das Zeugniss von Kindern, warum sollte man die Hypnose nicht benutzen, wenn sie mit Einwilligung des Objectes und von Sachverständigen vorgenommen werden kann, um ein Verbrechen zu eruiren, das man auf anderem Wege nicht nachweisen könnte? Sobald Anhaltspunkte dafür gegeben sind, dass Jemand in hypnotischen Schlaf versetzt werden kann, muss man mit diesem Faktor ebenso rechnen, wie mit jeder anderen Beeinflussung des Bewusstseins.

Dass es schliesslich möglich ist, Jemand in der Hypnose zu nothzüchtigen, das lässt sich zwar nicht experimentell nachweisen, aber man kann es aus den übrigen Veränderungen schliessen, welche der künstliche Schlaf bei dem dazu disponirten Menschen hervorruft. Natürlich muss derjenige, welcher Jemand hypnotisirt, um ihn dann verbrecherisch auszunützen, auch hypnotisiren können und das kann eben nicht ein Jeder. Ein gewöhnlicher Bauernjunge wird nie auf die Idee kommen, ein Mädchen durch Striche, durch Fixirenlassen eines glänzenden Gegenstandes, durch einen brüsken Befehl zu hypnotisiren, mit der Absicht, es dann zu missbrauchen. Er kann höchstens den schon vorhandenen und ohne sein Zuthun eingetretenen Zustand, dessen Zeuge er zufällig wird, benützen, ebenso wie er dies bei einer sinnlos Betrunkenen thun kann.

Wir sehen schon, es kommen immer mehr neue Momente hinzu, die alle gegeben sein müssen, um die Wiederholung der Hypnose zu rechtfertigen. So klare Fälle, wie der von mir geschilderte es ist, werden wohl nur selten beobachtet.

Nehmen wir nun an, dass der Angeklagte fähig ist, zu hypnotisiren, sei es durch seinen Stand, sei es durch seine Menschenkenntniss, dann können wir auch die anziehbaren Beispiele schon etwas compliciren. Es tritt Jemand in das schwach erleuchtete Schlafzimmer einer Frau, deren Ehemann abwesend ist, hypnotisirt sie und suggerirt ihr, sie habe es mit ihrem rechtmässigen Gatten zu thun. Er ermöglicht auf diese Weise die Cohabitation, die ihm unter normalen Umständen nicht gelungen wäre.

Parallelfälle zu dem eben Gesagten citirt Dr. Ladame*). Er erzählt auf Seite 518 seiner unten angeführten Schrift einen Fall, wo ein junges Mädchen im hypnotischen Schlafe geschändet wurde und beim Erwachen nicht die geringste Ahnung von dem hatte, was mit ihm geschehen war.

Dr. Mabille**) berichtet, dass ein Arzt eine junge Frau während ihrer Anfälle von Somnambulismus missbrauchte, ohne dass sie etwas davon ahnte. Als sie nun später die ihr unerklärlichen Folgen bemerkte, wurde sie irrsinnig und verfiel bei der Geburt des Kindes in Tobsucht.

Ich glaube nach dem soeben Geschilderten die unter 1) gestellte Frage dahin beantworten zu können: Der Richter darf von sachverständiger Hand eine Hypnose an einem Individuum vornehmen lassen, wenn die äusseren Umstände dafür sprechen, dass die Erforschung der Wahrheit in diesem Zustande sich besser ermöglichen lässt, als auf eine andere Weise, und wenn das Individuum damit einverstanden ist.

Dass der Richter in vielen Fällen mystificirt werden wird, d. h. dass besonders, wenn einmal die Symptome des künstlichen Schlafes zur Kenntniss breiterer Volksschichten gelangt sind, häufige Simulationen mit unterlaufen werden, lässt sich sehr leicht begreifen. Aus diesem Grunde muss ich der Bejahung der oben gestellten Frage noch ein Nachtragspostulat mit auf den Weg geben: Vor der Inscenirung der — wollen wir sagen „gerichtlichen" — Hypnose muss der Richter sich durch Sachverständige genau über die gei-

---

*) Ladame, Annales d'Hygiène et de Médecine légale, Juin 1882.
**) Annales médico-psychologiques 1884. p. 83.

stige Beschaffenheit des in Rede stehenden Individuums informiren lassen, und erst dann, wenn von dieser Seite keine Bedenken erhoben werden, dann möge seinem Antrage willfahrt werden.

2) Wie stellt sich der Richter gegenüber solchen Gesetzesübertretungen, die von Hypnotisirten und unter dem Einflusse von Suggestionen begangen worden sind?

Ich habe oben schon eine Reihe von Beispielen dafür angeführt, dass es möglich ist, eine hypnotisirte Person entweder in der Hypnose durch einen einfachen Befehl ein Verbrechen begehen zu lassen, oder ihr zu suggeriren, dass sie eine bestimmte Zeit nach Beendigung des hypnotischen Zustandes eine vorher bestimmte Gesetzesübertretung begeht, oder endlich, dass sie eine andere Person entweder fälschlich eines begangenen Verbrechens bezichtet oder gar That und Thäter mit aller Ueberzeugungstreue fingirt.

Der Hypnotisirte ist ein willenloses Werkzeug in der Hand des Experimentators, ein Individuum, dessen Bewusstseinsinhalt auf einen bestimmten Gedankenkreis concentrirt ist, dessen ganzes Thun und Lassen ein unfreies ist.

So hypnotisirte ein Pariser Advocat, Charles Foureaux*), ein Mädchen und befahl ihr, am nächsten Tage ein Armband zu stehlen. Sie führte den suggerirten Diebstahl auf's Genaueste aus und gebrauchte alle nothwendigen Vorsichtsmassregeln. — Demselben Mädchen wurde in einer neuen Hypnose erzählt, sie wäre des Diebstahls eines Armbandes angeklagt, sei aber unschuldig. Der Dieb sei vielmehr ein Herr F., sie habe zugesehen, wie Herr F. den bezeichneten Gegenstand an sich genommen habe. Das Mädchen erklärte, das sei nicht wahr, denn sie selbst habe ja den Diebstahl ausgeführt. Aber man sagte ihr, sie sei im Irrthum, nicht sie, Herr F. sei der Dieb, sie möge sich nur hinsetzen und die Angelegenheit dem Friedensrichter mittheilen.

Als das Mädchen erwachte, war sie vollständig davon überzeugt, dass Herr F. sich in der bezeichneten Weise gegen das siebente Gebot vergangen hatte. Sie verfasste einen eingehenden Bericht an den Friedensrichter, in welchem sie den genannten Herrn als Dieb denuncirte, alle Einzelheiten des Diebstahls angab

---

*) La Loi, 4. Nov. 1885.

und zum Schlusse bemerkte, sie sei bereit, die Richtigkeit ihrer Angaben vor Gericht zu bezeugen.

Frappantere Beispiele können wohl nicht gegeben werden und man ist unwillkürlich veranlasst, Zweifeln Raum zu geben, wenn man liest, wie sehr der menschliche Wille in der Hypnose von äusseren Einwirkungen abhängig ist. Aber die Citate stammen von bekannten Aerzten, denen man weder zutrauen kann, dass sie sich täuschen liessen, noch dass sie in ihren Mittheilungen nicht vollständig glaubwürdig wären. Man muss mit diesen Exempeln rechnen. — Was soll nun der Richter thun, wenn er einem ähnlichen Falle gegenübersteht? Vor Allem ist, sobald der Beklagte angiebt, er sei vorübergehenden Zuständen des künstlichen Schlafes zugänglich und habe in einem solchen die incriminirte That unternommen, der Geisteszustand des Betreffenden auf's Eingehendste von sachverständiger Seite zu untersuchen. Es muss nachgeforscht werden, ob in der Familie Geisteskrankheiten, Epilepsie, Hysterie, schwere Nervenkrankheiten beobachtet worden sind; ferner wie sich der Beklagte geistig und körperlich entwickelt, ob und welche Krankheiten er selbst schon überstanden hat. — Ist alles dieses geklärt, dann hat der Gerichtsarzt das Recht, ja sogar die Pflicht, eine Hypnose vorzunehmen und festzustellen, ob dieselbe leicht oder schwer eintritt, und wie das Benehmen des Beklagten in derselben ist. Er wird ebenfalls Suggestionen einwirken lassen und wird sich dann persönlich überzeugen, wie sich das Handeln unter seinem Einflusse abspielt. Dabei wird er nicht unterlassen, die Sensibilität des Individuums zu prüfen. Sind nun alle Bedenken ausgeschlossen, dann wird er dies in einem motivirten Gutachten zusammenfassen und wird als Schluss seiner Ansicht die Behauptung aufstellen, dass sich das Individuum zur Zeit der That in einem Zustande von Bewusstlosigkeit befunden haben kann. Die näheren Umstände der That werden dann dem Richter die Möglichkeit entscheiden lassen, ob wirklich zur Zeit der That eine Bewusstseinsstörung vorhanden war oder ob trotz der aufgefundenen Momente der Wille frei war.

Daraus ergiebt sich aber auch die Forderung, dass der Gerichtsarzt den Hypnotismus genau studirte, dass er mit allen Erscheinungen desselben vertraut ist, damit er im Stande ist, die simulirten Fälle auszuscheiden. Simulationen kommen vor und werden, wenn erst einmal der Hypnotismus mehr bekannt ist, sich naturgemäss vermehren. Ein solcher Fall wurde vor einigen Jahren in Paris vor der Chambre des appels de police correctionelle verhandelt. Eine des Diebstahls angeklagte Frau stellte die Behauptung auf, sie habe unter dem Einflusse einer Suggestion gehandelt. Sie wurde von den Professoren Charcot, Brouardel und Motet beobachtet und deren Gutachten ging dahin, dass sie überhaupt nicht hypnotisch beeinflussbar war.

Den Leser der vorher angeführten Beispiele wird ein gelindes Grausen befallen haben, wenn er sich klar machte, wie leicht die Hypnose anzustellen ist und wie sehr man andererseits in derselben durch böse Einflüsse Anderer mit dem Strafgesetz in Conflict gerathen kann. Man darf sich die Sache aber nicht zu schwarz ausmalen; erstens sind nicht alle Menschen hypnotisirbar, im Gegentheil, es sind deren nur wenige, und zwar meist solche, die auch ausserdem an nervösen Störungen leiden, und dann haben wir ja auch an dem Rieger'schen Beispiele gesehen, dass nicht alle Widerstandskraft in der Hypnose aufgehoben zu sein braucht, denn dessen eine Patientin wehrte sich energisch gegen das Ansinnen, sie solle ein Unrecht begehen.

Man darf die Sache nicht so auffassen, als wenn jeder beliebige Mensch jeder Zeit jeden seiner Nebenmenschen hypnotisiren könne, um dann an ihm oder durch ihn ein Verbrechen zu verüben. Wäre das der Fall, dann wäre es schlecht um die Welt bestellt. — Im Gegensatz zu der französischen Schule, nach deren Ansicht die Mehrzahl der Menschen dem künstlichen Schlafe unterworfen werden kann, behaupte ich, dass hypnotisirbar nur Wenige sind. Willensstarke Menschen sind es überhaupt nicht. Und auch unter nervösen und hysterischen Personen, die selbst verlangten, hypnotisirt zu werden und mit einem Wunderglauben an die Sache gingen, habe ich genug gefunden, die dem glänzenden Bleistift oder der Suggestion Trotz boten und nicht reagirten.

Liébeault*) hat eine Tabelle über 1011 im Jahre 1880 hypnotisirte Personen zusammengestellt und kommt zu nachstehendem Resultate:

---

*) Citirt in Eulenburg's Real-Encyclopädie der ges. Medicin. II. Jahrg. Artikel: Hypnotismus.

Nach einer anderen Zusammenstellung Liébeault's wurden unter 100 innerhalb Jahresfrist beliebig zur Hypnose herangezogenen Personen nur 15—18 Somnambülen gefunden. — Diese Zahlen werden der Wahrscheinlichkeit näher kommen als die ersten, wobei der Umstand nicht vergessen werden darf, dass hierbei auch die nationalen Eigenschaften eines Volkes berücksichtigt werden müssen. Der aufgeregte Pariser ist sicher eher hypnotisirbar, als der in ruhigen Bahnen dahin lebende Bewohner einer deutschen Kleinstadt.

3) An dritter Stelle frage ich nun: Wie steht es mit der Glaubwürdigkeit einer Person, die notorisch „somnambul" ist? die also nach Belieben in die Hypnose versetzt werden kann und notorisch schon häufig hypnotisirt war.

Ein Mensch, der in einen Zustand gebracht werden kann, in dem er für seine Handlungen nicht verantwortlich gemacht werden darf, der aus diesem Zustande verbrecherische Antriebe und falsche Ansichten mit in das wahre Leben herübernehmen kann — ein Mensch, dessen ganzes geistiges Leben in zwei scharfe Hälften getrennt ist, von der die eine nicht weiss, was die andere thut, also ein Mensch mit doppeltem Bewusstsein, ein solcher ist kein vollkommen glaubwürdiges und zurechnungsfähiges Individuum. Es kann möglich sein, dass man sein Zeugniss bedarf, aber man wird es mit der grössten Vorsicht, ja mit Misstrauen auffassen, man wird es auf dieselbe Stufe stellen, auf der die Aussagen hysterischer, geistesschwacher und unmündiger Personen stehen. Wenn irgend möglich, wird man die Zeugnissabgabe zu umgehen suchen oder doch wenigstens durch Vergleichung mit den Aussagen Anderer deren Richtigkeit eingehendst prüfen.

4) Die vierte und letzte Frage ist: Wie stellt sich die Polizei gegenüber den Schaustellungen der Hypnotiseure, was thut sie

gegen die Manipulationen der sogenannten „magnetischen" Heil-
künstler?

. Die Versetzung in den künstlichen Schlaf ist ein tiefer Eingriff
in die persönliche Freiheit des Menschen und in sein gesammtes
Geistesleben. Leute wie Hansen und dessen Schüler haben grosses
Unheil angerichtet und Schaustellungen dieser Art sind gänzlich
und strengstens zu verbieten. Hypnotisiren darf nur der academisch
gebildete Arzt, der die Folgen seines Eingriffes übersehen und
paralysiren kann. Damit richtet sich der Missbrauch gewisser
Kreise von selbst; in denen ohne Controle, ohne Anwesenheit eines
Arztes mit armseligen Hystericis herumhypnotisirt und herumexpe-
rimentirt wird, um die „vierte Dimension" zu finden. Ich habe mir
immer gedacht, wenn ich von den magnetischen Sitzungen gehört
habe, wo tischgerückt wird, wo der Stift zwischen zwei Tafeln von
selbst Antworten schreibt: „Wo viel Licht ist, müssen auch die
Schatten scharf sein." In einer Zeit aufstrebenden Geistes, wie es
die unsere ist, die rücksichtslos Alles über den Haufen wirft, was
nicht gesehen und bewiesen werden kann, die nicht glaubt, sondern
nur weiss, ist es zu natürlich, dass sich eine Reaction bildet, die
dann freilich auf der anderen Seite zu weit geht. Tief in jedem
Menschenherzen steckt ein gross Stück conservativer Sinn, und der
treibt gar viele Söhne der heutigen Zeit, die dem klaren Forschen
nicht folgen können, dem Wunderglauben und Mysticismus in
die Arme.

Da diese Sitzungen auch in Privatzirkeln, aber nur dann möglich sind, wenn ein Medium gefunden ist, und da diese Medien
unter den mit ihnen vorgenommenen Experimenten Schaden leiden,
so sind diese Sitzungen zu verbieten.

In Frankreich hat man sich mit dem Gedanken getragen, die
öffentlichen Hypnotisirungen zu verbieten. Der Verein für gerichtliche Heilkunde hat auf Grund zahlreicher aus diesen Vorstellungen entstandener Nerven- und Geisteskrankheiten die An-
regung dazu gegeben. Es wird dabei mit Bezugnahme auf die
Autorität Charcot's hin betont, dass die durch Hypnose ver-
ursachten Zustandsveränderungen gleichsam epidemisch wirken und
so Krämpfe und Wahnvorstellungen erzeugen können. — In Deutschland ist man in den letzten Jahren vom Gedanken zur That über-

gegangen und verbietet amtlich alle Schaustellungen, in denen öffentlich hypnotisirt wird. Der Ruhm Hansen's würde demnach jetzt kein so alle Volksschichten durchdringender mehr werden, als er es seiner Zeit wurde, wo Jung und Alt mit höchster Spannung und höchster Kritiklosigkeit seinen Experimenten folgte. Dass man mit Hilfe der Hypnose heilen kann, ist eine bewiesene Thatsache. Es sind die überraschendsten Resultate, besonders von Charcot in Paris und von Bernheim in Nancy, glaubwürdig berichtet. Ja man hat sogar den Vorschlag gemacht, durch die gewöhnlichen Erziehungsmittel nicht mehr lenkbare Kinder, durch Suggeriren besserer Ansichten selbst zu besseren Menschen heranzuziehen. — In der Hand des erfahrenen Arztes kann die Hypnose Grosses leisten, wenn aber Leute, die von der Medicin so wenig verstehen wie eben jeder anderer Laie, heilmagnetische Proceduren vornehmen, so ist das im pecuniären Interesse der Patienten wie im gesundlichen nur zu bedauern. Die Opfer dieser Künste versäumen die kostbare Zeit und kommen zum gebildeten Arzte oft erst dann, wenn es zu spät ist.

Zweites Capitel.

Zustände von Inanitions- und Fieberdelirium.

Unter Inanition versteht man seit Chossat's Abhandlung: „Recherches expérimentelles sur l'inanition"*) die Folgezustände ungenügender Ernährung oder des Fehlens jeglichen Nahrungsmittels. Man hat aber usuell bei Inanition auch an alle diejenigen Erschöpfungen zu denken, welche sich an schwere Blutverluste, an protrahirte Diarrhöen etc. anschliessen. Glücklicherweise kommen die erstgenannten Zustände selten zur Beobachtung, sie stellen sich ein bei Menschen, die verschüttet wurden, bei Schiffsleuten, denen auf hoher See die Nahrungsmittel ausgegangen sind und bei Wüstenreisenden. Wir erinnern uns dabei an die grauenerregenden Erzählungen von Schiffsunglücken, wo die Betroffenen bis zum Morde

----

*) 1835.

und zur Aufzehrung ihrer schwächeren Leidensgenossen getrieben wurden. Wer kann ohne Schaudern die Schilderungen Lebendigbegrabener hören? Zu dem Mangel an Nahrung kommen noch die psychischen Einflüsse: die Angst vor dem Tode und die Sorge um Angehörige. — Das Schlimmste aber ist, dass diese Qualen andauernd einwirken, dass sie durch keine anderen Eindrücke unterbrochen werden.

An dieser Stelle beschäftigen uns aber weder die Veränderungen, welche der Körper bei einer solchen Hunger- und Durstperiode erfährt, noch interessirt es uns, wie lange der Mensch im Stande ist, Hunger ohne Durst oder Hunger und Durst zu ertragen, so bedeutungsvoll auch sonst diese Frage sein mag, zu deren Beantwortung eine Reihe von Thierversuchen angestellt wurde, wie es ferner bekannt ist, dass das letzte Jahrzehnt seit der Inauguration des neuen Sportes durch Dr. Tanner veritable „Hungerkünstler" erzeugt hat.

Um was wir uns bei der Betrachtung der Inanitionszustände allein zu kümmern haben, das sind die Störungen, welche die Psyche während derselben erfährt. Wir wollen methodisch zu Werke gehen, zuerst die Veränderungen betrachten, welche bei leichteren Entbehrungen zu constatiren sind, dann uns überlegen, welches die Folgen chronischen Mangels an Nahrung und Wohlbefinden sind und dann, nachdem wir auf diese Weise den Begriff „Inanition" erschöpft haben, zu den Inanitionsdelirien übergehen.

Am besten wird es wohl sein, wenn wir uns auf ein anschauliches Beispiel stützen: Wenn ein Mensch kurze Zeit hindurch — nehmen wir an: zwei Tage lang durch die Umstände gezwungen ist, Hunger und ·Durst zu ertragen, so wird der Wunsch nach Nahrung schon so im Vordergrund des ganzen Fühlens und Denkens stehen, dass dadurch die ruhige Gleichgewichtslage gestört ist. Trotz aller Mühe, die sich das betreffende Individuum giebt, sich gewissermassen abzulenken, wird ihm dies nur schwer und nur auf kurze Zeit gelingen.

Nehmen wir aber an, dass der Betreffende bei längerer Dauer der Entbehrung schliesslich in die Lage kommt, seine Wünsche zu befriedigen, jedoch nur unter der Voraussetzung, dass er eine Gesetzesverletzung begeht, also z. B. sich die Nahrungsmittel durch

Diebstahl oder Einbruch verschafft, so gestaltet sich die Sachlage schon ganz anders. Je nach der Charakterbeschaffenheit des Versuchsobjektes — wenn ich so sagen darf — wird es kürzere oder längere Zeit dauern, bis der Hungertrieb die moralischen Bedenken über den Haufen wirft. Eine gewisse Zeit lang wird die Moral mächtig genug sein, einen Riegel vorzuschieben, aber plötzlich ist die Schranke überschritten. Dabei ist das Bewusstsein, dass ein Verbrechen begangen wird, erhalten, auch das Selbstbewusstsein hat keine Beeinträchtigung erfahren und doch war der freie Wille gehemmt oder vorübergehend ganz aufgehoben. Der Hungertrieb war einfach mächtiger als die ethischen Gegenmotive.

Was ich soeben beschrieben habe, kann man als einen leichten Fall von Inanition ansehen, und es gibt gewiss Charaktere, die in ähnlichen Verhältnissen kräftig genug sind, Widerstand zu leisten. Aber leider sind nicht alle Menschen gleich charakterfest; von dem einen Pol bis zum andern giebt es unendlich viele Gradabstufungen, mit denen wir rechnen müssen, wenn anders unser Urtheil über die Mitmenschen ein gerechtes sein soll.

Wenn Hunger und Durst, wenn Mangel an Schlaf, wenn Sorgen, Noth und Angst nicht acut, sondern chronisch das menschliche Gemüth beeinflussen, d. h. mit andern Worten, wenn die angezogenen Momente das, was ihnen an extremer Höhe mangelt, durch längere Andauer ersetzen, so bildet sich gleichfalls eine Inanition heraus, deren Folgen von grosser socialer Bedeutung sind. „Noth bricht Eisen" — aber auch starre Gesetze, könnte man hinzufügen.

Immer mehr treten die Folgezustände des Elendes in den Vordergrund und immer mehr scheint es, als schöbe sich ein Vorhang vor den bisher ungetrübten Charakter. Wir lernen hier diejenigen Menschen kennen, welche die Noth nicht nur körperlich, sondern auch sittlich gebrochen hat. Noch sind dies keine Delirien, die wir später betrachten wollen, aber es sind Charakterveränderungen, die sich dem Richter nicht vordemonstriren lassen, die nirgends anerkannt würden als Strafausschliessungs- oder als Strafmilderungsgründe und die dennoch ebenso ihre Rolle spielen bei der Begehung von Vergehen und Verbrechen, wie es der Alkohol, wie es die Geisteskrankheiten thun.

Hierher sind diejenigen Individuen zu rechnen, die durch das

Elend moralisch verkommen sind, die keinen sittlichen Halt mehr haben und vielleicht gerade deshalb, weil sie bessere Tage gesehen haben, aber nicht mehr die Kraft besitzen, um sich aufzuraffen, um so leichter in Contrast mit den bestehenden Gesetzen treten. — Wohl wird man solche Menschen bestrafen, denn sie sind nicht geisteskrank, weder vom psychiatrischen Standpunkt, noch im Sinne des Strafgesetzbuches, aber wer sich die logische Entwicklung des Vergehens oder Verbrechens vor Augen führt, der wird es auf eine andere Stufe stellen, wie das aus freier Ueberlegung und bei Vorhandensein aller Geisteskräfte begangene Delikt.

Wenn wir einen Schritt weiter gehen, kommen wir zu den Inanitionsdelirien. Den ersten Theil des Wortes habe ich soeben definirt, unter Delirium verstehen wir eine krankhafte Veränderung des Bewusstseins, bei der die Auffassung der Aussenwelt (durch Hallucinationen) getrübt ist. — Die mit dem Delirium einhergehende grosse Angst ist häufig die Veranlassung zu Gewaltakten gegen die eigene Person und gegen die Umgebung. Wie schon anfänglich bemerkt, sind die auslösenden Momente in allen Verhältnissen gegeben, welche consumirend auf die Körperkräfte einwirken: Hunger und Durst, schwere Krankheiten, Blutverluste etc. etc. Bei verschlagenen Schiffen, bei Wüstenreisen, die mit grossen Entbehrungen verknüpft sind, bei Grubenunglücken, bei Feldzügen werden Delirien beobachtet, die ihren Grund in einer Inanition haben. Während nun in dem einen Falle die Noth und der veränderte Zustand des psychischen Gleichgewichtes zu Verbrechen gegen das Leben Anlass giebt, äussert in anderen Fällen das Delirium sich in viel harmloser Weise, in hallucinatorischen Vorstellungen, die, was höchst wunderbar erscheint, mitunter sogar einen angenehmen Inhalt haben. Darauf beruht die Erfahrungsthatsache, dass die Bilder der Fata morgana, die einer physikalischen Luftspiegelung ihre Entstehung verdanken, von dem Beschauer in reizende Gegenden mit Schlössern, Quellen, Thürmen etc. umgebildet werden. Wir lesen in den Berichten von Wüstenreisenden, wie oft diese Zauberbilder der Anlass zu den unangenehmsten Täuschungen sind. —

Das Delirium febrile ist in seinen Aeusserungen mit dem eben beschriebenen sehr ähnlich, es entsteht, wenn eine gewisse Temperatursteigerung längere Zeit anhält, oder wenn die Erhöhung der Körperwärme rasch eine hochfebrile wird. Fieberdelirien stellen sich bei Kindern häufiger und leichter ein, wie bei Erwachsenen. Die Kranken verlieren die Fähigkeit, die Umgebung zu erkennen, lassen sich nicht mehr fixiren und stehen andauernd unter dem Einflusse ihrer Sinnestäuschungen und falschen Vorstellungen. Sie knirschen mit den Zähnen, rollen die Augen, machen krampfhafte Bewegungen mit den Extremitäten; dann lachen sie wieder laut vor sich hin, erzählen in buntem Durcheinander Erlebnisse der Vergangenheit und lassen sich nicht ablenken. Oder aber angsterregende Vorstellungen entlocken ihnen erschütternde Hilferufe, sie beschreiben in kurzen, rauh herausgestossenen Worten das Nahen ihrer Gegner, springen aus dem Bette und schlagen den nächsten Besten der Umgebung nieder, um nach Beendigung des Deliriums von der Greuelthat nichts mehr zu wissen. Es kommt vor, dass Deliranten sich aus dem Fenster auf das Strassenpflaster hinabstürzen, weshalb es ein Gebot der Vorsicht ist, einen hoch Fiebernden nicht einen Augenblick aus den Augen zu lassen. Ich kenne einen Fall, wo ein Student, der durch eine Kopfwunde an Entzündung der Gehirnhäute krank darnieder lag und heftig delirirte, einen solchen unbewachten Augenblick benutzte, um sich aus dem dritten Stockwerk auf die Strasse zu stürzen, wo er sich den Schädel zerschmetterte.

Es sind ganz eigenthümliche Gedankenreihen, die das Gehirn des im Fieber Liegenden beschäftigen. Bald ist es eine Grauen erregende Gestalt, die mit drohenden Geberden immer näher und näher kommt und ihrem Opfer dann helle Angstschreie auspresst, dann wieder ist es ein Geräusch, als ob der Boden anbrennen wollte — ein fortwährendes Knistern und Rauschen, — ein andermal beschäftigen weniger ängstliche Vorstellungen den Fiebernden, er sieht vor sich leuchtende Kreise, die sich erweitern, dann wieder in einander überfliessend in ständigem Wechsel begriffen sind, noch am ersten vergleichbar mit denjenigen Gesichtsvorstellungen, die sich ergeben, wenn man einen leichten Druck auf den Augapfel ausübt oder sich beim Erwachen heftig die Augen reibt, oder aber die Kranken hören einen bestimmten Ton in allen möglichen Klangfarben. Ich denke dabei an dieselbe Erfahrung, wie sie Leute machen, die chloroformirt werden. Sie erzählen nach Beendigung der Narkose von dem sonderbaren Ton, der sie vor dem Einschlafen unaufhörlich quälte. Zu erklären ist diese Thatsache auf sehr einfache Weise durch eine vorhandene Hyperaemie des Gehirnes. Als Analogon möchte ich anführen, dass auch Strangulirte, die noch rechtzeitig gerettet worden sind, angeben, sie hätten, nachdem das Bewusstsein bereits geschwunden war, Gehörsempfindungen gehabt. In diesem Falle hätten wir es mit einer Stauungshyperaemie zu thun. Die Rückerinnerung an das im Fieberdelir Erlebte ist eine sehr getrübte. Die Probe ist leicht anzustellen und wird häufig gemacht. Mit ungläubigem Lächeln hören die Kranken zu, wenn man ihnen erzählt, was sie für thörichtes Zeug geschwatzt, wie sie nur mit einem Hemde bekleidet hinaus auf die Strasse in Schnee und Eis laufen wollten, wie sie die zurückhaltenden Personen mit Worten und thätlich insultirt hatten und auch die treueste Pflege verkannten. Ab und zu ist noch ein Strahl des Bewusstseins in die Nacht hereingefallen, so dass geringe Bruchstücke der Erlebnisse in der Fieberzeit erhalten bleiben, aber das Bild, das sich aus diesen zusammensetzen lässt, ist mangelhaft und verworren. Ebenso wie der Kranke nicht Rechenschaft über sein Thun geben kann, ebenso vermindert war die Auffassungsfähigkeit. Aeussere Sinneseindrücke wurden empfunden, wie wenn sie von weit her gekommen wären, wenn sie überhaupt das getrübte Bewusstsein durchdringen konnten.

Da ich hier keine Monographie des Fiebers zu geben habe, so kann ich es bei den kurzen Ausführungen bewenden lassen. — In welchem Zusammenhange stehen nun die Delirien mit dem Fieber? Es wäre unrichtig, wenn man den Eintritt derselben als um so wahrscheinlicher annimmt, je höher die Temperatur gestiegen ist. Wir beobachten im Gegentheil sehr hohe Temperaturen mit erhaltenem Bewusstsein und finden im anderen Falle bei geringem Fieber delirante Zustände. Der Eintritt des Deliriums hängt von zwei Bedingungen ab, nämlich von der Constitution des betreffenden Individuums und von der Art der Krankheit.

Was die Disposition, wenn ich so sagen darf, zum Delirium betrifft, so ist dann die grösste Wahrscheinlichkeit vorhanden, wenn eine Complication mit Alkoholmissbrauch vorliegt. Ausserdem sind

es Kinder und Greise, die leicht deliriren und endlich sind individuelle Anlagen massgebend. Einen gewissen Einfluss hat auch die Dauer der Temperatursteigerung. Während z. B. bei Angina phlegmonosa, wo sehr hohes
Fieber vorhanden ist, das aber nicht lange anhält, sehr häufig das
Sensorium ganz ungetrübt bleibt, sind Delirien beim Typhus fast
als Regel anzunehmen. Bei Pocken, Kindbettfieber, Scharlach,
Wechselfieber und Rose sind Delirien an der Tagesordnung. Das
Vorkommen derselben bei tuberculöser Meningitis erklärt sich ungezwungen durch den Sitz der Krankheit. Andererseits finden wir
den genannten Zustand sehr selten bei acutem Gelenkrheumatismus
und bei Lungenkrankheiten.

Eine interessante Beobachtung stammt aus den Malariagegenden,
indem nämlich an Stelle des regulären Anfalles sich ohne Temperaturerhöhung ein Delirium einstellen kann, mit allen Symptomen
und allen Gefahren. — Man wird also in Fiebergegenden eine plötzliche tobsuchtsähnliche Störung des Bewusstseins, die mit Verletzung der Umgebung verknüpft war, immer darauf hin untersuchen, ob man es nicht mit einer larvirten Malaria zu thun hat.
In diesem Zustande wurden schon häufig Verbrechen der scheuss-
lichsten Art begangen.

Was die Gesetzesverletzungen, die im Delirium zu Stande kommen, angeht, so sind es meistentheils Körperbeschädigungen, wilde
Greuelthaten, die jeglicher Ueberlegung ermangeln, die in ihrer
Sinnlosigkeit noch am ersten mit den von den Epileptikern verübten Verbrechen verglichen werden können. — Ferner sind solche
Fälle hier zu berücksichtigen, wo ein Delirant ein Testament er-
richtete, das dann von seinen erbberechtigten Verwandten ange-
fochten wird. Ich führe hier einen Fall an, den Krafft Ebing
in Maschka's Handbuch der gerichtlichen Psychopathologie, IV.
Band, S. 559 aus Ray's „Treatise on insanity" citirt: „Ein schwer
an Pneumonie erkrankter Mann, der anscheinend bei sich war,
machte in aller Form sein Testament. Einige Monate nach seiner
Genesung fand er zu seinem Erstaunen das Document vor, hatte
gar keine Erinnerung an die Testamentserrichtung und war über
dessen Inhalt um so mehr erstaunt und unbefriedigt, als durch
dasselbe zwei seiner Söhne sehr benachtheiligt worden wären."

Aehnliche Fälle finden sich häufig in der Literatur; sie sind nicht schwer zu beurtheilen, wenn der Kranke unter den intensiveren Graden des Deliriums stand. Wenn aber, wie hier, das Bewusstsein anscheinend intact geblieben ist, dürfte die Rectification sehr schwer, wenn nicht unmöglich sein. Es möge uns dies ein Fingerzeig sein, dann mit aller Peinlichkeit die Lebensgeschichte des Testators, besonders die seiner letzten Stunden zu eruiren, und uns auf Grund der Aussagen intelligenter und zuverlässiger Zeugen ein Urtheil zu bilden, wenn der Inhalt des Testamentes mit den zu Lebzeiten geäusserten Absichten lebhaft contrastirt, wenn Leute unter den Bestimmungen der letztwilligen Verfügung zu leiden haben, die dies nicht verdienten.

Beispiele für die im Inanitions- und Fieberdelir begangenen Gesetzesverletzungen anzuführen, wäre eine leichte Sache, erscheint aber als überflüssig, da wir bei den Veränderungen, die das Bewusstsein durch Alkoholismus und Epilepsie erfährt, nochmals eingehend die deliranten Zustände besprechen werden.

Drittes Capitel.

Die acuten und chronischen Geisteskrankheiten.

Im Fortschritt unserer Darstellungen sind wir nun bei den Geisteskrankheiten angelangt. Bei den meisten psychischen Erkrankungen ist die Störung des Bewusstseins eine so in die Augen springende und sind ausserdem so viele andere Symptome für das Leiden des Seelenlebens vorhanden, dass Zweifel nicht aufkommen können. Wichtig wird die Frage nach dem Zustand des Bewusstseins zur Zeit der Ausführung der Handlung

    a) bei beginnenden Psychosen,

    b) bei plötzlich eintretenden Störungen,

    c) bei den Schwach- und Blödsinnszuständen.

Ich werde nun im Nachfolgenden in kurzen Schilderungen darzulegen versuchen, wie der Bewusstseinsinhalt bei den verschiedenen Geisteskrankheiten beschaffen, werde die Schilderung durch eingestreute casuistische Erläuterungen illustriren und dann auf die sub a bis c angegebenen Punkte näher eingehen.

Die Hauptsache bei allen geistigen Krankheiten ist die getrübte Auffassung der Aussenwelt durch falsche Sinneswahrnehmungen oder durch perverse innere Gefühle und Strebungen. Wenn der Verrückte auf der Strasse von Gehörstäuschungen geplagt hört, wie ein harmlos Vorübergehender ihm beschimpfende Worte nachruft, oder wenn der an Verfolgungsideen Leidende das unschuldigste Vorkommniss in seinem Sinne auslegt und schliesslich in seinem Zorn über das vermeintliche Unrecht, oder in seiner Angst, dass die eingebildeten Nachstellungen ihm das Leben oder die Gesundheit gefährden, feindselig gegen seine Mitmenschen vorgeht, dann handelt er unter falschen Voraussetzungen, unter einem Zwange, dessen er nicht Herr werden kann.

Wir dürfen dabei nicht an die Geisteskranken denken, die hinter den Mauern der Irrenhäuser unschädlich gemacht sind. Es giebt draussen im Leben eine Menge psychisch kranker Charaktere, die niemals in ärztliche Behandlung gekommen sind. Sie erfüllen gewissenhaft ihren Beruf und ihre Pflichten als Mitglieder eines Staatswesens, sie sind auch im Allgemeinen ganz harmlose Naturen, aber im Hintergrund wacht eine fix gewordene Wahnidee, die nicht verletzt werden darf, ohne dass eine Explosion erfolgt.

Ich kannte einen Geisteskranken, der wegen seiner guten Führung häufig die Erlaubniss erhielt, die Anstalt zu verlassen und ein paar Stunden in der Stadt spazieren zu gehen. Auf der Strasse hörte er oftmals, wie die Vorübergehenden ihn beschimpften; dies liess er sich auch eine Zeit lang gefallen, aber wenn es ihm zu bunt wurde, dann hielt er den ersten besten, der ihn geschimpft hatte, an und stellte ihn zur Rede. Ueberrascht und verwundert erklärte dieser, er habe ihn nicht beschimpft, habe überhaupt nicht gesprochen und dann erklärte unser Kranker: „Dann war es eben wieder eine Täuschung!" und setzte seinen Weg fort.

Ein anderer Verrückter, ein Arbeitsmann auf dem Lande, den man allgemein als unzurechnungsfähig ansah, hielt sich im Allgemeinen ganz gut und arbeitete fleissig. Aber von Zeit zu Zeit wurde er erregter, schimpfte dann in unbändiger Weise auf alles Bestehende und ging schliesslich in's Amt, um seinen Klagen in einer grossen Eingabe an die Regierung Luft zu machen. Auf dem Amte, wo man ihn ganz genau kannte, wurde er nun einem Schreiber zugewiesen, welchem er alles, was ihm das Herz bedrückte, in die Feder diktirte. Wenn das Opus fertig war, liess er es sich vorlesen, unterschrieb es und ging dann befriedigt nach Hause, um wieder fleissig und geordnet weiter zu leben, bis ein neuer Aufregungszustand auf dieselbe Weise unterdrückt wurde.

Im ersten Falle hatte der Kranke noch die Fähigkeit, die von aussen kommende Correctur aufzunehmen und zu befolgen, der andere Fall wurde durch günstige, äussere Umstände, durch das Wohlwollen der Behörde in den richtigen Schranken gehalten. Aber beide Individuen waren krank, hatten einen gestörten Bewusstseinsinhalt und würden, wenn die Verhältnisse nur weniger günstige gewesen wären, nicht so harmlos weiter vegetirt haben.

Der zweite Fall erinnert an die sogenannten periodischen Geisteskrankheiten. Ein Individuum macht beispielsweise alle Jahre eine 2—3 Monate andauernde Tobsucht und zwar in der Irrenanstalt durch. In der relativ freien Zeit ist es zu Hause in der Familie und steht unter Umständen seinem Geschäfte vor. Nun kommt es einmal in dieser Zeit mit dem Gerichte in Berührung, sei es, um in einer Processangelegenheit Zeugschaft abzulegen, sei es, weil es sich selbst gegen die Gesetze vergangen hat. Wie steht es mit dessen Zurechnungsfähigkeit? Ist sein Bewusstsein und damit seine freie Willensbestimmung im „gesunden Intervall" vollständig intact? Hier müssen wir uns zwei Erfahrungsthatsachen vor Augen halten, nämlich, dass die beginnende Erkrankung schon lange vor ihrem Ausbruche ihren Schatten auf das Geistesleben vorauswerfen kann und dass sie auch nicht über Nacht in Genesung übergeht, sondern in den meisten Fällen langsam abklingt und zweitens, dass die Psyche eines Menschen, der an so häufigen und regelmässigen Störungen leidet, nicht mehr normal genannt werden kann. Es bedarf daher einer genauen Untersuchung und strenger Individualisirung, wenn man entscheiden will, ob ein an periodischer Geisteskrankheit Leidender im freien Intervall zurechnungsfähig, resp. in wieweit er dies ist.

Noch schlimmer als die ebengenannte Kategorie sind die unglücklichen Menschen daran, die an sogenanntem circulären Irrsinn leiden. Gewöhnlich beginnt die Krankheit mit einer Melancholie, dann folgt eine gewisse Zeit relativer Gesundheit, die von einer tobsüchtigen Erregung abgelöst wird. Ist diese vorbei und der Kranke glaubt nun genesen zu sein, so ist diese Freude keine lange. Eine neue Melancholie, wieder ein Intervall und wieder eine Tobsucht; die Pausen werden immer kürzer und schliesslich stellt sich eine geistige Invalidität ein, die wir als secundären Schwachsinn bezeichnen. Die bedauernswerthen Opfer dieser heimtückischen Krankheit stammen meist von geistig selbst nicht normalen Eltern ab, sie sind bald Gäste des Irrenhauses, dann wieder draussen in der Freiheit, deren Licht sie nur geniessen können mit der ständigen Furcht, dass sie es bald wieder werden missen müssen. Nach den ersten Attaquen ist sehr wohl anzunehmen, dass im freien Intervall, abgesehen von dem Alp des drohenden Recidives die geistigen Fähigkeiten wieder zu voller Höhe gediehen sind und damit auch die vollständige Zurechnungsfähigkeit angenommen werden muss, aber wenn die Störungen sich häufiger eingestellt haben, dann wird auch der Bewusstseinsinhalt in der Zwischenzeit kein ganz normaler sein, was in der Begutachtung von Delikten, die solche Personen begehen, nicht vergessen werden darf.

Hier möchte ich eine kleine Bemerkung anknüpfen, die das psychische Leben des ganz Gesunden betrifft. Wir haben, wenn wir die Stimmungen und Strebungen des Einzelnen genau zu verfolgen im Stande sind, auch beim gesunden Menschen ein ewig Auf und Nieder: „Himmelhoch jauchzend — zu Tode betrübt!" — Heute ist alles von rosenfarbenem Lichte umflossen, die Zukunft liegt so klar vor unseren Augen, die Gedanken laufen so prompt, so bestimmt ab, Widerwärtigkeiten werden auf die leichte Schulter genommen, kurz alles ist dazu angethan, uns freudig und zufrieden zu machen. — Da wechselt sich die Scene. Die Zukunftspläne sehen grau, düster aus. Wozu das thörichte Hoffen, es geht ja doch keiner von unseren Plänen zu einem guten Ende! Warum die Sorgen und Mühen im Beruf, warum das Streben in die Höhe, es wird ja doch nicht gedankt und ein minder Würdiger läuft uns ja doch den Rang ab und hohnlacht uns dann in's Gesicht. Und der Glaube an's Jenseits, die Vergeltung drüben? — Ach was! das sind ja doch nur Theorien, durch nichts bewiesen. Und dann die vielen Plackereien und Widerwärtigkeiten, jeder hat es darauf angelegt, uns zu ärgern! — So sehen die schlimmen Tage aus.

Und mitten drin stehen die Indifferenten. Wir können logisch scharf, rasch denken, die Arbeit geht prompt von Statten, es ärgert uns nichts, aber wir fühlen doch keine Befriedigung, es ist, als wenn das Gehirn an Stelle des Herzens gefallen wäre. Wir sind Maschinen. In jedes Menschen Leben wird so das Hoch und Tief mit der Ebene wechseln. Das macht ja gerade den Reiz des Lebens aus, lässt uns aber auch verstehen, wie es dem Armseligen zu Muthe sein muss, wenn sich der Wechsel seiner Stimmungen nicht nach Tagen regulirt, sondern nach Monden, vielleicht Jahren abspielt. —

Einer anderen Classe von Geisteskranken dürfen wir nicht vergessen, die sich und ihren Mitmenschen zur Last sind, und oft erst nach jahrelangem Bestehen ihrer Psychose Aufnahme in die Irrenanstalt finden — ich meine die Quärulanten, die Processkrämer. Bei diesen dreht sich das ganze Denken und Fühlen darum, dass ihnen in einem bestimmten Falle vermeintlich Unrecht gethan worden ist. Und um dieses Unrecht wieder aufzuheben, gehen sie von Behörde zu Behörde, häufen Anklagen auf Anklagen und reden und schreiben sich schliesslich in eine solche Aufregung hinein, dass sie sicherheitsgefährlich werden. Sie sind vorzügliche Kenner der Gesetze, legen dieselben aber falsch aus, sie haben unter Umständen eine ganz gewandte Dialektik, scheuen sich aber nicht, offen bei dem einen Gericht zu erklären, dass die Richter eines anderen lauter Spitzbuben sind. Werden sie nun wegen Beamtenbeleidigung gefasst, so erklären sie auf Grund so und so vieler Gesetze, sie wollten den Beweisweg antreten und da man dieses nicht zulässt, so sprechen sie von unterdrückter persönlicher Freiheit, von der Ungerechtigkeit des Staates, der natürlich seine Organe schützen muss. Auf diese Weise giebt es der Anklagen, Verurtheilungen, Revisionen und Appellationen kein Ende. Wir haben in der deutschen dramatischen Literatur sehr hübsche Beispiele; leider sind die Störungen der Psyche im Leben nicht immer so offenkundig und so leicht nachzuweisen, als sie es auf der Bühne sind.

Einen Quärulanten richtig zu erkennen, ist in den meisten Fällen nicht so leicht, denn er „spricht ja noch so vernünftig", wie die Menge sagt, er entwickelt in seinen Anklagen und seinen Ver-

theidigungen noch so viel Scharfsinn, wie es dem Richter dünken
mag. Und doch leidet der Arme an einer tiefen Störung, sein
ganzes Bewusstsein ist erfüllt von dem Gedanken, dass man ihm
bitteres Unrecht angethan hat. Sein ganzes Bestreben geht dahin,
sich für dieses Unrecht zu rächen, und da er in der Wahl der
Mittel nicht immer sehr vorsichtig ist, so kann er in schwere
Differenzen mit dem Strafgesetzbuch kommen. Der untersuchende
Arzt wird bei längerem Beobachten wohl in den meisten Fällen
finden, dass bereits ein gewisser Schwachsinn eingetreten ist, und
dass sich ferner in anderen Aeusserungen der Psyche resp. Moral
Störungen finden, die freilich dem oberflächlichen Betrachter verborgen bleiben. Der sicherste Aufenthaltsort für derartige Individuen ist die Irrenanstalt, wobei zu bemerken ist, dass Quärulanten
dort als die relativ klarsten Patienten sich sehr nach Freiheit
sehnen, andrerseits aber durch Vermeidung der Aufregungen, die
sie jahraus, jahrein vor den Gerichten hatten, im Laufe der Zeit
sich ziemlich beruhigen können.

Ich habe hier nur diejenigen chronischen Geisteskrankheiten
kurz besprochen, deren Träger sich noch, wenn auch mit Gefahr
für sich und Andere, in der Freiheit halten können und dort auf
die Probe ihrer Zurechnungsfähigkeit gestellt werden. Ginge ich
nur von dem Gesichtspunkte aus, die bei Geisteskranken überhaupt
vorkommenden Bewusstseinsstörungen zu behandeln, dann müsste
ich noch lange auch bei den Formen bleiben, die im Irrenhaus
ständigen oder vorübergehenden Aufenthalt genommen haben. Das
gehört aber nicht in den Rahmen dieser Arbeit, sondern in die
Lehrbücher der Psychiatrie.

Sehr grosse Bedeutung, und zwar forensische Bedeutung, hat
ferner der Beginn der Geisteskrankheit, die längere oder kürzere
Zeit von den ersten Anfängen der geistigen Umnachtung bis zur
vollendeten Psychose, welche die Verbringung in die Anstalt heischt.
Es ist besonders eine Krankheit, die wir hier eingehendst besprechen
müssen, nämlich die Dementia paralytica.

Es ist dies jene entsetzliche Krankheit, die in der Neuzeit
immer mehr um sich greifend, oft gerade die Besten erfasst. Man
heisst sie im Volksmunde „Gehirnerweichung", aber sie ist gerade das
Gegentheil, eher eine Verhärtung der Grosshirnrinde, woselbst sich

durch chronische Entzündungsvorgänge eine Bindegewebsentwicklung an Stelle der Ganglienzellen geltend macht. Sie ist eine Krankheit des kräftigsten Mannesalters zwischen den Jahren 30 und 50, Fälle vor den Dreissigen zählen zu den Ausnahmen; also befällt sie das Gehirn dann, wenn es am meisten, am intensivsten arbeiten muss, wenn der Kampf um's Dasein seine Höhe erreicht hat. Auch Frauen werden von ihr befallen, aber nur im Verhältniss von 1 : 5 und ausserdem hat die weibliche Dementia paralytica einen langsameren und gemässigteren Verlauf. Das Ende bei Beiden ist aber dasselbe, der Tod in tiefem Blödsinn.

Die Hauptsymptome des Beginnes der Krankheit nun sind nicht so in die Augen stechend, wie die Sprach- und Gehstörungen, der blühende Grössenwahn, die epileptoiden Anfälle auf der Höhe der Psychose. Leise breitet das nahende Gespenst seine Schwingen über die von ihm auserkorenen Opfer aus.

Es gehört schon eine grosse Vertrautheit mit dem Charakter des Kranken dazu, um diese beginnenden Defecte wahrzunehmen und richtig zu beurtheilen. Die classische Schilderung der Störungen des Bewusstseins, die hierbei beobachtet werden, wie sie uns Schüle in seiner Klinischen Psychiatrie gegeben hat, möge hier einen Platz finden: „das Bewusstsein ist ausnahmslos tief gestört, und zwar nicht etwa nur auf Grund einer specifischen Vorstellungsanomalie (Grössenwahn), sondern zuvor schon durch eine universelle geistige Schwäche. Schon von den ersten und unscheinbarsten Krankheitsanfängen an liegt ein leiser Sopor über der kranken Persönlichkeit — mag diese sonst in geistigen Einzeläusserungen noch so nahe an das Bild der vorhergegangenen gesunden Tage anknüpfen. Der Charakter ist ein anderer — leichter bestimmbar — geworden, und dies neben und trotz der im Einzelnen noch intact ablaufenden Functionen, trotz der anscheinenden und thatsächlich oft noch lange vorhandenen Correctheit in den geistigen Einzelleistungen. Die höchsten erworbenen Vorstellungsreihen, die Vorschriften der Moral, der Pflicht und guten Sitte, der Achtung Anderer und der eigenen Würde — sind noch vorhanden, aber wirkungsloser geworden. Die gemüthlichen Regungen, welche das Ich einst zum „fremden Selbst erweitert" hatten, erschlaffen und engen sich kleinlich auf die eigene Persönlichkeit ein; Schönheitssinn und Mitleid verlieren ihre be-

lebende Wärme für das Vorstellungsleben. Und der Kranke
merkt es nicht! Schrittweise und unversehens greift die Schwäch-
ung auch in die Mechanik des engeren Vorstellungslebens ein:
Die Fähigkeit sich zu concentriren, beginnt Noth zu leiden und
daran anschliessend, die einstige Geübtheit, logisch gegliederte,
längere Gedankenreihen zu bilden; daneben können kurze und alt
eingewohnte Ideenverbindungen noch prompt gelingen. Allmählich,
oft recht frühe schon, treten auch Gedächtnissdefecte zu Tage; der
Kranke vergisst wichtige Massnahmen und zwar oft gerade solche,
welche durch lange Berufsübung am meisten gewohnt waren, und
macht sich nichts daraus, wenn er an seinen Lapsus gemahnt wird.
Er fühlt ihn nicht."

Daneben schiessen die absurdesten Grössenideen auf, der Kranke
hält sich für den Besitzer eines unzählbaren Vermögens, kauft
Werthsachen und Gebäude zu hohem Preise, um sie für ein Butter-
brod wieder wegzugeben oder gar zu verschenken. Er versäumt
seinen Beruf, denn er hat es ja nicht mehr nöthig, er wird grob
und undisciplinirt gegen seine Vorgesetzten. — Ausserdem kann es
vorkommen, dass er wichtige Aktenstücke und Werthpapiere ver-
legt, dass er als Vormund das ihm anvertraute Vermögen angreift,
ohne zu überlegen, dass es ihm nicht gehört. Schliesslich kann die
im Beginn der Paralyse häufig gesteigerte Libido sexualis ihn zu
sexuellen Attentaten oder zu Vergehungen gegen das allgemeine
Anstandsgesetz veranlassen. Ferner sind hier Ruhestörungen, Brandstiftungen, Beleidigungen, ja sogar Morde zu verzeichnen. Der Paralytiker steht am Beginn seiner Erkrankung immer mit einem Fusse
im Zuchthaus. Er wird in den meisten Fällen in Foro ja richtig
erkannt werden, wenn anders es zu einem Gutachten über ihn
kommt; aber wenn dies nicht der Fall ist und in Ausnahmefällen
kann es sich auch trotz wissenschaftlicher Untersuchung ereignen,
dass ein Paralytiker nicht erkannt wird und dann für eine That
Strafe erleiden muss, die er in unzurechnungsfähigem Zustande begangen hat.

Ich war einmal in der Lage, ein Gutachten über einen Mann
abzugeben, der einen Jagdfrevel unter Umständen begangen hatte,
die Zweifel an seiner klaren Dispositionsfähigkeit weckten. Bei der
Aufnahme in die Irrenanstalt zeigte der Kranke am ersten Tage

schon unzweifelhafte Symptome, dass er paralytisch war. Die Untersuchung wurde niedergeschlagen, der Kranke endete im Irrenhaus.
In einem anderen Falle hatte ein angesehener Beamter, der im
letzten Jahre, vor dem er das in Frage stehende Delict beging,
schon durch seinen etwas freien Lebenswandel aufgefallen war, nach
Veruntreuung nicht unbedeutender, ihm anvertrauter Geldsummen
das Weite gesucht. Draussen fiel er auf, kam in eine Anstalt und
wurde dort der Heimath ausgeliefert. Der Mann war paralytisch.

Ein Bahnbeamter wurde, weil in seiner Casse ein grösseres
Deficit gefunden wurde, vor das Schwurgericht gestellt, zu entehren-
der Strafe verurtheilt und aller seiner Beamtenrechte für verlustig
erklärt. Im Zuchthaus entdeckte man, dass er psychisch nicht
normal war, allmählich entwickelte sich eine leicht erkennbare
Geisteskrankheit (Dementia paralytica), die schliesslich die Ueberführung in die Irrenanstalt nothwendig machte. — Das Verfahren
wurde wieder aufgenommen, das Gutachten der Aerzte sprach sich
dahin aus, dass die Psychose schon zur Zeit des Verbrechens bestanden habe. Daraufhin wurde der Mann wieder rehabilitirt, so
dass nach seinem bald erfolgenden Tode die Familie in den Genuss
der gesetzmässigen Pension eintreten konnte.

Der berühmte Fall Chorinski, der sich in München abspielte,
hat seiner Zeit so grosses Aufsehen erregt, dass es genügen wird,
wenn ich nur den Namen anführe.

Es liesse sich noch eine Menge von Beispielen hier aufzählen,
denn die Literatur der Paralyse ist überreich, aber im grossen
Ganzen ist der Schlussrefrain doch immer, dass man bei allen Verbrechen, die nicht in den Rahmen des sonstigen Charakters einer
Persönlichkeit hereinpassen, die unerklärlich erscheinen, auf's Genaueste die Psyche untersuchen soll. — Der Beginn anderer Geisteskrankheiten wird viel weniger Gefahr in sich bergen, dass das Strafgesetzbuch ungerecht angewendet wird. Das Delirium tremens
erwähnen wir bei den Vergiftungszuständen, die Störungen der
Schwangerschaft werden gleichfalls in einem eigenen Capitel abgehandelt werden. Die Melancholie und die Tobsucht bieten offen-
kundige Symptome, verändern auch den Charakter des Individuums
so, dass die Laienumgebung selbst die Diagnose stellt.
Wir kommen nun

b) zu den acut eintretenden und ebenso rasch wieder ablaufenden Geistesstörungen, zu der

Mania transitoria

und dem Raptus melancholicus. Was nun die erste der soeben angeführten Psychosen, die Mania transitoria betrifft, so verstehen wir darunter eine sehr rasch, im Laufe von wenigen Stunden oder selbst noch kürzerer Zeit sich entwickelnde Tobsucht, die kurze Zeit anhält und nach einem protrahirten Schlafe wieder in das frühere normale Befinden übergeht. Für die Zeit des Anfalls besteht später vollständige Erinnerungslosigkeit.

Entweder lassen sich geringe Vorzeichen, wie Eingenommensein des Kopfes, Kopfschmerzen, gedrücktes, scheues Wesen constatiren, mitunter setzt die Tobsucht aber mitten im gesunden Leben ein. Die Ursachen sind meist nur geringfügige: ein sonst harmloser Alkoholgenuss, unterdrückter Aerger, der Aufenthalt in einer heissen, dumpfen Luft; manchmal lässt sich gar kein Grund entdecken.

Der Kranke befindet sich im Zustande der als Furor bezeichneten tobsüchtigen Erregung. Der Kopf ist congestionirt, die funkelnden Augen werden rollend hin und her geworfen, die Zähne knirschen. Das Bewusstsein ist aufgehoben, der Kranke sinnt nur auf Zerstörung und vernichtet in seiner wilden Wuth alles, was ihm begegnet, ohne Rücksicht darauf, dass er vielleicht das ihm Liebste seinem Drange opfert. Aeussere Einflüsse sind ohne jeden Erfolg, können sogar die Wuth steigern. Der Kranke wird mit grosser Mühe überwältigt, erwacht am andern Tage mit wüstem Kopfe im Spital und weiss nichts von all dem, was vorgefallen ist, als höchstens, dass er sich am vorhergegangenen Tage nicht ganz wohl gefühlt hat.

Das hervorstechendste Symptom bei dem Ablauf der ganzen Störung ist die Hyperaemie des Kopfes und die Erhöhung der Pulsfrequenz.

Wir beobachten die Mania transitoria sehr häufig bei jüngeren Personen und wenn ich vorhin unter den prädisponirenden Ursachen die Hitze angab, so gehört hierher noch die Einwirkung dieses Factors bei Soldaten, die stundenlang in beengender Kleidung, mit Armaturstücken belastet, im glühenden Sonnenbrand marschiren.

Nach dem einmaligen Anfall kann das Individuum für immer verschont bleiben; wiederholen sich aber die Anfälle in bestimmten Intervallen, so muss man an ein tieferes Grundleiden, wie Epilepsie denken. Zur Unterscheidung dieser beiden Krankheitsformen haben wir auch im einzelnen Anfall sichere Kriterien. Beim Epileptiker ist das Gesicht im Beginne des Anfalles von leichenhafter Blässe und erst im Verlaufe wird die Gesichtsfarbe cyanotisch; bei der Mania transitoria dagegen wird das Antlitz gleich beim Beginne dunkelroth gefärbt und behält diese Farbe bei, so lange die Erregung andauert. — Der Epileptiker hat klonische Krämpfe in den Extremitäten- und Gesichtsmuskeln und stürzt bewusstlos zu Boden; der Maniacus im oben geschilderten Stadium kann zwar vor Wuth schäumen, aber er hat keine Krämpfe.

Nun kann es vorkommen, dass Jemand eine tobsüchtige Erregung simulirt oder dass er einen Affectzustand später als solche ausgiebt. Es wird nicht schwer fallen, aus der Schilderung des ganzen Gebahrens, besonders aus der Beschaffenheit der Rückerinnerungsfähigkeit Wahrheit und Dichtung zu unterscheiden.

Dass in der transitorischen Tobsucht die schwersten Verbrechen begangen werden können, erhellt aus dem unbegrenzten Zerstörungstrieb, aus der wuthzornigen Erregung, die sich nur durch einen Gewaltact Luft zu verschaffen sucht. Dass aber ferner bei dem Mangel des Bewusstseins und bei der nachherigen Amnesie von einer Zurechnung der That zur Schuld nicht gesprochen werden kann, bedarf wohl keiner besonderen Betonung.

In der älteren psychiatrischen Literatur finden wir bei den hierher gehörigen Beispielen angegeben, die Tobsucht sei durch eine Sinnestäuschung ausgelöst. So citirt Leidesdorf in seinem Lehrbuch der psychischen Krankheiten*) einen von Regierungsrath Dr. Riedel beobachteten Fall: „Mitten im heiteren Tischgespräch, ohne bekannte Veranlassung, nachdem die Gläser gefüllt, aber noch nicht geleert worden waren, sah Riedel, wie Herr M. N. (den sie alle als einen äusserst gebildeten und liebenswürdigen Menschen kannten) seine Gesichtszüge veränderte, auf einen Punkt unbeweglich hinstarrte, sodann plötzlich, ehe man es verhindern konnte,

---

*) pag. 485.

sein gefülltes Glas nahm, es mit grösster Gewalt einen ihm Gegen-
übersitzenden an den Kopf warf und ihn bedeutend verletzte. Als
M. N. das Blut des Verwundeten fliessen sah, stürzte er sich mit
Thränen der Verzweiflung auf ihn, um ihm zu helfen und ihn um
Verzeihung zu bitten. Befragt um den Grund dieser Gewaltthat,
gab er an, er habe gesehen, wie der ihm gegenübersitzende Herr
auf ihn verhöhnende Grimassen schneide, und sei dadurch zu der
gewaltthätigen Zurechtweisung bewogen worden."

Der Mann hatte vor allem eine genaue Erinnerung an das,
was er soeben gethan hat und dann will mir scheinen, als sei die
Dauer der Störung selbst für eine transitorische Tobsucht doch
etwas recht kurz bemessen. Viel besser lässt sich der ganze Vorgang dadurch erklären, dass der Mann eben an Hallucinationen
auch sonst gelitten hat. Ich möchte ihn darum mit dem von mir
oben citirten Verrückten vergleichen, der durch seine Gehörstäuschungen veranlasst, die Leute auf der Strasse interpellirte.
Wenn ich also das Beispiel aus der älteren Literatur nicht gebrau-
chen kann, finde ich ein sehr hübsches in dem Lehrbuch der Psychiatrie von Krafft-Ebing.

Eine Frau, die sich schon einige Tage lang nicht recht wohl
gefühlt hatte, begab sich am Abend zu Bette, nachdem sie sich
noch tüchtig eingeheizt hatte. In der Nacht wurde sie plötzlich
erregt, lief herum und war nicht bei Besinnung. Sie wurde in der
Nacht noch in's Spital verbracht und wusste am Morgen, wo sie
lucid erwachte, nicht, wie sie dorthin gekommen war. Die ganze
Zeit der tobsüchtigen Aufregung hatte in ihrem Gedächtniss keine
Spur hinterlassen.

Ein Schuster, 35 Jahre alt, arbeitsam und mässig, war früh-
zeitig aufgestanden, um an seine Arbeit zu gehen; bald darauf
wurde seine Frau auf seine unzusammenhängenden Reden und
seinen wilden Blick aufmerksam. — Der Unglückliche ergriff einen
Kneif und stürzte sich auf seine Frau, um sie zu tödten. —
Die herbeigeeilten Nachbarn bemächtigen sich des Wüthenden
nur mit grosser Mühe, denn er setzte sich mit seinem Kneif
zur Wehre. Sein Gesicht war roth, der Puls häufig und ein wenig
voll, die Zunge rein, der Unterleib weich, der ganze Körper mit
Schweiss bedeckt. Seine Blicke waren wild, die Augen funkelnd

Nachmittags war er ruhiger geworden und schlief sehr gut. Am Abend hatte er den freien Gebrauch seiner Geisteskräfte wieder erlangt, erinnerte sich aber des Vorgefallenen durchaus nicht.*) — Wir gehen nunmehr

b) zum Raptus melancholicus über. Wir verstehen darunter einen Zustand, in welchem der Kranke von unbeschreiblicher Angst gefoltert, irgend eine entsetzliche That vollbringt. Auf dem Boden einer melancholischen Verstimmung, die gar nicht so ausgebildet zu sein braucht, um das Individuum an der Ausübung seiner Berufsgeschäfte zu hindern, wächst, mitunter veranlasst durch entsprechende Sinnestäuschungen, aber auch unter Umständen ohne diese, ein Angstparoxismus, in dem der Kranke nun ein entsetzliches Verbrechen begehen kann. Er schildert später die Angst als sogenannte Präcordialangst oder erzählt, es sei ihm wie ein heisser Hauch in der Brust emporgestiegen, es habe ihm keine Ruhe gelassen, bis er die nächsten Angehörigen in thierischer Weise ermordet hatte. Häufig hören wir die Angabe, die Kranke hätte fortwährend die befehlende Stimme gehört: „Wirf Dein Kind zum Fenster hinaus, wirf Dein Kind zum Fenster hinaus" und ähnliche Gehörstäuschungen seien von bestimmendem Einfluss auf das Handeln gewesen. Während der Schreckensthat ist das Antlitz bleich, blutleer, was auf einen Krampf der Vasomotoren schliessen lässt.

Sofort nach Beendigung des Verbrechens fühlt der Kranke eine Art von Erleichterung, die Erinnerung an die Einzelheiten ist zwar nicht aufgehoben, aber doch nur eine summarische. Was das Bewusstsein im Augenblick der That anbetrifft, so ist es nicht frei, denn das ganze Fühlen und Denken ist darauf gerichtet, durch einen Gewaltakt des auf ihm lastenden Bannes ledig zu werden. Das Verbrechen erscheint dem Kranken später als eines, über das er tiefe Reue empfinden muss, aber immer wieder bringt er die Versicherung vor: „es ist schrecklich, aber ich habe nicht anders handeln können."

Vom forensischen Standpunkt kommen hier die so häufig berichteten Greuelthaten in Betracht, wo ein Mann z. B. seine ganze Familie erbarmungslos hinschlachtete, um dann an sich einen missglückten Selbstmordversuch zu machen; wo eine Mutter ihr Kind

---

*) Marc, Geisteskrankheiten. Th. II, pag. 374.

zum Fenster hinauswirft, um dann unter Thränen und Klagen zu betheuern, sie habe unter einem unüberwindlichen Zwange gestanden. In der Beurtheilung dieser Zustände wird der Gerichtsarzt vor Allem die Anamnese berücksichtigen, er wird in derselben nach Momenten suchen, die das frühere Bestehen einer melancholischen Verstimmung sichern, er wird ferner zu eruiren bestrebt sein, ob zur Zeit der Beobachtung noch Sinnestäuschungen vorhanden sind. Die Rückerinnerungsfähigkeit darf ihm kein Massstab sein, denn sie ist, wie ich vorhin schon betonte, in manchen Fällen ziemlich erhalten. Jedenfalls aber läuft der Process nicht so rasch ab wie die transitorische Manie und geht so wie diese in vollständige Gesundheit über. Eine transitorische Tobsucht kann im gesunden Leben einsetzen und nach einem Tage in Genesung übergehen, der Raptus melancholicus dagegen entwickelt sich auf dem von der Melancholie prädisponirten Boden und hinterlässt, wenn auch die ängstliche Erregung geschwunden ist, doch immer noch diese schwarze Verfärbung des geistigen Horizontes.

Eine Frau hatte seit einiger Zeit grosse Aengstlichkeit und ein verändertes Benehmen gezeigt. Ohne bekannte Veranlassung schnitt sie eines Morgens ihren beiden noch im Bette gelegenen Töchterchen in den Hals, so dass das eine bald darnach starb.*)

Unter c) kommen wir zu einem recht wichtigen und unter gewissen Verhältnissen recht difficilen Thema. Es sind dies die im Schwach- resp. Blödsinn unternommenen gesetzwidrigen Handlungen. Dazu müssen wir noch die Anfechtung von Rechtsgeschäften rechnen, wenn der klägerische Theil behauptet, das Rechtsgeschäft sei in einem Zustande vorübergehenden oder andauernden Schwachsinnes vorgenommen worden. Ich denke dabei an die Anfechtung von Zeugnissen und Testamenten.

Bei den psychischen Schwächezuständen unterscheiden wir primäre und secundäre; d. h. es kann einerseits das in der Entwicklung begriffene Gehirn in dem Fortgang derselben gehindert werden, und andererseits kann das ausgebildete Centralorgan nach Ueberstehung einer Psychose oder acuten Gehirnerkrankung solchen Schaden gelitten haben, dass es invalid aus dem Kampfe hervor-

---

*) Klug, Auswahl med. Gutachten. Band I, pag. 149.

gegangen ist, und dass das betreffende Individuum als schwachsinnig betrachtet werden muss.

Was nun die angeborenen Schwachsinnsformen anbetrifft, so können diese die verschiedenste Ursache haben: Geistes- und Nervenkrankheiten der Eltern, Syphilis der Erzeuger. Zu nahe Verwandtschaft derselben ist dann von sehr degenerirendem Einflusse, wenn in den beiden Familien nervöse Störungen heimisch sind, wenn also die Disposition in den Kindern sich gewissermassen cumulirt. Ein ferneres Moment sind: die Erzeugung im Rausche, zu hohes Alter des einen Gatten, schwere Gemüthsbewegungen der Mutter während der Schwangerschaft und endlich Verletzungen des Kindes während des Geburtsaktes.

Wir sehen also, dass die verschiedensten Factoren hier massgebend sein können, und dürfen dabei noch eines nicht vergessen, das an die Oertlichkeit gebunden ist. Ich meine den sogenannten endemischen Cretinismus. Es ist eine sehr interessante Beobachtung, dass Beamtenfamilien, die selbst gesund sind und gesunde Kinder haben, sobald sie in eine solche Gegend versetzt werden, in welcher der Cretinismus heimisch ist, nunmehr Kinder bekommen können, die später sich als Cretinen entpuppen, die unter Umständen einen Kropf und rothe Haare haben, während dies bei den an dem früheren gesunden Aufenthaltsort und nach der Zurückversetzung an denselben Platz ebendaselbst geborenen Kindern nicht beobachtet wird. Die Gründe für diese seltsame Erscheinung zu entwickeln, ist hier nicht der Ort.

Die erworbenen Schwachsinnszustände resultiren aus intra vitam zur Geltung gelangenden Schädlichkeiten. Hierher gehören Gehirnkrankheiten, wie die Entzündung seiner Häute, ferner die Einwirkung eines grossen Schreckens, wie ihn die Ueberstehung einer dringenden Lebensgefahr, z. B. bei einer Wassersnoth oder Feuersbrunst mit sich bringt. Wir zählen hierher alle schwereren Gehirn- und Schädelverletzungen, sowie ferner Gehirnerschütterungen. Des Weiteren entwickelt sich Schwachsinn secundär nach dem Ablauf einer directen Geistesstörung (die sogenannten Heilungen mit Defect), im Verlaufe der Epilepsie (doch wird dieses Thema später noch detaillirt besprochen werden), und schliesslich ist der Schwachsinn unter Umständen eine Begleiterscheinung des hohen Alters.

Die Symptome der hier in Betracht kommenden Zustände sind sehr verschiedenartiger Natur. Während bei den ausgebildeten Blödsinnsformen, beim schweren Cretinismus und Idiotismus schon der erste Anblick genügt, um die Diagnose zu stellen, begegnen wir in der Beurtheilung der weniger entwickelten Formen oft den grössten Schwierigkeiten, die sich noch quadriren, wenn wir einem Laien in psychiatrischen Dingen, also auch dem Richter im gegebenen Falle, dies klar zu machen verpflichtet sind. Die schweren Formen, die in der Irrenanstalt untergebracht werden müssen, die aus ihrer eigenthümlichen Sprechweise, an den abstehenden oder verkümmerten Ohren, den Diformitäten des Schädelbaues, dem sonderbaren greisenhaften Gesichtszug und dem zurückgebliebenen Wachsthum sofort erkannt werden, diese lassen sich leicht demonstriren, denn der Sachverständige hat augenscheinliche Beweise in den Händen und braucht den Clienten blos in foro selbst antworten und sprechen zu lassen, um seine Ansicht auch dem Laien klar zu machen. Also diese Fälle können wir füglich als solche annehmen, in denen es selbstverständlich ist, dass mit dem Defecte in psychischer Beziehung auch das Selbstbewusstsein, das Wissen von Recht und Unrecht und die Bethätigung des freien Willens schwere Einbusse erlitten hat.

Eine viel difficilere Stellung hat der Sachverständige den leichteren Schwachsinnsformen gegenüber. Wollen wir, um recht klar zu sein, die Geschichte eines derartigen Individuums von seiner Jugend auf bis zu dem Augenblicke verfolgen, wo er wegen eines Verbrechens vor den Schranken des Gerichtes steht:

Entsprossen aus einer Familie, in der Nervenkrankheiten häufiger vorgekommen sind, von einem Vater gezeugt, der den Alkohol liebte und in relativ jungen Jahren an einer Apoplexie zu Grunde gegangen ist, hat sich der in Frage Stehende in seinen ersten Jahren ziemlich gut entwickelt. Er lernte zwar etwas später sprechen und laufen als seine Geschwister, er spielte nicht so lebhaft wie seine Altersgenossen und war ein stilles Kind. Manchmal mürrisch ohne Grund, hie und da etwas boshaft, ja heimtückisch. Er fragte nicht wie andere Kinder, denen Eine Antwort Quelle zu hundert neuen Fragen ist, mit denen sie die Ihrigen peinigen können. — In der Schule war er in allen Fächern, die reine Gedächtnisssache sind, voran, Geschichte, Religion, grammatikalische Regeln, Geographie, all das beherrschte er vollkommen, aber da wo selbstständiges Denken verlangt wurde, wie bei der Mathematik und beim Disponiren eines gegebenen Themas, da, wo es galt, die auswendig gelernten Regeln auch anzuwenden, da liess es ihn im Stiche.

So durchwanderte er die Schule, immer mehr machte sich ein Zug von grausamer Bosheit geltend, er fand Freude daran, Thiere zu quälen, Ohrenbläsereien zu insceniren, that nichts seiner selbst willen, aus reinem Pflichtgefühl oder aus ethischen Gründen, sondern alles nur, weil er die Strafe fürchtete, oder — Egoist, wie er es vom Scheitel bis zu den Füssen war — zur Erreichung seiner selbstsüchtigen Zwecke. Mitunter aber waren die schlimmen Antriebe seines Innern doch zu mächtig, mächtiger als sein Wille und dann suchte er die Folgen seines Handelns durch Lügen zu verwischen, unbekümmert darum, ob er damit einen anderen in Schaden brachte.

Als die Schulzeit beendet war, sollte er hinaus in's Leben kommen. Als Sohn vermögender Eltern machte man sich keine grossen Sorgen darüber, dass er von einem Berufe zum anderen sich wandte, dass er über jeden einzelnen etwas wusste, was ihm denselben verleitete. Wäre er ein armer Junge gewesen, so hätte er, um sich durch die Welt zu schlagen, schliesslich „der Noth gehorchend, nicht dem eigenen Trieb", in einer rein mechanischen Beschäftigung seinen Unterhalt knapp verdient, so aber ging er zurück in's Vaterhaus, spielte den reichen Haussohn, arbeitete nichts, weil er keinen Trieb zur Arbeit in sich spürte, lungerte herum, konnte sich zu nichts Vernünftigem aufraffen, und war immer in der Gesellschaft von Jüngeren, weil er unbewusst den geistigen Defect, der bei dem Umgang mit Erwachsenen zu Tage trat, ausgleichen wollte. Die Bitten und Thränen der Mutter, die diesem Bummelleben mit Schrecken zusah und bemerkte, wie die Ansprüche des jungen Thunichtgut immer mehr zunahmen, waren erfolglos, sie wurden mit Hohnlachen und mit rohen Redensarten beantwortet. Schliesslich kommt es zur Katastrophe: die Mutter weigert sich im Interesse ihrer übrigen, wohlgerathenen Kinder und im Hinblick auf die Gefährdung ihres eigenen Rufes, noch ferner die Mittel in dem bisherigen Umfange zu gewähren, es kommt zu einer heftigen Scene, der Sohn verlässt das Haus und verschafft sich durch einen offenen

Betrug Geld. Die Sache wird bei Gericht anhängig und bei dem Vorleben des Angeklagten wird das Gutachten eines Sachverständigen eingeholt. Derselbe äussert sich nun in folgender Weise:

Die Anamnese spricht für directe und schwere erbliche Belastung. Aus der Kinderzeit und der Zeit der Entwicklung liegen gehäufte Anhaltspunkte vor, dass derselbe nicht auf dem Niveau seiner Altersgenossen stand und immer mehr hinter denselben zurückgeblieben ist. Er hat soviel gelernt, um sich formell im Leben bewegen zu können, aber nicht genug, dass sein sittliches Leben sich nach eigenen Entschlüssen bilden und regeln könnte. Er ist sich über die Begriffe Recht und Unrecht im grossen Ganzen im Klaren, aber nur in soweit, als sich dieselben an landläufigen, abgedroschenen Beispielen exemplificiren lassen. Sobald aber irgend ein complicirterer logischer Denkprocess nothwendig ist, um sich über das Unrecht in einem bestimmten Falle klar zu werden, ist er insufficient. Er ist nur dann ein Mensch, der sich in den Bahnen der Gesetze bewegt, wenn keine Versuchung an ihn herantritt und wenn er stets von fürsorgender Hand geleitet wird. Auch in dem vorliegenden Betrugsfalle weiss er im Allgemeinen, dass der Betrug ein strafbares Delict ist, aber er hält seine That selbst für kein Vergehen, weil ihm nach seiner Ansicht sein persönliches Vermögen widerrechtlich zurückbehalten worden ist, er ist sich nicht klar bewusst, dass er etwas Strafbares begangen hat.

Freizusprechen wird nun der Angeklagte kaum sein, denn sein Bewusstsein im Augenblick der That war ja nicht so gestört, dass seine freie Willensbestimmung aufgehoben gewesen wäre. Er stand blos auf einem falschen Boden und handelte unter falschen Prämissen. Ob er nun aber zur vollen Strafe oder unter Annahme von mildernden Umständen zu einer geringeren verurtheilt wird, für den armseligen Menschen ist das gleichgültig. Er hat auf der einen Seite nicht die moralische Kraft, um den Kampf um's Dasein erfolgreich zu bestehen und auf der anderen Seite fühlt er jede Beeinträchtigung seiner persönlichen Freiheit als ein bitteres Unrecht. Ob er im Gefängnisse eine Zeit lang eingesperrt wird, oder ob man ihn in einer Irrenanstalt verwahrt, immer ist er klar genug, seine trostlose Situation zu erfassen und wird sich dementsprechend unglücklich fühlen. —

Wie der eben dargestellte Fall, so kommen Hunderte ähnliche zur Beobachtung und Begutachtung. Wenn der Schwachsinnige ein Schadenfeuer anstiftet und dies dann damit motivirt, dass es ihn freue, wenn alles so wild durch einander läuft, so ist das nichts anderes, als wenn ein Leidensgenosse von ihm, der eine unbezwingbare Zuneigung zu Uhren hat, sich eine solche auf alle mögliche Weise zu verschaffen sucht. Beide sind unfrei in ihrer Willensbestimmung, handeln unter dem Banne von (Zwangs-)Vorstellungen, die ausserhalb der Sphäre des bewussten Denkens liegen.

Wenn der Idiot in aufbrausender Wuth den Nächsten, von dem er sich beeinträchtigt fühlt, zu Boden schlägt, so ist er nicht anders zu beurtheilen, wie das Kind, das sein Spielzeug zertrümmert, weil es sich beim unachtsamen Hantiren daran gestossen hat und Schmerzen empfindet.

Mögen hier auch die höchst eigenthümlichen Zustände noch Erwähnung finden, in denen es sich um Perversitäten des sexuellen Lebens handelt, soweit sie mit Schwachsinn verknüpft sind. Der Eine empfindet die höchste Seligkeit beim Betrachten von Damenschuhen und Corsetten in den Schaufenstern der Kaufläden, und wird bei einer Verletzung des öffentlichen Anstandes ertappt, indem er entweder während des Betrachtens exhibitionirt oder gar onanirt und der andere fühlt sich in unwiderstehlicher Weise zu seinem eigenen Geschlechte hingezogen und spielt mit Knaben in anstosserregender Weise. —

Es würde mich zu weit führen, wenn ich alle Details hier durchsprechen wollte; ich beschränke mich auf die Anführung einiger weiteren Beispiele. —

Krauss*) erzählt einen Fall, wo ein 24jähriger Cretine, als er von seinem Vater mehrere Male aufgefordert wurde, die Stiefel zu putzen, in solche Wuth gerieth, dass er Vater, Mutter und Schwester tödtete und vier andere Personen schwer verletzte.

C. Haller**) berichtet von einem schauerlichen Morde, den drei Cretinen an einem vierten Cretinen verübten. Trotz der unzweifelhaften Geistesbeschaffenheit der Angeklagten wurden zwei verurtheilt, der eine zu 15, der andere zu 10 Jahren schweren

---

*) Der Cretine vor Gericht.
**) Zeitschrift der k. k. Gesellschaft der Aerzte in Wien 1862.

Kerkers. Es gelang kaum, ihnen ein Verständniss für die Schwere
der Strafe beizubringen, da sie sich nicht einmal über den Begriff
„Jahr" klar waren. — Liman*) erstattet Bericht über einen sehr instructiven hierher
gehörigen Fall: der Sohn eines hohen Beamten hatte sich ein Pferd
geliehen und dann dasselbe verkauft. Der junge Mann, 18 Jahre
alt, stammte aus schwer belasteter Familie und war im Lernen sehr
zurückgeblieben. Ueber die That gab er an, er habe spazieren
reiten wollen, unterwegs habe er das Pferd füttern lassen, da sei
ihm der Gedanke gekommen, es zu verkaufen. Er habe 100 Thaler
verlangt, aber als man ihm 10 Thaler bot, gab er das Pferd weg.
Eigentlich hatte er den Plan, in die Heimath zu reiten, er verliess
die Stadt durch das nächste Thor und als in ihm der Gedanke auf-
tauchte, das Pferd zu verkaufen, da hatte er seinen ersten Plan
schon vergessen und handelte ganz nach seinem augenblicklichen
Einfall. Das ganze Handeln geschah ohne Motive, und auf die
Unzurechnungsfähigkeitserklärung erfolgte die Freisprechung. — In
einem zweiten Falle, über den Liman referirt, handelt es sich um
ein Sittlichkeitsdelict. Ein 29jähriger Arbeitsmann, den sein Vater
selbst für unzurechnungsfähig erklärte, hatte sich dadurch vergangen,
dass er mehreren Mädchen zwischen 8 und 12 Jahren die Röcke
aufhob und unter die Kleider griff, und dass er sie ferner auf-
forderte, sich selbst die Röcke in die Höhe zu heben und an den
Geschlechtstheilen zu spielen, wobei er ihnen dann zusah. Derselbe
benahm sich in der Untersuchung, wie sich eben ein geistig wenig
entwickelter Mensch benimmt, er gab als Grund seines Vergehens
nicht Sinnenlust an, er habe sich bloss einen „Jocus" machen wollen.
Er ging auch in seinen Antworten nicht über die Ansichten eines
Kindes hinaus, und antwortete beispielsweise auf die Frage, ob er
nicht wisse, was Ehebruch sei, er sei noch nicht verheirathet gewesen. In seiner körperlichen Entwicklung war er bedeutend zurückgeblieben, und hatte das Aussehen eines 10—15 Jahre jüngeren
Menschen. Seine Physiognomie war beschränkt, seine Sprache
stotternd. Das von Liman abgegebene Gutachten lautete: „Es wird
nicht in Abrede gestellt werden können, dass S. ein schwach-

---

*) Zweifelhafte Geisteszustände vor Gericht.

sinniger Mensch ist, der in körperlicher und geistiger Beziehung in seiner Entwicklung zurückgeblieben ist, und dass dieser Schwachsinn in solchem Grade vorhanden ist, dass er dadurch unfähig gewesen ist, die gewöhnlichen, seiner Erziehung angemessenen Berufsarbeiten zu erlernen, Erfahrungen und Begriffe in sich aufzunehmen, welche bei jedem Menschen seines Alters vorauszusetzen sind.

Wenngleich nicht behauptet werden kann, dass ein schwachsinniger Mensch ohne Weiteres einen Freibrief habe, jedes beliebige Verbrechen zu begehen, und in jedem Falle für unfähig zu erachten ist, die Folgen seiner Handlungen zu überlegen, so kommt bei der Würdigung der Zurechenbarkeit einer incriminirten Handlung bei solchen Individuen es sehr wesentlich auf die Natur der incriminirten Handlung und die Art ihrer Ausführung an. Die letzteren charakterisiren sich im vorliegenden Falle nicht als der Ausdruck lasterhafter Gewohnheiten und raffinirter sinnlicher Ausschweifungen, sondern als muthwillige und kindische „dumme Jungenstreiche", wie sie der geistigen Entwicklung des S. conform sind, die gar nicht einmal darauf ausgegangen zu sein scheinen, sich selbst einen materiellen, sinnlichen Genuss zu bereiten. Denn dass er seine Geschlechtstheile entblösst, oder sonstwie versucht habe, seinen Geschlechtstrieb zu befriedigen, geht aus den Aussagen der Mädchen nicht hervor, vielmehr haben sich seine Handlungen im Wesentlichen auf ein „Ausgreifen" etc. der Mädchen beschränkt. Wenn nun schon nach dem Obigen der S. ein Mensch ist, der im Allgemeinen als nicht fähig anzusehen ist, die Folgen seiner Handlungen in ihrer Beziehung zum Sitten- und Strafgesetz in dem Umfange zu übersehen, wie dies bei einem 28jährigen Menschen, der mit Unterscheidungsvermögen handelt, vorauszusetzen ist, und der im Stande ist, im Bewusstsein dieser Folgen zwischen Begehen und Unterlassen einer Handlung zu wählen, so ist für das vom Inculpaten verübte Verbrechen um so mehr anzunehmen, dass er aus Mangel an geistiger Entwicklung unfähig gewesen sei, die strafrechtlichen Folgen der Handlungen zu erkennen und sich klar zu machen."

Auf dieses Gutachten hin wurde S. für unzurechnungsfähig erklärt und freigesprochen. —

Die Schilderung der im Schwachsinn unternommenen sexuellen Excesse führt uns ungezwungen hinüber auf die letzte der hier zu besprechenden (erworbenen) Schwachsinnsformen, nämlich auf die Dementia senilis, bei der solche Vergehungen nichts Seltenes sind, wie andererseits juristische Handlungen solcher Individuen der Ausgang langwieriger Processe werden können.

Wie im hohen Alter der Körper seine Spannkraft verliert und hinfällig wird, so ergeht es auch mit dem Gehirne. Alter und Kindheit, sie bilden Anfang und Ende eines Kreises. Es ist richtig, dass es viele Ausnahmen giebt und dass viele Greise durch ihr Alter nichts an sich geändert haben, als dass sie weniger entzündbar für das Neue, dass sie conservativer, ruhiger und besonnener in ihrem Handeln werden — ein Umstand, der ihrem Rathe so hohen Werth ertheilt, — aber wir rechnen ja hier mit kranken Gehirnen. Von diesem Standpunkt aus betrachtet, wird bei zunehmendem Alter der Gedankenkreis immer kleiner und enger, das Gedächtniss zeigt, besonders für Jüngst-Vergangenes grobe Defecte. Geiz und Misstrauen treten an die Stelle der früheren gegentheiligen Charaktereigenschaften, das Urtheil geht nicht über die Anforderungen des Tageslebens hinaus. Einerseits kann nun auf diesem Boden eine sexuelle Erregung wachsen, die den armen Greis veranlasst, ohne Rücksicht auf den guten Ruf seines vergangenen Lebens, auf Anstand und Sitte seinen Leidenschaften, meist mit Unerwachsenen zu fröhnen. Oder andrerseits das Misstrauen, die reizbare Schwäche können sich bis zu Verfolgungsideen ausbauen, unter deren Eindruck der Kranke, vielleicht veranlasst durch erbschleicherische Einflüsterungen sich hinsetzt und im Geheimen ein Testament verfasst, das seine nächsten Angehörigen enterbt und sein Vermögen unter Unwürdige vergeudet. In dem ersten Falle kommt es zu der beschämenden Scene, dass der silberhaarige Greis wegen Sittlichkeitsdelict sich vor Gericht verantworten muss, in dem anderen Falle wird nach dem Tode des Erblassers der Sachverständige aufgefordert, sich zu erklären, wie der Geisteszustand des Betreffenden zur Zeit der Abfassung des Testamentes war.

Es ist in beiden Fällen eine schöne Aufgabe, einmal nachweisen zu können, dass der Angeklagte sich im Augenblicke der That durch die bei ihm bestehende senile Abnahme der Geisteskräfte in einem Zustande von Bewusstseinsstörung befand, in dem er nicht für zurechnungsfähig konnte betrachtet werden und das andere Mal, sich Symptom auf Symptom durch Nachforschen der letzten Ereignisse vor dem Tode des Testators ein klares Bild aufbauen zu können, wie derselbe durch krankhaftes Misstrauen gegenüber seinen Verwandten, durch Verfolgungsideen, die er in seinem Schwachsinn nicht mehr rectificiren konnte, sich durch erbschleicherische Elemente verführen liess, ein ungerechtes Testament niederzuschreiben, das die nächsten Familienbande scharf durchschneidet. — Aehnlich ist es auch mit eidlichen Aussagen solcher von der Dementia senilis befallener Individuen, deren Würdigung oft grosser Vorsicht bedarf. —

Es mag sein, dass noch gar Viele verurtheilt werden, die nicht alle Momente der vollen Strafbarkeit in sich vereinigen, es ist auch richtig, was Liman sagt, dass der Schwachsinn noch kein Freibrief für die ungestrafte Verübung aller möglichen Verbrechen ist, so viel steht aber fest, dass in einer Reihe von Gesetzesübertretungen eine crasse Dissonanz zwischen dem Motiv zur That und der That selbst besteht. Wo diese Dissonanz sich erklären lässt durch angeborenen oder erworbenen Schwachsinn, da ist es die heilige Pflicht des Sachverständigen, auf die Bewusstseinsstörungen im Momente der That hinzuweisen und die Diagnose „Schwachsinn" allgemein verständlich zu begründen. Die Anamnese, das Verhalten des Betreffenden im Augenblick der That und nach derselben, körperliche und moralische Defecte müssen und werden ihm genügende Anhaltspunkte darbieten. —

***

Viertes Capitel.

Epilepsie und Hysterie.

Wenn Jemand verwundert fragen sollte, warum Hysterie und Epilepsie in einem Capitel abgehandelt werden — zwei Krankheiten, die doch in ihrer Entstehung, in ihren Symptomen und in ihrem Verlauf grundverschieden sind, so möge er sich daran erinnern, dass wir in den bei Beiden vorkommenden Krampfzuständen doch ein Vergleichsmoment haben, das um so wichtiger ist, weil die mit denselben verknüpften Bewusstseinsstörungen grosse Bedeutung haben.

Während bei der Epilepsie der Nachweis, dass es sich nur um
eine temporäre Aufhebung des Bewusstseins oder doch um eine
hochgradige Störung desselben gehandelt hat, zumeist ein nicht sehr
schwerer ist, stehen wir bei der Hysterie Zuständen gegenüber, in
denen die Beweisführung, dass es sich um eine krankhafte Beeinflussung der freien Willensthätigkeit gehandelt hat, eine höchst
difficile sein kann.

Wir haben es bei der Epilepsie mit den verschiedenartigsten
Abstufungen zu thun; es ist ein grosser Weg von dem sogenannten
petit mal bis hinauf zu dem classischen Anfall. Wir müssen ferner
noch das psychische Aequivalent und die im Verlauf länger bestehender Epilepsie eintretenden Veränderungen der Psyche besprechen.
Die im epileptischen Anfall, im petit mal und im psychischen Aequivalent unternommenen Handlungen, alle haben einen Umstand gemeinsam, nämlich die Bewusstseinspause und die für diese Zeit
bestehende Erinnerungslosigkeit.

Der Laie versteht unter Epilepsie nur die mit krampfartigen
Muskelzuckungen verbundene Bewusstlosigkeit, die man ja auch
häufig auf der Strasse zu sehen Gelegenheit hat, wo sich sofort ein
mitleidiges, aber nutzloses Publicum um den Kranken sammelt, der
am Boden liegend von heftigen Krämpfen geschüttelt wird.

Die Epilepsie ist eine Krankheit, die ihren Sitz in der Gehirnrinde hat. Ob nun diese Veränderung der Gehirnrinde durch einen
idiopathischen Entzündungszustand desselben, durch einen mechanischen örtlichen Reiz (wie ihn eine Knochennarbe erzeugen kann),
oder durch einen Reiz, der eigentlich nur einen peripheren Nerven
trifft und von da zur Rinde fortgeleitet wird, entsteht, das muss im
einzelnen Falle erst entschieden werden. Dies sind ja nur die ur-
sächlichen Momente. Nach dem heutigen Stande der Wissenschaft
stellt man sich die Sache so vor, dass durch die eben angeführten
Ursachen die centralen Hemmungsvorgänge aufgehoben oder
doch vermindert werden.

Epilepsie kann aus den verschiedenartigsten Ursachen entstehen.
Am meisten disponirt zu dieser Erkrankung die Erblichkeit
(Epilepsie, Nerven- und Geisteskrankheiten und vor allem Trunk-
sucht der Eltern). In etwa 40 Procent aller Fälle wird man im
Stande sein, hereditäre Einflüsse zu entdecken. Ein weiteres cau-

sales Moment finden wir in der Syphilis, sowohl in der ererbten als in der erworbenen. Ferner können heftige Gemüthserregungen (wie Todesangst, Schrecken), fieberhafte Krankheiten, schlechte Ernährung, chronischer Alkoholmissbrauch das Zustandekommen der Epilepsie begünstigen. Geschlechtliche Ausschweifungen, nervöse und chirurgische Erkrankungen des Sexualapparates dürfen hier nicht vergessen werden. Und schliesslich führe ich als Ursache das Trauma an. Die traumatische Epilepsie ist nun entweder durch eine directe Verletzung des Gehirns und der Schädelknochen oder durch Läsionen des peripheren Nervensystemes ausgelöst (Reflexepilepsie).

Es sind in der Literatur eine Menge von Fällen bekannt, wo nach einer Wunde des Schädeldaches epileptische Störungen auftraten, die dann nach Excision der Narbe, welche man sich als mechanisch irritirend vorzustellen hat, wieder verschwanden. In dem Bergmann'schen Werke (Die Lehre von den Kopfverletzungen) wird berichtet, dass von 98 epileptischen Soldaten neun ihre Krankheit nach Verletzungen der Schädelknochen bekommen hatten. Es ist durchaus nicht nothwendig, dass die Verletzung das Gehirn direct trifft, auch von den peripheren Nerven aus kann, wie ich oben schon bemerkt habe, die Epilepsie gewissermassen weitergeleitet werden. Ich citire an dieser Stelle eine Beobachtung Dieffenbach's: „Ein junges Mädchen hatte beim Fallen durch das Zerbrechen einer Flasche eine Wunde an der Hand acquirirt. Es bestanden seit dieser Zeit neuralgische Schmerzen, zunehmende Abmagerung und Contractur des betreffenden Gliedes, und einige Jahre später stellten sich epileptische Krampfanfälle ein. Nun wurde die alte Wunde wieder geöffnet, in der Tiefe fand sich ein Glassplitter, der den bereits verdickten und verhärteten Nerven drückte. Nach Excision der veränderten Theile schwanden die nervösen Zustände sämmtlich. —

Betrachten wir zuerst den classischen epileptischen Anfall: wir unterscheiden an demselben drei Abschnitte, nämlich die dem Anfall vorausgehende Aura, den wirklichen Anfall und die nach demselben noch längere oder kürzere Zeit andauernde Umnebelung des Bewusstseins. Der Anfall selbst ist bei allen Kranken ziemlich gleich. Der Patient stürzt zu Boden (wobei er sich schwere Verletzungen zuziehen kann), die Muskeln der Extremitäten und des Gesichtes sind entweder gleichzeitig oder abwechselnd von heftigen Krämpfen geschüttelt, die Zähne werden knirschend aneinander gerieben; die Athmung ist geräuschvoll, beschleunigt, die Gesichtsfarbe, anfänglich bleich, wird im Verlaufe des Anfalles nicht selten cyanotisch und das Bewusstsein ist während dieser Zeit vollständig aufgehoben. Es ist klar, dass man in diesem Stadium kein gewolltes Verbrechen begehen kann, ist ja die psychische Thätigkeit vollkommen aufgehoben. Der Epileptiker kann während des Anfalles unter Umständen durch seine krampfhaften Bewegungen eine in der Nähe befindliche Person verletzen, aber seine Unzurechnungsfähigkeit für diese That ist auch dem Laien so leicht zu demonstriren, dass es nicht zu einem sachverständigen Gutachten kommen wird.

Ganz anders liegen die Verhältnisse bei der Aura und bei den postepileptischen Bewusstseinstrübungen. Der Name Aura stammt von Galen, der damit einen dem Anfall vorausgehenden Zustand bezeichnete, in welchem der Patient einen von den Füssen zum Kopfe aufsteigenden Luftzug verspürt. Wir verstehen unter Aura überhaupt die Vorboten des Krampfanfalles. Dieselben können längere Zeit (bis zu einigen Tagen) dem Anfalle vorausgehen und documentiren sich dann durch eine auffallende Veränderung der gesammten Stimmung des Kranken. Mürrisch, misstrauisch, von heftigen Kopfschmerzen geplagt, unfähig zur Arbeit läuft derselbe unruhig herum; das geringste Hinderniss, das sich seinen Wünschen entgegensetzt, kann ihn zum Zorne, zur Wuth hinreissen und dann eine That auslösen, die nicht überlegt war. Schon in diesem Stadium der protrahirten Aura kann das Denkvermögen so umnebelt werden, dass die Aussenwelt anders aufgefasst wird, als sie es in Wirklichkeit ist. Es kann also schon vor dem regelrechten Anfalle zu Störungen des Bewusstseins kommen.

In den meisten Fällen erstreckt sich aber die Aura nicht auf eine so lange Zeit, sondern zählt nur nach Secunden, höchstens Minuten. Während der Kranke im ersten Falle eben noch Zeit hat, einen wilden Schrei auszustossen oder mühsam die Klage laut werden lässt, dass ihm übel wird, hat er, wenn die Aura nach Minuten zählt, noch Gelegenheit, sich aus der Gesellschaft zurückzuziehen oder sich in eine Lage zu bringen, die ihn vor grösseren

Verletzungen, wie sie der plötzliche Sturz auf den Boden mit sich bringt, schützt.

Ich kannte einen epileptischen Studenten, mit dem ich monatelang zu Mittag ass, der den kommenden Anfall mehrere Minuten vorher verspürte. Es kam vor, dass er bei seinen häufigen Attaquen ganz unvermittelt bei Tische mitten im Gespräche verstummte, schnell aufstand und das Zimmer verliess. Nach einer viertel oder halben Stunde kam er noch etwas benommen, wohl auch mit einer frischen Beule am Kopfe wieder zu Tisch, und that ebenso wie die Umsitzenden, als wenn nichts vorgefallen wäre.

Die Aura ist aber kein unbedingt nothwendiger Zug in dem Symptomencomplex der Epilepsie, es giebt auch eine Reihe von Fällen, wo der Krampf plötzlich einsetzt, wo der Kranke mitten im Sprechen eine Pause macht und wie vom Blitze getroffen zusammenbricht.

Inwiefern die in der Aura stattfindenden Veränderungen des Bewusstseins den Kranken mit dem Strafgesetz in Conflict bringen können, das wird uns verständlicher, wenn wir uns vorstellen, dass der Betreffende während der Dauer der Aura sich in der Lage befinden kann, mit scharfer Aufmerksamkeit den Befehlen eines Vorgesetzten folgen zu müssen. Am klarsten sind diese Verhältnisse beim Militär gegeben: der in Reih' und Glied stehende Soldat befindet sich unter dem Einflusse eines drohenden epileptischen Krampfanfalles und begeht in diesem Zustande, sei es, weil er den Befehl nicht gehört hat, oder in seiner gereizten Stimmung eine Insubordination. Wenn der Anfall unmittelbar darauf folgt, dann ist ja die Sachlage klar, anders ist es, wenn sich die Aura über längere Zeit hinzieht.

Wenn nun die Krämpfe vorüber sind, dann wird die Athmung freier und ruhiger, die Cyanose des Gesichtes macht wieder einer krankhaften Blässe Platz, und in längerer oder kürzerer Zeit kehrt langsam das Bewusstsein zurück. Der Kranke schlägt verwundert die Augen auf, fühlt sich matt und abgeschlagen, weiss von den Vorgängen, die sich in der letzten Zeit an ihm abgespielt haben, absolut nichts und wundert sich über etwelche Verletzungen, deren Entstehung ihm unbekannt ist.

Die Rückkehr zum normalen Bewusstsein kann sich verzögern; die Auffassung der Umgebung ist noch geraume Zeit hindurch eine

getrübte, das Bewusstsein so dämmerhaft, dass Handlungen vorgenommen werden, die ohne Plan und Ziel sind und keine Erinnerung zurücklassen. Es kommt auch vor, dass nach dem Anfall
eine wuthzornige Erregung einsetzt, in der die grausamsten Gewaltthaten in Scene gesetzt werden, doch führt uns dies hinüber zu den
postepileptischen Psychosen, die im Nachfolgenden noch eingehend
besprochen werden sollen.

Höchst überraschend und unter Umständen schwer zu diagnosticiren sind die unter dem Namen Epilepsia mitior, petit mal beschriebenen Absencen. Hierbei fehlen die Krämpfe meist vollständig, der Zustand dauert eine oder mehrere Minuten, der Kranke
stürzt nicht zusammen, sondern verbleibt in der vorher angenom-
menen Stellung, hat also nichts weiter als eine kurz dauernde, aber
complete Bewusstseinspause. Mitten in einer Beschäftigung wird
der Blick des Kranken plötzlich starr, in die Ferne gerichtet, die
Hand, welche soeben die Feder geführt hat, hört auf zu schreiben,
der Satz wird unvermittelt abgebrochen. Nach einigen Secunden
kehrt das Bewusstsein zurück. Die Feder gleitet weiter fort auf
dem Papier, der Satz wird vollendet, ohne dass der Kranke eine
Ahnung davon hat, dass eine Unterbrechung stattgefunden.

Ich will hier einen Fall aus meiner eigenen Erfahrung erzählen,
an dem sich die eben angeführten Symptome sehr gut und anschaulich demonstriren lassen: Ein junger Mann von etwa 17 Jahren,
abstammend von einer hochgradig nervösen Mutter, wurde mir zur
Behandlung überwiesen mit der Diagnose, er litte an kurzdauernden
Absencen, die etwa 10—12 mal am Tage eintreten sollten. Durch
geistige Beschäftigung wurden die Anfälle in ihrer Häufigkeit vermehrt, der junge Mann war durch den langen Gebrauch grosser
Mengen von Brom in seiner Ernährung ziemlich herabgekommen.

Bei der ersten Unterredung, die in Gegenwart der Mutter statt-
fand, konnte ich an meinem jungen Patienten nichts Auffallendes
bemerken. Er erzählte mir in klarer und geordneter Weise, dass
er, wie man ihm mitgetheilt habe, an Absencen litte; er selbst
merke es nicht direct, sondern erst an den erstaunten Gesichts-
zügen seiner Umgebung oder erfahre es durch die Erzählungen
seiner Angehörigen. Krampfanfälle irgend welcher Art habe er
niemals gehabt.

Da der Kranke bei Tisch neben mir sass, hatte ich bald Gelegenheit, wahrzunehmen, wie sich bei ihm die Epilepsie äusserte. Er liess ganz plötzlich die Hände sinken, so dass Messer und Gabel auf dem Teller klirrten, sah starr vor sich hin und erbleichte. Dann nach wenigen Secunden erhob er die Hände wieder und ass ruhig fort. Von den Umsitzenden hatte es ausser mir Niemand bemerkt. Aehnliche Zustände wiederholten sich nun öfters, so dass ich die Ueberzeugung gewann, die Anfälle träten häufiger ein, als von der Familie angenommen wurde. Einmal nach einer solchen Absence schaute mich der Kranke unwillkürlich an; er musste aus meinem Blick darauf geschlossen habe, dass er in dem geschilderten Zustand gewesen war, denn er erröthete tief, was sonst nicht vorkam.

Ich selbst sah etwa ein Dutzend Bewusstseinspausen, die sich alle vollständig gleich waren. Nach 4 Wochen theilten mir die Angehörigen mit, dass die Anfälle viel seltener geworden waren, dass der Patient grosse Spaziergänge machen könnte, ohne nur einmal zu straucheln oder zu schwanken. Die Gesichtsfarbe war besser geworden, dass Allgemeinbefinden vorzüglich, ich konnte deshalb nichts dagegen einwenden, als die Angehörigen abreisten, um den Sohn noch einige Wochen zur vollständigen Kräftigung allein in der Anstalt zurückzulassen.

Der Kranke war in heiterer, aufgeräumter Stimmung, ging sehr viel — natürlich immer in Begleitung — im Freien spazieren und erzählte mir, seine Anfälle seien nun ganz ausgeblieben. Ich selbst hatte auch schon geraume Zeit keinen mehr beobachtet, aber trotzdem schien es mir unwahrscheinlich, dass die schon lange Jahre bestandene Krankheit so rasch sollte geheilt sein. Ich bestellte mir nun den jungen Herrn eines schönen Tages in meine Sprechstunde mit der Absicht, ihn in ein längeres Gespräch zu verwickeln und dabei zu beobachten. — Wir unterhielten uns geraume Zeit über seine Zukunftspläne, und ich sagte gerade, für ihn wäre der Militärdienst weniger anzurathen wie der Beruf des Landwirthes, da sah er mich starr an, schwieg einige Augenblicke und erklärte dann mit der ruhigsten Miene, er wolle Soldat werden. Meinen Einwand hatte er schon nicht mehr gehört, die Bewusstseinspause blieb ihm selbst verborgen.

Es war mir nun klar, dass wenn auch die Anfälle viel seltener geworden waren (dies konnte ich ja auch aus den Referaten der Mutter entnehmen), sie doch noch nicht geschwunden waren. Der Kranke selbst wusste nichts von seinen Absencen und da er in der letzten Zeit nicht mehr durch die ihn beobachtenden Familienangehörigen darauf aufmerksam gemacht wurde, so glaubte er, sie hätten vollständig aufgehört, — ein Beweis dafür, wie wenig diese Krankheit dem von ihr Befallenen bewusst wird. — Wenn man sich das Bewusstsein eines Menschen während seines ganzen Lebens auf die Ebene projicirt als eine glatte Fläche denkt, dann schneidet das petit mal aus dieser ununterbrochenen Fläche kleine, winzig kleine Stückchen heraus, die im Einzelnen betrachtet nicht beachtenswerth sind, die aber zusammengerechnet doch einen grossen Defect darstellen.

Aehnliche Fälle wie es der meine ist, sind schon sehr viele beobachtet und beschrieben worden. So wird von einer Dame berichtet, die mitten im Klavierspiel aufhörte, um dann mit dem unterbrochenen Takte wieder fortzufahren, — und von einem Herrn, welcher die Karte, die er eben ausgeben will, in der Hand zurückbehält und dabei starr vor sich hinsieht, nach kurzer Zeit legt er die Karte auf den Tisch, als wenn keine Bewusstseinspause eingetreten gewesen.*)

Wie nun der Bewusstseinsdefect eines an petit mal Leidenden eine forensische Bedeutung erhalten kann, das versinnbildlicht man sich am besten an einem Beispiel. Wir wollen annehmen, ein solch unglückseliger Mensch wird der Zeuge eines grossen Verbrechens, er sagt späterhin auf seinen Eid seine Wahrnehmungen aus; ein anderer Zeuge sagt dasselbe, aber er fügt noch ein sehr gravirendes Moment bei, von dem der erstere mit aller Bestimmtheit behauptet, es sei unwahr, er hätte doch alles von Anfang bis zum Ende genau mit angesehen und müsste so auch das von dem Anderen Angegebene gesehen haben, was aber durchaus nicht der Fall wäre. Dass in seiner Erinnerung eine Pause besteht, in welcher gerade das fragliche Moment zur Beobachtung gelangt war, das ahnt er nicht und er handelt mit bestem Wissen und Gewissen, wenn er hartnäckig auf seiner Aussage bestehen bleibt. Es bedarf nun keiner Phan-

---

*) Citirt aus Eulenburg's Realencyclopädie der gesammten Medicin. Bd. VI. pag. 426.

tasie, um sich vorzustellen, dass in einem solchen Falle gegen den ersteren Zeugen die Anklage auf Meineid gestellt wird und auch eine Bestrafung erfolgt, wenn nicht durch sachverständiges Urtheil die epileptische Störung bewiesen wird. Hier möchte ich noch die Bemerkung beifügen, dass in solchen Absencen leicht Gegenstände eingesteckt werden können, die dem Betreffenden nicht gehören und von denen er später nicht weiss, wie sie zu ihm gekommen sind; ich verwahre mich jedoch dagegen, als wollte ich die unter dem Namen „Kleptomanie" verstandenen Zustände damit zu erklären versuchen.

Bei einem Epileptiker wiederholen sich nun die Anfälle mit einer gewissen Gesetzmässigkeit, einmal erfolgt alle paar Tage ein Anfall und dies geht Jahre lang so fort; bei einem Anderen häufen sich zu gewissen Zeiten die Anfälle, so dass auf einen Tag Dutzende von solchen treffen und ein Anfall den anderen ablöst, worauf dann eine längere, wochen-, ja monatelange Pause eintritt. Es kommt aber auch vor, dass die regelmässigen Anfälle ausbleiben und statt deren ein Zustand grosser psychischer Erregung oder sinnloser Verwirrtheit eintritt. Wird nur der regelmässige Anfall durch eine solche psychische Alienation abgelöst, so heissen wir die letztere das psychische Aequivalent.

Die Tobsuchtsanfälle des psychischen Aequivalentes gehören zu den am schwierigsten zu behandelnden Fällen des Irrenhauses und sind es, die noch mitunter die Zwangsjacke, die ja sonst mit Ausnahme chirurgischer Indicationen perhorrescirt wird, und die Polsterzelle nothwendig machen. Plötzlich, so rasch fast wie der Krampfanfall setzt die Tobsucht ein und steigt mit vehementer Schnelligkeit zu einer gefahrbringenden Höhe. Der Kranke, der absolut nicht zu fixiren ist, sinnt nur auf blinde Zerstörung, zertrümmert alles, was ihm in den Weg kommt, ohne Rücksicht darauf, ob und wie sehr er sich dabei selbst verletzt; er geht mit dem Kopf an die Wand, so dass die Kopfschwarte auseinanderplatzt wie ein zusammengepresster Gummiball, er reisst Möbel und Betten entzwei und schlägt in wilder Wuth damit um sich, so dass, da Menschenkräfte, die ihn beschränken sollen, nicht ausreichen, da Morphium absolut jede Wirkung versagt, nichts anderes hilft als die Chloroformnarkose oder die Zwangsjacke. Nach einigen Stunden oder Tagen lässt die Erregung nach, der Kranke verfällt in tiefen langedauernden Schlaf und erwacht, ohne die geringste Ahnung davon, was er in der Zwischenzeit angestellt hat und was um ihn und mit ihm vorgegangen ist.

Ich hatte ein junges Mädchen in Behandlung, das gleichfalls wie der Vorgenannte an petit mal Leidende durch grosse Gaben von Brom in der Ernährung hochgradig herabgekommen war. Trotz der Menge Brom kamen die Anfälle etwa jeden zweiten Tag und dies schon seit Jahren. — Das Brom wurde nun ausgesetzt, es folgte eine Serie heftiger Krampfzustände, aber durch gute Kost, viel Bewegung im Freien, durch methodisch angewendete kalte Abreibungen und den regelmässigen Gebrauch von Stahlwasser hoben sich die Körperkräfte in erfreulicher Weise. Die cyanotische Gesichtsfarbe machte einem gesundenen Colorit Platz. Die Anfälle traten jeden dritten bis vierten Tag ein und waren so gelinde, dass sie weiter keine Besorgniss erregten. Ich rieth zu einer Fortsetzung der Cur oder zu einem länger dauernden Landaufenthalt und sträubte mich energisch gegen die geplante Reise in ein Weltbad an der Nordsee. Trotzdem wurde die Reise unternommen, Seebäder wurden angewendet und in der allerersten Zeit lauteten die Berichte auch günstig. Auf einmal kam die Nachricht, dass ein Anfall von Tobsucht eingetreten war, in welchem das Mädchen von sinnlosem Zerstörungstriebe befallen nur mit grosser Mühe mit Hilfe des Hotelpersonales und unter Anwendung mechanischen Zwanges gebändigt werden konnte.

Die von Epileptikern in diesem Tobsuchtsstadium unternommenen Handlungen sind durchweg wilde, unmenschliche Greuelthaten und zeichnen sich besonders durch die nachfolgende Amnesie aus. Dass die Kranken während der Dauer des Paroxysmus für Schmerzempfindungen vollkommen abgestumpft sind, zeigen die zahlreichen Fälle von Selbstverstümmlung.

Dass aber auch sexuelle Verbrechen im psychischen Aequivalent begangen werden, beweist ein von Tarnowsky*) citirter Fall:

„B. 40 Jahre alt, früher vollkommen gesund, war am Tage vorher missgestimmt, ass nichts und begann am nächsten Morgen,

---

*) Die krankhaften Erscheinungen des Geschlechtssinnes. Berlin 1886. p. 54.

in Gegenwart seiner Frau und seiner drei Kinder, aufdringlich von einer im Zimmer anwesenden Freundin seiner Frau zu verlangen, dass sie ihm den Beischlaf gewähre. Von derselben abgewiesen, wandte er sich an seine Frau, und ohne sich an die Gegenwart der Freundin und Kinder zu kehren, forderte er von ihr geschlechtliche Befriedigung. Als er auch von ihr abschlägig beschieden wurde, fiel er hin, begann zu stöhnen, wurde blass im Gesicht und gerieth dann in Raserei. Als die Frau und ihre Freundin aus dem Zimmer hinausliefen, schlug er die Fensterscheiben ein, zerriss seine Kleidung, begoss die sich ihm Nähernden mit kochendem Wasser und warf schliesslich das dreijährige Kind seiner Frau in den Ofen. — Vom Gericht wegen Unzurechnungsfähigkeit freigesprochen, trat B. nach $2^1/_2$ Jahren in die Abtheilung des Dr. Kowalewski ein mit ausgeprägten epileptischen Anfällen."

Für die Tobsucht, die statt der Anfälle eintritt, ist in Griesinger*) ein Fall aus Esquirol citirt: Ein 27jähriger Bauer litt seit seinem achten Lebensjahre an epileptischen Anfällen. Seit zwei Jahren hatte sich die Krankheit ohne nachweisbaren Grund geändert, indem statt der epileptischen Krämpfe sich Anfälle einstellten, in denen der Kranke den unwiderstehlichen Trieb hatte, einen Mord zu begehen. „Er fühlt die Annäherung seines Anfalles mehrere Stunden, zuweilen schon einen Tag vor seinem Eintritt. Im Augenblick dieses Vorgefühles verlangt er heftig, gebunden, in Ketten gelegt zu werden, um ihn zu verhindern, ein Verbrechen zu begehen. Wenn mich dies erfasst, sagt er, so muss ich tödten, erwürgen, und wäre es auch nur ein Kind. Seine Mutter und sein Vater, die er übrigens zärtlich liebt, würden in diesen Anfällen die ersten Opfer seiner Mordsucht sein. Meine Mutter! ruft er mit einer schrecklichen Stimme, rette dich oder ich bringe dich um!"

Der Anfall dauert einen bis mehrere Tage, dann erklärt er, man könne ihn ohne Gefahr wieder losbinden und ist voll Dankes darüber, dass er über den Anfall hinausgekommen ist, ohne einen Mord begangen zu haben.

In zweiter Linie haben wir von den statt des Anfalles oder nach demselben eintretenden Dämmerzuständen zu sprechen.

---

*) Pathologie u. Therapie d. psych. Krankheiten. Stuttgart 1867. p. 300.

Dämmerzustände werden als psychisches Aequivalent beobachtet, oder sie schliessen sich an Anfälle an; sie dauern Tage, Wochen, mitunter Monate, veranlassen den Epileptiker zum Vagabundiren, zu sinnlosen Reisen, zu allen möglichen Gesetzesübertretungen, wie Widerstand gegen die Staatsgewalt, Beamtenbeleidigung, Ruhestörung, oder wenn mit ihnen Angstzustände verknüpft sind, zu schweren Gewaltthaten, die Leben und Gesundheit der Mitmenschen bedrohen.

In diesen Dämmerzuständen ist das Bewusstsein nicht vollständig aufgehoben, es ist in ähnlichem Zustande, wie wir es beim Schlafwandeln kennen gelernt haben — traumhaft, umnebelt. Der Kranke ist im Stande mit Berücksichtigung der Umgebung zu handeln, ja sogar complicirte Handlungen auszuführen, aber das ganze Vorgehen steigt nicht bis zur bewussten, vom Willen abhängigen Sphäre herauf. Die Rückerinnerungsfähigkeit ist oft unmittelbar nach dem Aufhören des Dämmerzustandes bedeutend besser als zu einer späteren Zeit, wo sie ganz geschwunden sein kann. Es geht damit so, wie es häufig mit Träumen der Fall ist, wo wir unmittelbar nach dem Erwachen das im Traum Erlebte noch lebhaft im Gedächtniss haben, aber rasch blasst das Bild ab und schon nach wenigen Stunden kann es für die willkürliche Reproduction vollständig verloren sein. Wie grosse forensische Bedeutung dieser Umstand hat, sehen wir daraus, dass Epileptiker sofort oder bald nach einer That dieselbe im Verhör ziemlich ausführlich zugeben und in einem späteren zweiten Verhör sowohl von der That als von den im ersten Verhör gemachten Depositionen gar nichts mehr wissen.

Die oben genannten Dämmerzustände veranlassen oft die unglaublichsten Vorkommnisse. Es werden grosse Reisen zwecklos unternommen, wie Legrand du Saulle*) einen Fall beschreibt, wo ein Kaufmann, der alle durch seine Reise frappirte, eines schönen Tages zu seinem Erstaunen und Schrecken in Bombay zu sich kam, anstatt in Paris zu sein.

Tarnowsky berichtet in „Krankhafte Erscheinungen des Geschlechtsinnes"**) von einem epileptischen Kaufmann, der nach

---

*) Étude médico-légale p. 110.
**) pag. 55.

Verübung aller möglichen Excesse in Moskau, erst in Kiew zum Bewusstsein kam, ohne zu wissen, wie und weshalb er dahin gelangt sei, allein, ohne Mittel. Liman führt in „Zweifelhafte Geisteszustände vor Gericht" *) einen Fall an, wo ein hereditär belasteter, epileptischer Junge von 13$^1/_2$ Jahren nach einer Unterschlagung von mehreren Thalern etwa vier Wochen lang vagabondirte. In der Anamnese stellte sich heraus, dass er schon als Säugling an epileptischen Zufällen gelitten habe, die sich später wiederholten. Seine Mutter gab an, dass er oftmals fortliefe, ohne dass man den Grund eruiren könne. Sowohl nach Gemüthsbewegungen, wie sie durch Strafen sich auslösten, als auch ohne solche, habe er seine Mutter plötzlich angestiert, und dann sei er auf längere oder kürzere Zeit verschwunden gewesen. Ohne Rücksicht auf die Witterung lief er nur mit Hemd und Hose bekleidet zu Hause, wo er es ganz gut hatte, weg, blieb einmal fünf Wochen lang aus, ein ander Mal gelangte er bis nach Frankfurt a. Oder. Sein Gedächtniss war relativ gut erhalten, er hatte für seine Handlungen auch scheinbare Motive, doch waren dieselben höchst läppisch.

Liman erklärte nun, es gäbe Fälle, wo statt des epileptischen Anfalles „die Kranken geängstet erscheinen, zwecklos umherlaufen, scheinbar besonnen handeln, dennoch aber in einem Traumzustand befangen sind und keine oder nur summarische Erinnerung dessen, was sie gethan oder ihnen begegnet ist, bewahren." Liman erklärte den Beklagten für unzurechnungsfähig, worauf die Anklage zurückgezogen wurde.

Ein zweiter Fall von Liman**) handelt von einem Epileptiker, der nach den Anfällen, die sich blos in Schwindel mit Bewusstlosigkeit documentirten, eine etwa $^1/_2$ Stunde andauernde Benommenheit hatte. In dieser Zeit, wo er verwirrt war und sich nicht zurecht finden konnte, erregte er durch Scandalmachen und Ruhestörung auf der Strasse öffentliches Aergerniss. Er wurde nicht verurtheilt.

Das sexuelle Leben kann von der Epilepsie in bedenklicher Weise beeinflusst werden. So berichtet Krafft-Ebing in seiner

---

*) pag. 71.
**) l. c. p. 51.

„Psychopathia sexualis"*) von einem jungen Epileptiker, der im Anschluss an gehäufte Anfälle sich auf seine Mutter stürzte, um sie zu nothzüchtigen. Nachher bestand vollständige Amnesie. In der Zwischenzeit war er geschlechtlich nicht erregt.

Westphal schildert im „Archiv für Psychiatrie"**) wie ein 40jähriger, verheiratheter Beamter, der an epileptischem Schwindel und an Dämmerzuständen litt, in vier Jahren 25 schwere Vergehen gegen die öffentliche Schamhaftigkeit beging. Er entblösste beim Vorbeigehen an Mädchen seine Genitalien und machte sie mit obscönen Worten darauf aufmerksam. Von all dem behauptete er nachträglich nichts zu wissen. Er wurde nicht verurtheilt.

Ein 30 Jahre alter Schneider, der schon als Soldat wegen wiederholten Desertirens schwer bestraft worden war, später öfter leichte epileptische Anfälle hatte, übrigens hereditär belastet war und von Zeit zu Zeit planlos umherirrte, ohne dann etwas davon zu wissen, exhibirte in fremden Häusern seine Genitalien und spielte daran. Seine Erinnerung war nur eine summarische.***)

Ein 52jähriger Beamter, der in der Jugend längere Zeit an Enuresis nocturna gelitten und als dies gehoben war, von Anfällen heimgesucht wurde, in denen sich sein Bewusstsein trübte und er nicht wusste was er that, war angeklagt, in vielen Fällen mit Knaben active und passive Unzucht getrieben zu haben. Er war über die Anklage sehr bestürzt, erklärte von den bezichteten Handlungen nichts zu wissen und hatte nachgewiesenermassen stunden- bis tagelang andauernde Dämmerzustände mit nachfolgender Amnesie, die sich durch einen aura-artigen Schmerz im Nacken einleiteten. Er war hereditär schwer belastet und wurde trotz widersprechender Gutachten freigesprochen. Später wurde er wegen eines ähnlichen Delictes zu 15 Monaten verurtheilt, litt im Gefängniss an tonischen Krämpfen mit Bewusstseinsverlust und zunehmender Geistesschwäche.†)

Die eminente forensische Bedeutung dieser Zustände wird aus den angeführten Beispielen zur Genüge erhellen und wird uns auf-

---

*) l. c. p. 79.
**) Bd. VI. p. 113.
***) Liman, Vierteljahrschrift f. ger. M. N. F. XXXVIII. H. 2.
†) Krafft-Ebing, Psychopathia sexualis. p. 82.

merksam machen, in allen irgendwie zweifelhaften Fällen, besonders wenn ein glaubwürdiger Erinnerungsdefect constatirt wird, ganz besonderes Gewicht auf die Erhebung der Anamnese zu legen. Hereditäre Einflüsse dürfen nicht unterschätzt werden und irgendwelche traumatische Vorkommnisse besonders in der Entwicklungszeit lassen sich gegebenen Falles durch den Nachweis einer adhärenten oder bei Druck schmerzempfindlichen Narbe sicherstellen.

Dass sich bei länger bestehender Epilepsie schliesslich eine charakteristische Veränderung des ganzen Fühlens und Denkens eines Individuums herausentwickelt, was wir mit dem Namen „epileptischer Charakter" bezeichnen, bedarf noch einiger erklärender Worte und daran mögen sich diejenigen Geisteskrankheiten anschliessen, die auf dem Nährboden der Epilepsie gross werden. Dass es deren sehr viele sind, davon überzeugen wir uns bei einem Gange durch ein Irrenhaus, wo wir Gelegenheit genug haben, epileptische Psychosen und epileptische Schwächezustände in allen Abstufungen zu beobachten.

Der epileptische Charakter baut sich auf aus drei gleich unschönen Factoren: Egoismus, Reizbarkeit und Schwachsinn. Alle anderen als die rein egoistischen Gefühle sind sehr wenig oder gar nicht entwickelt. Der Epileptiker kennt nichts Höheres als die Erfüllung seiner oftmals unlauteren Absichten und jedes Hinderniss sucht er in seiner gereizten Stimmung gleichgültig um die Folgen meist in grausamer, oft zerstörender Weise aus dem Wege zu räumen. Dazu kommt ein allmählich wachsender Kreis von Verfolgungsideen, der die Gereiztheit, das Misstrauen gegen die Umgebung nur steigert. Eine Einsicht in seinen Zustand hat der Epileptiker in den wenigsten Fällen, er ist immer der unschuldig Verfolgte, der Leidende, Bedauernswerthe. Bei seiner schwachsinnigen Beurtheilung der ihn umgebenden Verhältnisse lässt er sich oft von nichtigen Motiven leiten, bei der explosiven Spannung des Gemüthszustandes wird er oft zu brutalen Gewaltthätigkeiten hingerissen. Dass ein Charakter, wie der eben geschilderte, das pure Gegentheil einer gesund überlegenden und auf freier Willensbestimmung und Selbstentschliessung activ vorgehenden oder einem schlimmen Antriebe widerstrebenden, strafrechtlich vollständig verantwortlichen Persönlichkeit ist, bedarf wohl keines Nachweises.

Die im Verlaufe der Epilepsie sich einstellenden oder an gehäufte Anfälle sich anschliessenden Geistesstörungen sind entweder
Delirien oder Erregungszustände oder ängstliche Depressionen. Wir
haben schon vorhin beim psychischen Aequivalent von einer tobsüchtigen Erregung gesprochen; dieselben Störungen können auch
vor oder unmittelbar nach Krampfattaquen oder so lange dieselben
noch andauern, eintreten. Die Delirien haben häufig religiösen
Inhalt, sind mit Hallucinationen der verschiedensten Sinnesorgane
verknüpft und veranlassen eine Reihe von verbrecherischen That-
handlungen. Die Angstparoxysmen, gleichfalls hallucinatorisch
gefärbt, sind ebenso gefahrbringend für die Umgebung wie die Tob-
anfälle. Das Bewusstsein ist bei all diesen Zuständen ganz aufgehoben oder hochgradig gestört.

Dass sich bei länger andauernder Epilepsie schliesslich hochgradiger Schwach-, auch Blödsinn einstellt, in dem die Kranken
noch sehr gefährliche Kameraden sind, weil sie immer sehr nahe
an Gewaltthaten stehen, ist eine bekannte Thatsache. Man sieht
solcher eine Menge in den Irrenanstalten als aussichtlose Patienten,
bei denen man nichts anderes thun kann, als sie unter möglichst
hygienischen Verhältnissen so zu interniren, dass sie ihre Mitkranken
und ihre Wärter nicht verletzen können. Es giebt epileptische
Individuen in Irrenanstalten, die so Jahre und Jahrzehnte lang in
strenger Aufsicht gehalten werden müssen, bis ein mitleidiger Tod
die Mitmenschen von ihnen erlöst.

In zweiter Linie haben wir von denjenigen Bewusstseinsstörungen zu handeln, die ihre Entstehung hysterischen Neurosen
oder Psychosen verdanken.

Die Hysterie ist ein weites Gebiet, auf dem noch manche un-
beantwortete Frage blüht, sie ist der schwierigste Theil der modernen
Psychiatrie, denn sie lehrt uns Menschen als krank begutachten,
die unsere Vorfahren in gutem Glauben als Hexen verbrannten und
lehrt uns andrerseits da ein mildes Urtheil zu fällen, wo der rasche
und nicht individualisirende Blick nur Ausgeburten ungezogener
Laune, nur Launen überhaupt und nicht Symptome eines schweren
Leidens sieht. Sie stellt die Geduld des Arztes oftmals auf eine

harte Probe und man muss sich in gewissen Fällen immer und immer wieder den Satz vor Augen halten, dass man es mit einer Krankheit und nicht mit einem mixtum compositum von schlechter Erziehung, sexueller Perversität und ausgedachter, raffinirter Bosheit zu thun hat.

Was ist nun Hysterie, wie äussert sie sich und welche Bewusstseinsstörungen kommen bei ihr zur Beobachtung, resp. auf welche Weise können Hysterische mit dem Strafgesetz durch Handlungen in Conflict kommen, die einer Störung des allgemeinen Bewusstseinsinhaltes ihre Entstehung verdanken?

Der Name „Hysterie" deutet darauf hin, dass man die Krankheit mit der Gebärmutter in Beziehung gebracht hat, dass die Hysterie also einerseits nur beim Weibe vorkommt, andrerseits mit dessen sexuellen Functionen in Verbindung steht. Beides ist falsch. Hysterische finden wir auch unter den Männern und zwar in ziemlicher Anzahl und Anomalien im Gebiete des Geschlechtssinnes sind durchaus nicht nothwendig. Damit fällt auch die irrige Ansicht, dass die Hysterie in der Ehe ausheilte. In vielen Fällen bleibt sie auf derselben Höhe, in anderen nimmt sie ihren ungehinderten, progressiven Verlauf. Es ist nicht übertrieben, wenn ich behaupte, dass die Diagnose Hysterie in einer Reihe von Fällen ein testimonium paupertatis für den Diagnosticirenden ist, dass man zum Theile die Gewohnheit hatte, ich will nicht sagen — noch hat, solche nervöse Symptome, die man nicht erklären konnte, als hysterische anzusehen und dann in selbstzufriedenem εὕρηκα sich zu beruhigen. Dadurch, dass man einen Namen für das Kind hat, ist für das Kind noch absolut nichts geschehen.

Die Hysterie ist eine schwere Erkrankung der Psyche, eine Krankheit des Willens. — Ich sage absichtlich nicht, dass beim Hysterischen der Wille aufgehoben ist, dass ist ja auch häufig der Fall, aber ebenso kann der Wille einseitig in hohem Grade gereizt sein, so dass die Kranken z. B. stundenlang in Stellungen verharren, die der Gesunde nur minutenlang beibehalten würde, um dann ermüdet auszusetzen. — Die Hysterie ist eine Krankheit der Gehirnrinde, aber es ist uns nicht möglich, zu bestimmen, welche Veränderungen der Gehirnrinde nothwendig sind, um Hysterie zu erzeugen. Sie ist eben keine anatomische, sondern eine functionelle Veränderung.

Das Hauptmoment ist bei allen Hysterischen darin zu suchen dass äussere und innere Reize abnorm rasch den Gesammtgeisteszustand des Individuums beeinflussen. „Auf der Höhe des Leidens, sagt Krafft-Ebing, bewegt sich das Fühlen nicht mehr in Stimmungen, sondern nur noch in Affecten." Jede Einwirkung von aussen wird in einen dem Gemüthszustande des Kranken adaequaten Sinn umgesetzt; ist sie freudiger Natur, dann muss sie erst transformirt werden, um in das vorhandene Bild hereinzupassen und diese Transformation ist äusserst leicht bewerkstelligt; ist sie das Gegentheil von freudig, so passt sie an und für sich schon in das Stimmungsbild. — Die grosse gemüthliche Reizbarkeit veranlasst die Kranken zu ungerechtem Urtheil über die Umgebung, das sich zu directen Verläumdungen steigern kann. Die Verfolgungsideen der Hysterischen, die sich an nichtigen Dingen festklammern und oft die am meisten unschuldigen Angehörigen in ihren Kreis ziehen, sind die Ursache zu gelegentlichem activen Vorgehen, das unter Umständen schwere Folgen haben kann.

Arndt fasst den ganzen Symptomencomplex in den nachstehenden Worten zusammen: „Das Willenlose, das in Anspruch genommen Werden durch jeden sensiblen Reiz und die scheinbar dadurch bedingte Hingabe an jeden durch einen solchen hervorgerufenen Eindruck, die dadurch entspringende Stimmungsabhängigkeit von Aeusserlichkeiten und der hieraus wieder hervorgehende, fortwährende, oft genug ganz jähe und anscheinend unmotivirte Wechsel in den Stimmungen selbst, die sogenannte Launenhaftigkeit, ferner das bald mehr, bald weniger deutliche Gefühl und mitunter klare Bewusstsein dieser Abhängigkeit von der Aussenwelt, oder wie man sich auch ausdrückt, dieses Gebunden- und Beherrschtsein des Ich's, sowie das daraus entstehende Gefühl der eigenen Unzulänglichkeit und die hieraus wieder erwachsende Unzufriedenheit mit sich selbst, verbunden mit einem oft recht starken Unglücklichkeitsgefühle, eine immer und immer wieder durchbrechende Wehleidigkeit in allem augenblicklichen Frohsinn und heiteren Uebermuthe, das ist es, was in einem eigenthümlichen Gemische darum vorzugsweise auch den Ausdruck der gesteigerten psychischen Erregbarkeit oder auch das psychische Verhalten in der Hysterie überhaupt ausmacht."

Ich habe diesen Satz nicht desshalb angeführt, um damit zu documentiren, dass sich meine Ansichten über den in Frage stehenden Zustand vollständig mit der citirten decken. Schon betreffs des Willens stehe ich in Widerspruch mit Arndt, denn ich halte nicht den Willen in allen Fällen für aufgehoben, sondern nehme ja auch, wie oben gesagt, Zustände an, in denen er krankhaft gesteigert ist. — Ich habe den Arndt'schen Satz nur aus dem Grunde citirt, um das proteusartige Wesen der Hysterie in zusammengedrängter, knapper Schilderung zu beschreiben.

Die Hysterischen sind schwer unglückliche Menschen, einmal darum, weil sie so oft nicht als krank erkannt werden und desshalb für Handlungen verantwortlich gemacht werden, die aus pathologischen Gründen entspringen, und dann auch desswegen, weil sie mit ihrem ganzen Charakter in der Welt, welche nüchtern denkende, affectlose und überlegende Menschen am besten behandelt, überall anstossen, weil sie das Gefühl, dass sie nicht ganzwerthig sind, entweder hie und da haben oder wenn die Einsicht fehlt, erst recht aus dem Gebahren der Mitmenschen schliessen, dass man sie verfolgt und benachtheiligt.

Der Hysterische ist Egoist wie der Epileptiker, und verlangt, dass alles sich um ihn drehe. Daraus entspringt nun eine doppelte Gefahr, erstens beschränkt dieser Egoismus die Kranken in der Bethätigung fürsorgender Handlungen für Andere und zweitens veranlasst er sie, im Falle ihm nicht genug geopfert wird, sich zu rächen. Bei dem leichten Umsatz äusserer oder innerer Antriebe in Affecte ist dann der Hysterische in der Wahl seiner Mittel nicht immer vorsichtig genug, um dem Strafgesetze aus dem Wege zu gehen.

Er geht so weit, im Falle mangelnder Beachtung seitens der Mitmenschen, dieselbe durch künstliche Mittel zu erzeugen und simulirt dann das Ungereimteste zusammen: Ist die sexuelle Sphäre mit erregt, dann werden Angriffe auf die Geschlechtsehre erzählt, ja gewisse Personen beschuldigt und an allem ist kein wahres Wort oder der Kern des ganzen selbsterfundenen Romanes ist ein harmloses Vorkommniss. — Die wunderbarsten Gebrechen müssen herhalten, um die Aufmerksamkeit zu erregen: lange andauernde Lähmungen, künstlich erzeugte Geschwüre, Selbstmordversuche, das

Verschlucken von Nadeln, Nahrungsverweigerung — all das wird
mit einer raffinirten Consequenz durchgeführt und kann hie und
da natürlich zu einem nicht beabsichtigten schlimmen Ausgang
führen.

So lange nun die Hysterischen gegen sich selbst wüthen, liesse
sich strafrechtlich nichts gegen dieselben vorbringen, es sei denn,
dass sie dabei ihre Pflichten gegen Angehörige und Anvertraute
vernachlässigen; aber die Hysterischen gehen weiter, sie scheuen
auch nicht zurück, gegebenen Falles falsche Anklagen zu erheben
und falsche Zeugnisse abzulegen. Begünstigt wird dieser krankhafte
Zug durch andere Symptome ihres Grundleidens. Einerseits ist
ihre Phantasie gesteigert und andrerseits ihre Reproductionsfähigkeit, ihr Gedächtniss bedeutend geschwächt. Was also dem Gedächtniss entschwunden ist, das wird ersetzt durch die Kinder ihrer
abnormen Phantasie und rechnen wir noch dazu, dass Betrug und
Lüge für sie keine Schranken sind, dass der ganze Bewusstseinsinhalt sich aus dem Gefühl gekränkter Unschuld und aus egoistischen
Anschauungen zusammensetzt, dann können wir wohl einsehen, wie
leicht die Hysterischen in der Lage sind, falscher Anklage und
Zeugenaussage verdächtig zu werden. Da auch die Intelligenz meist
schon gewisse Defecte aufweist, so ist es wohl begreiflich, dass derartige Vergehen gewöhnlich nicht lange unverdächtigt und unentdeckt bleiben.

Des ferneren kommt es vor, dass Hysterische unter dem Einfluss von Zwangsgedanken stehen. Trotz aller Ablenkung stellt sich
immer wieder dieselbe Idee mit ermüdender Gleichmässigkeit ein.
Der anfängliche Widerstand wird immer schwächer und schwächer
und plötzlich steht das Product der Zwangsidee fertig da.

Die Stimmung der Hysterischen bewegt sich in Contrasten;
vom tiefsten Leid hinauf zur ausgelassenen Freude, zwischen herein
zuckt wohl wieder eine Spur des allgemeinen Wehes; Lachen und
Weinen wohnen unvermittelt bei einander. Ebenso wechseln Zu- und
Abneigung der Kranken; nicht der Ueberzeugung von dem Werth
oder Unwerth des Nächsten verdanken diese ihre Entstehung, sondern
nichts Anderem als einer momentanen Laune.

Dass Hysterische mitunter von heftigen Angstanfällen heimgesucht werden, ist bekannt, ebenso dass sie in denselben rück-

sichtslos nach etwas suchen, das ihnen Erleichterung verschafft und sei es auch ein offenbares Unrecht.

Das sexuelle Leben bewegt sich ebenfalls in Gegensätzen. Zeitweise unmotivirte Liebe, die aufflackert wie Strohfeuer, bald sinnlich, bald platonisch ist, dann wieder directe Abneigung. Einzelne Kranke sind ihr ganzes Leben lang geschlechtlich erregt und finden nirgends Befriedigung und andere haben niemals eine libido sexualis und perhorresciren jeden Gedanken an dieselbe.

Mit kurzen Worten: die Hysterie ist eine schwere, vielgestaltige Gehirnerkrankung, die den Bewusstseinsinhalt ihrer Opfer in bedenklicher Weise theils trübt, theils durch krankhafte Einschiebungen aus den Fugen bringt. In ihren leichteren Graden ist sie zwar nicht im Stande, die Zurechnungsfähigkeit eines Individuums aufzuheben, aber sobald ihre Symptome irgendwie intensiverer Natur sind, kann sie ebenso die Unterscheidungskraft für Recht und Unrecht schwächen und vernichten, wie jede andere Gehirnkrankheit. Die Hysterischen sind desshalb so ungünstig daran, weil auch der Laie den Begriff sehr viel im Munde führt und mehr etwas Verächtliches darin sieht wie eine schwere Krankheit, sie sind ferner in ungünstiger Lage, weil sie sich selbst in vielen Fällen nicht für krank, oder doch sicher nicht für unzurechnungsfähig halten und weil sie in ihrem Gebahren dem oberflächlichen Beobachter unschwer als normal erscheinen können. — Es bedarf eingehender psychiatrischer Bildung und ferner oftmals eines grossdenkenden Geistes, um in dem Wust von Unarten, Bosheit, angeborener und selbst auf schlechtem Wege absichtlich erworbener gemeiner Gesinnung und Handlungsweise den kranken Kern herauszuerkennen und ausserdem fester Ueberzeugung, um diese Erkenntniss auch zweifelnden Laien gegenüber erfolgreich zu beweisen.

Eine Hysterie im Irrenhaus erkennen, das ist nicht schwer; sie zu behandeln zu Zeiten vielleicht unbequem und anstrengend, aber es bedarf dazu nichts weiterem, als den grossen Apparat der Irrenanstalt spielen zu lassen, jeden Wärter an den rechten Platz zu stellen, Sach- und Selbstbeschädigung zu verhindern und im Uebrigen die Zeit als Beruhigungsfactor wirken zu lassen. Aber draussen im Leben, wo das Wohl und Wehe einer Familie, der gute Ruf und die Stellung eines ehrenwerthen Mannes in Frage kommen kann,

wo der Heilfactor „Zeit" nur die Verwicklungen häuft, da die rechte
Diagnose zu stellen, da vor Gericht für die bestehende Krankheit
einzutreten, das mag wohl zu den schwersten und edelsten Aufgaben
des Arztes gehören. Es ist eine bekannte Thatsache, dass bei der Hysterie auch alle
möglichen Krämpfe zur Beobachtung gelangen: Klonische Krämpfe,
tonische Starre. Bei der einen Anzahl von Anfällen ist das Bewusstsein vollständig erhalten, bei anderen ist es geschwunden und
endlich kann es während des Anfalles mehr oder weniger getrübt
sein. Man hat nun alle Krämpfe, die mit Bewusstlosigkeit einher-
gingen, von der Hysterie abgezweigt und der Epilepsie zugezählt,
aber neuerdings ist man davon zurückgekommen und bezeichnet
diejenigen Krampfzustände, die mit Verlust des Bewusstseins einhergehen, als hystero-epileptisch, wogegen man die anderen hysterische
nennt. Im gegebenen Falle einen hysterisch-epileptischen Krampf
von einem epileptischen zu unterscheiden, ist nicht möglich. Man
hat eine Reihe von Unterscheidungsmerkmalen aufgestellt, aber sie
alle sind nicht ausreichend. Das sicherste, woran man die epileptische von der hysterischen Ursache unterscheidet, ist die Anamnese.
Eine längere oder kürzere Aura kann bei Beiden vorhanden sein,
die Zuckungen, die Bewusstlosigkeit, das Aussehen ist gleich, die
Dauer variirt bei Beiden, beim epileptischen und hystero-epileptischen
Anfall so gewaltig, dass wir auch in ihr keinen Anhaltspunkt haben.
Kurz und gut, Unterscheidungswahrzeichen lassen sich im Allgemeinen nicht angeben, sie müssen erst im einzelnen Falle nach
eingehender Beobachtung aufgesucht werden.

Diejenigen Krampfanfälle, welche mit Bewusstseinsstörungen
einhergehen, sind forensisch genau ebenso zu behandeln wie die
epileptischen; ist das Bewusstsein intact geblieben, dann müssen wir
mit der Hysterie als solcher rechnen, in wie weit sie ihren Einfluss
auf die Verfassung des Bewusstseins ausübte.

Es kommt aber auch vor und zwar gar nicht so selten, dass
wir bei den Hysterischen Zustände beobachten, die den hypnotischen
auf ein Haar gleichen und wir dürfen dabei nicht vergessen, dass
gerade bei Hysterischen am leichtesten künstlicher Schlaf hervorgerufen werden kann. Das sind dann diejenigen Fälle, an die sich
der Wunderglaube klammert und wenn gar noch eine vicariirende

Menstruation eintritt, d. h. zu gewissen Zeiten aus den Ohren, aus der Nase oder gar aus Händen und Füssen Blutungen auftreten, dann haben wir das Conterfei der heiligen Jungfrau von Lourdes fertig. Leider raubt die Wissenschaft all diesen Objecten eines frommen und blinden Glaubens grausam ihre schönsten Wunderzeichen. Im Mittelalter dachte man anders über derartige Individuen wie heutzutage. Da sie mit ihrem ganzen Gebahren mit dem Leben gewöhnlicher Menschenkinder contrastirten, so schrieb man ihnen alle möglichen, sonst über dem geistigen Horizont der damaligen Welt stehenden Vorkommnisse zu. Waren diese Ereignisse segensreich, so kam es wohl auch einmal vor, dass man in dankbarer Frömmigkeit eine solche Hysterica heilig sprach. War aber ein unbegreifbares, übernatürliches Unheil eingetreten, dann suchte man in derselben Klasse von Kranken seine Opfer und stellte sie auf den Scheiterhaufen. Und da es in der Welt mehr unfassbares Unglück als Glück giebt, darum brannten auch unverhältnissmässig mehr Scheiterhaufen als Heiligsprechungsverhandlungen zu einem günstigen Ende führten.

Es ist mit der Hysterie gerade so wie mit der Epilepsie: die schwereren Formen werden zu den Geisteskrankheiten gerechnet oder nach längerem Bestande der Krankheit bildet sich eine Geisteskrankheit heraus: Wir werden gerade bei letzteren unwillkürlich auf die eben angedeutete Aehnlichkeit mit der Epilepsie hingewiesen. So können wie bei dieser im Anschlusse an gehäufte Insulte oder statt derselben als psychisches Aequivalent die heftigsten Störungen auftreten: Dämmerzustände von längerer Dauer, Tobsuchtsanfälle mit wildem Zerstörungstrieb, Angstparoxysmen mit rücksichtslosen Entäusserungen des inneren Druckes und endlich Delirien mit massenhaften Täuschungen in allen Sinnesgebieten. Und wie das Ende der Epilepsie in vielen Fällen der Schwach- und Blödsinn ist, eben dasselbe beobachten wir bei der Hysterie.

Es ist zu natürlich, dass bei all diesen psychischen Alienationen auch das Bewusstsein jedesmal eine mehr oder weniger schwere Einbusse erleidet und dass auf Grund dieser Bewusstseinsstörung sehr leicht Uebertretungen der allgemeinen Sittengesetze und der Gesetze des Staates zu Stande kommen. Mit allgemeinen Worten

dies zu schildern wird viel schwieriger sein, als an einfachen
Beispielen die gegebenen Verhältnisse durchzusprechen.
Liman beschreibt in „Zweifelhafte Geisteszustände vor Gericht"*)
einen Fall von Hysterie, in dem vielfache Schwindeleien und Betrügereien von einer Person verübt worden waren, die bei jeder
Vernehmung, resp. Gefangennahme die Besorgniss erregendsten
Krankheitssymptome simulirte und schliesslich als unzurechnungsfähig erkannt wurde. Die ganze Schilderung Liman's erinnert
mich auf's Lebhafteste an einen Fall eigener Beobachtung. Es
handelte sich hier um eine Person, die wegen Meineid zu längerer
Zuchthausstrafe verurtheilt worden war. Im Zuchthaus war sie nun
die crux sämmtlicher Beamten und des Arztes. Alle paar Wochen
kam es zu einer Katastrophe, in der sie in Worten oder Handlungen
gewaltthätig wurde; sie fiel von einer Disciplinarstrafe in die andere.
Man versuchte es mit Güte, mit Strenge, man ignorirte sie, alles
half nichts, sie war sich immer gleich. Immer die trotz klarer
Beweise unschuldig Verurtheilte, die duldende Märtyrerin, die nie ein
Wässerchen getrübt hatte und trotz aller tausendfältigen Vergehen
keine Schuld hatte. Selbstmordversuche, hochgradige Aufregungszustände, bedenkliche Drohungen, kurz ihr ganzes Gebahren brachte
sie schliesslich in die Irrenanstalt, wohin sie von Anfang an gehört
hätte. Trotzdem sie dort in die denkbar günstigsten Verhältnisse
versetzt wurde, in Verhältnisse, die mit ihren früheren, als sie noch
frei lebte, nicht verglichen werden konnten, trotzdem gelang es
niemals, sie zufrieden zu stellen. Sie war immer die verfolgte Unschuld, der kein Mittel zu schlecht war, um darzuthun, wie schlecht
sie es hatte. Die boshaftesten Verläumdungen, Selbstmordversuche,
die sie in ganz bedenklicher Weise gefährdeten und die Zwangs-
mittel nothwendig machten, die unbegründetsten Klagen über ihre
Wärterinnen, alles benutzte sie, um das Interesse auf sich zu lenken.
So hungerte sie einmal wochenlang in ostentativster Weise, warf
ihre Nahrung an die Thüre, um dann heimlich doch Essen zu sich
zu nehmen. — Und diese armselige Person, die sich und ihren
Mitmenschen zur Last war, die notorisch seit langer Zeit psychisch
krank war, hatte Jahre lang in der Freiheit gelebt, dort eine Un-

*) pag. 151.

summe von Unheil angestiftet, war vor dem Forum gestanden und hatte eine schwere Strafe erhalten für eine That, die auf einem kranken Boden gewachsen war. — Ich erinnere mich noch deutlich, dass mich im Gespräche mit ihr, wenn sie ihre „schwarze Seele" so recht offenbarte, wenn sie Gift und Galle spie, am Heiligsten mit leichter Hand rüttelnd nichts kannte als die Befriedigung ihres Egoismus ohne Wahl der Mittel und Wege, dass mich dann oft der Gedanke beschlich, dass die Frau doch ein grosses Glück damit hatte, dass sie in unserem Jahrhundert geboren wurde. Hätte sie einige Jahrhunderte, vielleicht nur Ein Jahrhundert eher gelebt, ich bin fest überzeugt, dass sie nicht im Irrenhaus, wohl aber auf dem brennenden Holzstoss geendet hätte.

Sehr interessante Beiträge zu dem Umstand, dass unsere Vorfahren die Symptome der Hysterie als Ausgeburten einer vom Dämon der Besessenheit befallenen Phantasie oder als die Thaten von Hexen betrachteten, liefert Paul Regnard in seinem geistreichen Werke:*) Les maladies épidémiques de l'Esprit: Sorcellerie, Magnetisme, Morphinisme, Delire des Grandeurs. Er schildert die Symptome, an denen man die Hexen erkannte. Klonische und tonische Krämpfe, letztere bisweilen so hochgradig, dass der Kopf die Hacken berührte. In anderen Fällen redeten die Hexen irre und hatten Gesichts- und Gehörserscheinungen, welche die Umstehenden nicht wahrnehmen konnten. Sie lästerten Gott und alles Heilige, und Leute, die ihren Krämpfen zusahen, konnten ebenso von denselben befallen werden. Kamen sie auf die Folter, dann spürten sie, d. h. einzelne von ihnen, nichts von den Qualen, die man ihnen anthun wollte. — Wir sehen an den für Besessene charakteristischen Erscheinungen klar und deutlich die Symptome der Hysterie, resp. Hysteroepilepsie. Sie haben dieselben Krämpfe, haben Hallucinationen in den verschiedensten Sinnesgebieten, sie fallen durch ihr boshaftes, nichts Höheres achtendes Wesen auf.

Dass ihre Krämpfe, ihr Besessensein ansteckend wirkte, hat man ihnen als Schuld angerechnet, und doch ist die Sache sehr einfach: Wie es ansteckende körperliche Krankheiten giebt, so finden sich auch deren unter den nervösen Leiden. Wir sehen dies

---

*) Paris, Plon, Nourrit & Cie. 1887.

in Schulen, wo der Veitstanz oftmals den grösseren Theil der Kinder befällt, wir sehen dies draussen im Leben, wo eine Hysterica eine Reihe anderer, mit denen sie in enger Gemeinschaft lebt, falls diese nur das nöthige labile Gleichgewicht besitzen, „ansteckt". Befanden sich nun zufällig unter denen, die zuschauten, wie so ein armseliges Wesen vom Teufel besessen sich in Krämpfen wand, einige andere Hystericae oder doch solche, die dazu inclinirten, was ist da natürlicher, als dass auch diese in Krämpfe verfielen und irre redeten?

Wenn schliesslich die Hexe in der Folterkammer die Qualen mit stoischem Gleichmuthe ertrug, so lässt sich dies darauf zurückführen, dass bei Hysterischen sehr häufig weit ausgebreitete Störungen der Sensibilität vorkommen, die sie befähigen, irgend welche schmerzhafte Eingriffe ruhig hinzunehmen. Wir dürfen solche Kranke tief mit Nadeln stechen, dürfen sie kneifen und drücken, ohne dass sie einen Schmerzenslaut von sich geben, sie sind eben gefühllos für derartige Eingriffe. Ein hexengläubiges Zeitalter sah darin einen Beweis für seine Anklage, wir aber müssen es für ein Glück ansehen, dass die Krankheit selbst die Unglücklichen davor schützte, alle Schmerzen zu empfinden, die ihnen eine bethörte Menge auferlegte.

Doch wollen wir jetzt die Hexen verlassen und uns unserer heutigen Rechtspflege zuwenden. Die Neigung zum Lügen und Betrügen, die grosse Reizbarkeit, die sofort auf die kleinsten Anlässe hin explodirt, der häufig vorhandene Verfolgungswahn, alle diese Charakterzüge der Hysterischen sind es, welche so häufig zu Ruhestörungen, Majestäts- und Beamtenbeleidigungen, zu Sachbeschädigungen Anlass geben. — Die ausgebildete Phantasie und die mangelnde Rückerinnerungsfähigkeit ist die Ursache von falschen Zeugnissen, von Meineid, böswilliger Anklage. — Nun sei es mir ferne, zu behaupten, dass eine Hysterische, wenn man ihre krankhaften Züge von ihrem sonstigen Charakter abzieht, ein reiner Engel sei und deshalb in jedem Falle straflos sein müsse, weil sie eben hysterisch ist. Das würde uns zu schlimmen Consequenzen führen. Eine Hysterica kann ausser ihrer Krankheit ein boshaftes, unmoralisches Weib, eine Furie sein und hätte das incriminirte Verbrechen unter Umständen auch dann begangen, wenn sie nicht hysterisch gewesen wäre.

Es handelt sich demnach für den Gerichtsarzt darum, nachzuweisen, inwieweit die in Frage stehende That durch die Krankheit beeinflusst worden ist, wie der Zustand des Bewusstseins war, als die Handlung unternommen wurde. So kann es auch vorkommen, dass trotz offenkundiger Hysterie dennoch der Sachverständige erklärt, die Kranke habe im Momente mit Bewusstsein gehandelt, sei sich der Folgen ihres Verbrechens vollständig klar gewesen, auf welches Gutachten hin die Verurtheilung eintritt.

Ein hierher gehöriges Beispiel finden wir in Liman*), wo eine Hysterica wegen Meineides angeklagt und verurtheilt wurde. Das Gutachten Liman's lautete: „Explorata ist eine durch Hysterie erregte, exaltirte und zudem geistig beschränkte Person, welche verworrene Rechtsbegriffe hat und welche geneigt ist, auf dem, was sie für Recht hält, zu bestehen, ich habe aber durch die mit ihr geführte Unterredung und Exploration ihres Gemüthszustandes weder Wahnvorstellungen, noch sonst irgend eine tiefere geistige Störung bei ihr wahrnehmen können, vielmehr erachte ich, dass Explorata durch Aufregung, die Leidenschaft sich zu den incriminirten Aeusserungen und Handlungen hat hinreissen lassen, zu welchen sie durch ihren körperlichen Zustand, sowie durch den vorhandenen Grad von Schwachsinn disponirt war. Es sind also, wohin ich mich amtseidlich erkläre, Zeichen einer Gehirnstörung, welche sie unfähig gemacht hätten, mit Besonnenheit zwischen Begehen und Unterlassen der incriminirten Handlungen zu wählen, nicht vorhanden, wobei ich jedoch anheim geben muss, inwieweit der hohe Gerichtshof auf den beregten Körper- und Geisteszustand, als die Zurechenbarkeit der Handlung vermindernd, Gewicht legen will."

Wir müssen hier noch eine andere Seite der Hysterie berühren, die wir bis jetzt etwas stiefmütterlich behandelt haben; ich meine das Verhältniss des sexuellen Lebens zu derselben. — Es ist ein viel verbreiteter Glaube im Volke, dass alle hysterischen Symptome aus nicht befriedigten geschlechtlichen Wünschen entstehen und man hört dann den wohlgemeinten Rath, die Patientin solle heirathen, dann würde schon alles von selbst gut werden. — Leute, die nicht so weit gehen, glauben dann aber doch wenigstens, dass irgend eine

---

*) l. c. p. 143.

Erkrankung des weiblichen Sexualapparates, eine Unregelmässigkeit in der Ovulation oder eine Verlagerung der Gebärmutter die Trieb- feder der ganzen Krankheit sei. Wir sehen aus diesen Ansichten, wie sehr der Volksglaube die Hysterie mit dem Geschlechtsleben verknüpft, und zum Theil ist diese Ansicht auch richtig. Es giebt zwar eine Anzahl Hysterischer, deren Sexualapparat vollständig gesund ist, die auch nicht an unbefriedigten diesbezüglichen Wün- schen laboriren, aber in der Mehrzahl der Fälle wird ein aufmerk- samer Untersucher doch das Brückchen finden, das ihn von der Hysterie hinüber zum geschlechtlichen Leben führt. Sagt ja auch Goethe: „Es ist ihr ewig Weh' und Ach aus Einem Punkt zu curiren."

Wenn es nun als feststehend angenommen werden muss, dass die eben angeführte Verbindung, wenigstens in einer gewissen An- zahl von Erkrankungsfällen vorhanden ist, dann darf es uns auch nicht wundern, dass die in hysterischen Bewusstseinsstörungen be- gangenen Gesetzesübertretungen auch auf's sexuelle Gebiet hinüber- spielen.

Am deutlichsten zeigt sich wohl in einem unmotivirten und abnorm heftig betonten Eifersuchtswahn eine sexuelle Erregung, dann kommen gewisse Excentricitäten in der Kleidung, die sich bis zu Frivolitäten steigern. Die Kranken schmiegen sich in auffallender Weise an männliche Personen an, werfen ihnen herausfordernde Blicke zu, führen unanständige Reden und geben sich in schamloser Weise preis, ohne jede Rücksicht, dass damit ihr guter Ruf und der ihrer Familie zu Grunde gerichtet wird. So wurde mir die Geschichte eines jungen, hübschen Mädchens aus fein gebildeter Familie erzählt, das sich in schamloser Weise dem Kutscher im Hause prostituirte. Alle Thränen und Bitten, alle Strafandrohungen waren nutzlos, sie handelte ihrem übermächtigen Triebe gemäss, als wenn sie nicht erzogen worden wäre. Schliesslich zündete sie im Affect die Vorhänge im Wohnzimmer ihrer Eltern an und dies war die Veranlassung, dass man sie unter ärztliche Beobachtung stellte.

Sind Hallucinationen, besonders solche des Gefühles vorhanden, dann glauben die Kranken, sie würden genothzüchtigt, sie stellen auch die Anklage, irgend ein bestimmter Mann sei des Nachts in's

Zimmer gekommen und habe sie gemissbraucht. Sie hätten den Mann deutlich gesehen und die Cohabitation gefühlt. Auf derselben krankhaften Basis beruht die in den Hexenprocessen häufig erwähnte Schilderung der sogenannten „Incubi".

Die schändlichsten Verbrechen können auf hysterischem Boden wachsen; ich citire hier einen Fall von Giraud, den Krafft-Ebing in seiner Psychopathia sexualis anführt:*)

„Marianne L. in Bordeaux hat Nachts, während ihre Herrschaft unter dem Einflusse von ihr beigebrachter narkotischer Mittel fest schlief, deren Kinder ihrem Geliebten zu geschlechtlichem Genusse preisgegeben und zu Zeugen der unmoralischsten Scenen gemacht. Es ergab sich, dass die L. hysterisch (Hemianaesthesie und Krampfanfälle) und vor ihrer Erkrankung eine anständige, vertrauenswürdige Person gewesen war. Seit der Krankheit hatte sie sich schamlos prostituirt und ihren moralischen Sinn eingebüsst."

Wir haben aus den soeben beendeten Schilderungen eine Unzahl von Symptomen kennen gelernt, welche geeignet sind, eine hysterisch beanlagte Person vor die Schranken des Gerichtes zu bringen. — Mag es auch in einzelnen, besonders deutlich ausgesprochenen Fällen nicht schwer sein, die Krankheit und den Zusammenhang derselben mit der verbrecherischen That nachzuweisen, mag die Störung resp. Aufhebung des Bewusstseins im Augenblick der Gesetzesübertretung klar am Tage liegen, so kommt es doch andererseits noch viel häufiger vor, dass der Nachweis des krankhaften Untergrundes äusserst schwierig ist. Zum Theil liegt dies darin, dass der Begriff Hysterie im Laienmunde vielfach ge- und missbraucht wird, dass der Laie eine Menge von Hysterischen oder solchen, die er dafür hält, in der Freiheit leben sieht, die man mit Recht für ihre Sünden verantwortlich macht. Dadurch kommt es, dass der Richter dem angezogenen Worte gegenüber sich häufig skeptisch verhält. Man hat als Sachverständiger die Pflicht, alle Veränderungen des Charakters, alle Störungen des Bewusstseins, die aus der Hysterie entspringen, aufzusuchen und mit klaren Worten zu demonstriren. Auf diese Weise wird es leichter gelingen, die Gebundenheit des freien Willens nachzuweisen, als wenn wir uns begnügen würden, den

---

*) pag. 91.

Inculpaten einfach „hysterisch" zu nennen. Es kann damit eine vorzügliche klinische Diagnose gestellt sein, aber dem Richter geben wir damit noch keine verwerthbare Handhabe.

Die Tausende und Abertausende von Hysterischen, die entweder nicht bis zur vollen Höhe der Krankheit gediehen sind, oder die das Glück haben, hart am Strafgesetz vorbeizustreifen, verdienen nicht minder unsere Beachtung. Gar manches Familienglück wird durch diese unheilvolle Störung der höchsten Gehirnfunction — des freien Willens — untergraben. Es ist immer noch ein Trost, wenn wir behaupten können, dass die Perversitäten des Charakters in einer schweren Krankheit begründet sind und damit anders beurtheilt werden müssen, als wären sie das Product raffinirter Bosheit.

Fünftes Capitel.

Die Intoxicationszustände.

Es giebt eine Reihe von Giften, welche den Zustand des Bewusstseins beeinflussen, keines aber wirkt so häufig ein und hat solche degenerative Folgezustände als der Alkohol. —

Es gehören ferner hierher die verschiedenen Arzneigifte: Opium, Morphium, Chloralhydrat, Chloroform, Cocaïn, Aether etc. Wir haben uns noch mit einer Reihe anderer narkotischer, ätherischer und metallischer Stoffe zu beschäftigen, deren Einführung in den Blutkreislauf Veränderungen der Psyche hervorruft. Aber es wird genügen, wenn wir einerseits die Alkoholzustände genau durchsprechen, andererseits die durch den Genuss von Morphium eintretenden Erscheinungen uns vergegenwärtigen und von da aus Streiflichter auf die übrigen Intoxicationen werfen.

Man hat bei den Alkoholvergiftungen zuerst an den Rausch zu denken, hat man ja aus ihm eine „kurze und abstracte Chronik des Irreseins" herausgelesen. An zweiter Stelle kommen die acuten Psychosen, welche der Alkoholgenuss veranlasst, in Betracht und endlich haben wir uns mit den durch fortgesetzten Alkoholgebrauch verbundenen chronischen Charakter- und Geistesveränderungen zu befassen. Mit anderen Worten, es kommen drei Zustände zur Besprechung: der Rausch, das Delirium tremens und der Alkoholismus chronicus.

Wenn, wie vorhin angedeutet, zwischen dem Rausch und dem Irresein Parallelen gezogen worden sind, so kann dies nur mit Bezug auf eine Geisteskrankheit geschehen, nämlich auf die Dementia paralytica. Die einzelnen Rauschzustände sind von der allergrössten Verschiedenheit; von der leichten Angetrunkenheit, die zu übermüthigen Streichen auffordert, bis hinauf zur schweren Vergiftung, bei der kein Bewusstsein mehr vorhanden ist und keine willkürlichen Bewegungen ausgelöst werden können, ist ein weiter Weg.

Wir werden am klarsten und raschesten uns orientiren, wenn wir die vorhin angeführte Parallele wirklich ziehen. Das Gefühl erleichterten Gedankenablaufs und grösseren somatischen Wohlbefindens veranlasst in der beginnenden Betrunkenheit zu grösserer Redeseligkeit, zum Uebertreiben, Renommiren und Lügen. Sonst ganz ruhige verschlossene Menschen gestatten in diesem Zustand einen Einblick in ihre Geheimnisse, schliessen Freundschaften, die mit ihrer sonstigen Vorsicht contrastiren und schildern Pläne, an deren Realisirung sie nüchtern zweifeln, als unbedingt ausführbar und als für sie mit den grössten Vortheilen verknüpft. Dabei ist die Sprache lebhaft, aber sicher; das Gesicht leicht geröthet; die Augen glänzen; agitirende Bewegungen der Hände begleiten den Fluss der Rede. Durch den vermehrten Blutzufluss zum Gehirn (gefässlähmende Eigenschaft des Alkohols) wird dasselbe besser ernährt und so erzeugen sich, wie bei der beginnenden Entzündung der Gehirnrinde, die eben geschilderten Symptome. Wir haben ja auch bei dem Beginn der Paralyse ähnliche Erscheinungen. Es ist auch hier der Gedankenablauf ein rascherer, freilich auf Kosten der Logik. Die Renommirsucht des Rausches steigert sich zu Grössenideen, das kranke Gehirn gaukelt dem Individuum vor, dass es viel leistungsfähiger ist wie früher.

Wird nun der Alkoholgenuss fortgesetzt, so kommen wir zu verschiedenartigen Zuständen, die aber alle den ausgesprochenen Charakter schwerer Degeneration tragen. Der Eine wird im Gefühl der ihm innewohnenden Kraft zu Thätlichkeiten gereizt, die oft ohne genügenden Grund das Leben der Umgebenden bedrohen oder

fordern. Es ist dies ein Analogon zu der tobsüchtigen Erregung
des sinnlos zerstörenden Paralytikers. Ein Zweiter schlägt in's
Gegentheil um: er betrachtet Alles von der schwärzesten Seite,
jeder psychische Eindruck ist für ihn ein schmerzhafter, jeder Versuch einer Einwirkung von Aussen lockt die lose sitzenden Thränen
von Neuem hervor. Wer dächte dabei nicht an den paralytischen
Kleinheitswahn, wo der Kranke, der eben noch als Obergott die
Welten regiert hatte, nun überhaupt nichts mehr werth ist, nicht
mehr athmen, essen, schlafen darf.

In Verbindung mit diesen Veränderungen stehen andere, gleichfalls rein paralytische. Es sind dies körperliche und geistige
Lähmungen; die Augen fixiren nicht mehr scharf, die Zunge versagt
theilweise ihren Dienst, es werden Worte ausgelassen und andere
wiederholt, der Gang ist unsicher und schwankend. Das Gefühl für
Sitte und Moral ist stark getrübt, so dass ein leichter Anstoss genügt, um Excesse, namentlich sexuelle, aufsuchen und begehen zu
lassen, welche im nüchternen Zustand perhorrescirt werden.

Die Auffassung der realen Aussenwelt ist getrübt und die etwa
noch über die Bewusstseinsschwelle emportauchenden Sinneseindrücke
werden entweder ganz falsch aufgefasst oder doch in einem Sinne
percipirt, der die Beeinträchtigung der psychischen Functionen sofort
erkennen lässt: derjenige, der mit schwankenden Schritten nach
Hause geht, wundert sich über die eigenthümliche Beweglichkeit der
Häuser, an denen ihn sein Weg vorbeiführt; die lange, mit Laternen
beleuchtete Strasse stellt einen Fackelzug, das Zimmer mit seinem
die Stelle wechselnden Bette ein Caroussel dar.

Die Schwäche der Psyche nimmt immer mehr zu und dem
entsprechend vermindert sich die Helle des Bewusstseins. Die
Sprache wird immer lallender, das betreffende Individuum gefällt
sich damit, in kindischer Weise zu peroriren, mit einem zufällig
gefundenen Wortbild gewissermassen zu spielen, die Bewegungen
werden zusehends ungelenker und ataktischer, kurzum, allmählich
bildet sich ein Zustand heraus, der dem paralytischen Blödsinn in
allen seinen Einzelheiten vollkommen entspricht.

Noch ein Schritt weiter und jede Möglichkeit von Bewegung
und Wille hat ein Ende. Die Schliessmuskeln versagen ihren Dienst,
die Aufnahme von äussern Sinneseindrücken ist unterbrochen; ein

oder das andere mal können krampfartige Contractionen der Muskeln sich einstellen (entsprechend dem paralytischen Anfall) und tiefer traumloser Schlaf beschliesst die widerliche Scene. Bei der Paralyse ist dieser Schlaf das definitive Ende, der Tod; beim Rausch kehrt nach einem Uebergangsstadium körperlichen und geistigen Uebelbefindens die vollständige Gesundheit zurück. Wenn ich annehme, dass ein gut Theil der Symptome des Uebergangsstadiums dadurch bedingt ist, dass in Folge des vermehrten Blutzuflusses zum Gehirn, ein dem entsprechendes Plus von weissen Blutkörperchen durch die Gefässwandungen des Gehirnes hindurchgetreten war, so habe ich ein Vergleichsmoment mehr mit der Paralyse, die ja nichts weiter ist, als eine chronische Entzündung der Gehirnrinde. Und eine Entzündung ohne den Austritt von weissen Blutkörperchen ist doch wohl kaum anzunehmen. In dem einen Falle wird das Extravasat resorbirt und die Gesundheit ist wieder hergestellt; in dem andern Falle organisirt sich dasselbe zu Bindegewebe und der Ersatz der Ganglien durch Bindegewebe verursacht den schliesslichen Blödsinn und die Lähmungszustände der Dementia paralytica. —

Wie oftmals hört der Richter als Entschuldigung anführen, der Thäter sei berauscht gewesen. Es ist besonders eine Art von Vergehen und Verbrechen, welche hier in Betracht kommen, nämlich Verletzungen von Leben und Gesundheit des Nächsten (Raufereien, Körperverletzungen). Wenn auch in den meisten Fällen diese Entschuldigung nur eine leere Ausrede ist, so kommt es doch vor, dass in der Betrunkenheit das Gesetz übertreten wird, ohne dass wir den Betreffenden zur Rechenschaft ziehen können; doch davon werden wir im weitern Verlaufe noch ausführlich zu sprechen haben.

Hat man nun einen solchen Fall zu begutachten, so muss man vor Allem daran denken, dass die einzelnen Rauschzustände graduell verschieden sind: während bei der leichten Angetrunkenheit nur der Gedankenablauf lebhafter ist und Reize leichter in Bewegungen umgesetzt werden, ohne dass das Bewusstsein irgendwie krankhaft mitbetheiligt ist, haben wir auf der andern Seite bei intensiver Vergiftung die schwersten Zerstörungsparoxysmen. Es kommt nicht immer auf die Menge des genossenen Alkohols an; man muss die Concentration desselben berücksichtigen, man muss sich in die

momentane Verfassung des betreffenden Individuums hereindenken
und die gerade obwaltenden äusseren Verhältnisse genau erwägen.
Ich habe hier drei neue Punkte angeführt, 1) die Concentration
des Giftes, 2) die momentane Verfassung des Individuums und 3) die
äussern Umstände.

1) Es macht einen grossen Unterschied aus, ob Jemand Bier
und leichten Wein, oder ob er Schnaps und Most trinkt. Wem fiele
hierbei nicht die Degeneration ein, die in Frankreich der sogenannte
Absynthismus hervorruft, wie es andererseits eine Erfahrungsthatsache
ist, dass in Weinländern die schwersten Delirien und die häufigsten
Körperverletzungen dann vorkommen, wenn der junge Most zu
gähren anfängt.

2) Die Verfassung des Individuums kann auf die verschiedenartigste Weise modificirend einwirken: Hass und Liebe, Freude und
Kummer greifen, so verschieden sie auch sind, so tief in das Seelenleben des Menschen ein, dass sie schon an und für sich rausch-
ähnliche Zustände erzeugen (vor Liebe trunken). Um wie viel mehr
muss das Gebäude geistiger Klarheit in's Schwanken gerathen, wenn
ausser ihnen noch das Gift des Alkohols einwirkt.

3) Die äusseren Umstände können in mannichfachster Weise
bestimmend einwirken; der Alkoholgenuss bei übermässiger Hitze,
nach grossen Anstrengungen ist sicher von anderen Folgen begleitet, als wenn er in aller Ruhe vor sich gegangen ist.

Alle diese eben angeführten Umstände müssen in Betracht gezogen und gerecht abgewogen werden. So lange noch die Möglichkeit vorhanden ist, auftauchenden Trieben eine genügende Hemmung
widerfahren zu lassen, so lange bleibt die Zurechnungsfähigkeit erhalten. — Das entscheidende Merkmal für den Zustand des Bewusstseins zur Zeit der That ist immer das Erinnerungsvermögen.
Dieses ist bei allen schweren Alkoholvergiftungen aufgehoben oder
es zeigt mindestens bedenkliche Lücken. — Es ist demnach die
Hauptpflicht des Sachverständigen sich zu informiren, wie es mit
dem Erinnerungsvermögen beschaffen ist. Dies ist nicht leicht, denn
der Vorwand des Individuums, von einer That nichts mehr zu
wissen, liegt zu nahe, als dass man ihm nicht häufig begegnen
würde. Man muss demnach beweisen können, dass der Thäter
factisch nichts mehr weiss und wird Anhaltsgründe, die einen ver-

anlassen den Beweis überhaupt zu führen, in den Nebenumständen, in der Logik der That, in der Uebereinstimmung der That mit dem sonstigen Thun und Denken des Individuums suchen.

Hat die That etwas direct unlogisches oder auffallend brüsques in sich, geschah sie ohne auffindbare Motive und wurde nach derselben kein Versuch gemacht, ihre Folgen zu verdecken, so sind das schon Anhaltspunkte. Man muss nun in der Untersuchung höchst vorsichtig zu Werke gehen. Derjenige, welcher die Erinnerungsdefecte nur vorgiebt, wird sich bei genügender Ausdauer in der Untersuchung in Widersprüche verwickeln; er wird mehr Furcht vor der drohenden Strafe, als Reue wegen des Begangenen haben und wird schliesslich durch sein vorsichtiges Benehmen bei der Untersuchung auffallen. Er windet sich und dreht sich, legt fortwährend das Hauptgewicht seiner Selbstvertheidigung auf die Schwere seiner Betrunkenheit und sucht auch in kleinlichen Nebenumständen die Wahrheit zu corrigiren.

Ganz anders verhält sich ein Mensch, der in einer wirklich trunksüchtigen Bewusstlosigkeit ein Verbrechen begangen hat. Die Erinnerung ist vollständig geschwunden und er steht der bezichtigten That ganz fremd gegenüber. Während er anfangs die Anschuldigung als eine thörichte zurückweist, gelingt es ihm nach geraumer Weile einen bestimmten Zeitpunkt zu finden, bis zu welchem sein Erinnerungsvermögen für den Tag der That reicht. Von da ab ist vollkommene tabula rasa, bis er sich in der Haft wieder findet. Er wird in den ihm noch im Gedächtniss haftenden Nebenumständen bis zum Eintritt der Bewusstlosigkeit offen und wahr sein. Nicht unmöglich ist es, durch genaue Anamnese ähnliche Zustände bei dem betreffenden Individuum zu entdecken, wo er nach einem Alkoholexcess sinnloses Zeug redete oder that, um am andern Tage nichts mehr davon zu wissen und über die Erzählungen der Zeugen seiner Thorheit höchlichst überrascht zu sein.

In der Mehrzahl der Fälle von Verbrechen, die im Rausch begangen worden sind, wird eine solche krankhafte Bewusstlosigkeit nicht angenommen werden können. Dies sind schwere pathologische Zustände, für die man volle Straflosigkeit verlangen muss. Es ist nicht ausgeschlossen, dass man dann für mildernde Umstände eintreten kann, wenn der Beweis zu erbringen ist, dass der Rausch das Bewusstsein nicht aufgehoben hat, sondern es nur verdunkelte. Aber hierin ist die grösste Vorsicht geboten. Wie ich vorhin schon andeutete: so lange die Möglichkeit vorhanden war, den auftauchenden Trieben ein Veto entgegenzusetzen, so lange ist das Individuum für seine Handlungen verantwortlich. Und dieses Veto ist bis zu einem ziemlichen Grade von Alkoholvergiftung möglich. Es stehen auf der einen Seite Sitte, Erziehung, Rechtsgefühl und Furcht vor der Strafe, wenn auch unklar und verschwommen, auf der anderen Seite die in dem halbumdunkelten Bewusstsein gleich Unkraut aufschiessenden schlimmen Antriebe. Ich sage, bis zu einem ziemlichen Grade von Betrunkenheit wird es möglich sein, sich selbst vor Verbrechen zu beschützen, wenn ich auch nicht verkenne, dass diese Grenze individuell sehr verschieden ist. Das ist gerade das Schwere für den Sachverständigen, seinen Clienten in seiner Gesammtindividualität zu erforschen und so zu durchschauen, dass diese Grenze gezogen werden kann. —

Wir gehen nun zu denjenigen Fällen über, wo Individuen sich zum Zwecke einer verbrecherischen That vorher berauschen, wo Jemand, der ein Verbrechen beabsichtigt, sich nicht nur vorher Muth, sondern auch „mildernde Umstände" antrinkt.

So sagt Bruck in seiner „Lehre von der criminalistischen Zurechnungsfähigkeit"*): „Die sinnlose Trunkenheit ist ein Zustand, welcher die Zurechnung ausschliesst: sie ist weder der Anfang der Ausführung des nach ihrem Eintritt Geschehenen, noch das beabsichtigte Delict selbst. Das sich in den Zustand sinnloser Trunkenheit Versetzen ist aber de lege lata eine strafrechtlich irrelevante Thätigkeit." Und Rubo sagt in den Commentaren zum Reichsstrafgesetzbuch p. 468: „Als eine Art der Zustände von Bewusstlosigkeit ist der Zustand sinnloser Trunkenheit zu erwähnen, und es bleibt zu bemerken, dass ein jedes in solchem Zustande geschehene Handeln straflos bleibt ohne Unterschied, ob die sinnlose Trunkenheit eine selbstverschuldete ist oder nicht, ingleichen, ob sie zu dem Zwecke erfolgte, um gerade diejenige Handlung zu vollführen, welche in jenem Zustand demnächst auch vollführt worden ist. Denn begriffsmässig ist der Zustand sinnloser Trunkenheit ein solcher, in welchem jedes Bewusstsein, insbesondere jede Rückerinnerung geschwunden ist, so dass eine Willenseinheit zwischen dem vor diesem Zustand Beschlossenen und dem in demselben Vollführten überhaupt nicht besteht."

Ich möchte vor Allem darauf aufmerksam machen, dass der Begriff Trunkenheit bei den eben citirten Autoren das Epitheton „sinnlos" hat und dieses Wort als Ausgangspunkt meiner Betrachtungen benützen.

Was versteht man unter „sinnloser Trunkenheit"? Nach der Zusammensetzung ist sinnlos gleichbedeutend mit „der Besinnung bar, der Besinnung, der Ueberlegung beraubt", oder mit anderen Worten „bewusstlos". Da sagt ja auch Rubo in seinen Commentaren: „Als eine Art der Zustände von Bewusstlosigkeit ist der Zustand der sinnlosen Trunkenheit zu erwähnen."

In vielen Fällen sinnloser Trunkenheit sind überhaupt keine aktiven Handlungen mehr möglich, es müsste denn sein, dass der Betreffende durch eine Unterlassung gewöhnlicher Vorsichtsmassregeln das Wohl seiner Mitmenschen gefährdet. Ein aktives Vorgehen wird wohl nur in den seltenen pathologischen Rauschzuständen vorkommen, die dann ja auch der Milde des Richters dringend bedürfen.

Wenn Jemand sich vor einer verbrecherischen That berauscht, um in diesem Rausche die geplante That zu vollbringen, dann giebt es zwei Möglichkeiten: entweder er ist noch nicht in solchem Grade betrunken, dass er den früheren Plan vergessen hätte, es besteht also noch ein geistiger Zusammenhang zwischen der früheren normalen und später vom Alkohol beeinflussten Persönlichkeit. Dann ist der Thäter auch nicht bewusstlos gewesen, denn wenn auch seine Psyche verdunkelt gewesen war, so ist er doch nicht unzurechnungsfähig. Der Connex zwischen früher und später bildet das Kriterium für die Verantwortlichkeit des Thäters.

Im zweiten Falle ist das früher Geplante vergessen, weil die Betrunkenheit so weit vorgeschritten ist, dass die ganze frühere Persönlichkeit gewissermassen ausgetilgt ist, dann ist nicht recht zu erklären, wie die That begangen werden sollte. Es ist etwas vergessen und das Vergessene sollte denn doch nicht vergessen sein. Das lässt sich schwer zusammenreimen.

Am raschesten wird man sich klar, wenn man sich die eben besprochenen Verhältnisse an einem Beispiele versinnbildlicht: A. sitzt im Wirthshaus und erklärt dort „ich trinke mir heute einen Rausch an, um den B. zu erstechen. Das erste Vorhaben gelingt ihm vollständig, er befindet sich schliesslich in einem solchen Trunkenheitsstadium, dass er überhaupt unfähig ist zu stehen oder gar zu gehen. Er hat die Drohung und damit noch verschiedenes Andere, was er während des gewollten Betrinkens gesagt und gethan hat, vollständig vergessen. — Wir wollen ihn aber gar nicht so weit in der Betrunkenheit gehen lassen. Er ist hochgradig berauscht, fängt Händel an, soll hinausgeworfen werden; unter denen, die dies besorgen, ist auch B. A. sticht um sich, verletzt mehrere, auch den B. Es braucht damit noch kein Connex der That mit der früheren Drohung vorhanden zu sein. — Noch eine andere Möglichkeit: A. betrinkt sich in hohem Grade, hat die vorhin citirte Drohung ausgestossen, dann nichts mehr darüber geäussert. Schliesslich wankt er nach Hause, die Drohung ist vergessen, da begegnet ihm B. Wie er den Verhassten sieht, taucht der alte Plan in ihm auf, er sticht den Feind nieder, um am anderen Morgen nichts mehr zu wissen, als dass er die Drohung ausgestossen hat. — Das Zusammentreffen der eben angeführten Umstände darf man wohl mit Recht als einen gewiss sehr seltenen Zufall bezeichnen.

Nun kämen wir zur letzten und häufigsten Möglichkeit: A. betrinkt sich absichtlich, um den B. zu erstechen und äussert öffentlich sein Vorhaben. Er ist schliesslich so betrunken, dass man dies deutlich diagnosticiren kann, er lallt in der Sprache, hält sich nur schwer auf den Beinen. Trotzdem trifft er die nöthigen Massnahmen, um seinem Gegner zu begegnen und dann führt er sein Vorhaben aus. Ein solcher wird nun in der Mehrzahl der Fälle die Drohung in Abrede stellen oder doch zu beschönigen suchen, und wird das Hauptgewicht seiner Vertheidigung auf die Schwere seiner Betrunkenheit hinleiten. — Ich sehe gar keinen Grund ein, warum ein solches Individuum straffrei ausgehen sollte — es besteht ein idealer Zusammenhang zwischen der früheren Drohung und der späteren That und trotz aller anderen Symptome von Betrunkenheit ist dieser Zusammenhang ein Anzeichen dafür, dass der Thäter im Moment der That nicht bewusstlos war.

Wenn Bruck sagt: Das sich in den Zustand sinnloser Trunkenheit Versetzen ist aber de lege lata eine strafrechtlich irrelevante Thätigkeit, so möchte ich bei dieser Gelegenheit an ein geläufiges Beispiel für fahrlässige Körperverletzung erinnern. Wenn eine Mutter im Schlafe ihr Kind erdrückt, so ist sie dafür strafbar. Da man nun von vornherein jede Absicht an dem Unglück negiren muss, so lässt sich die Strafe nur so erklären: das Gesetz zieht sie zur Verantwortung, weil sie vor dem Einschlafen nicht alle Vorsichtsmassregeln getroffen hat, die ein ähnliches Unglück zu verhüten im Stande gewesen wären. Obwohl ihr jede Absicht fehlte, wird sie wegen Fahrlässigkeit gestraft. Um wieviel mehr trifft dann die Schuld denjenigen, der frevelhaft ein Verbrechen ankündigt und sich zwecks der Begehung in einen Zustand versetzen will, der ihn unzurechnungsfähig machen soll!

Wie gesagt, es giebt wenig Fälle, wo die Betrunkenheit eine krankhafte Aenderung des Geisteszustandes bewirkte, in der trotz der vollständigen Bewusstlosigkeit noch eine Handlung möglich war. Aber diese wenigen Fälle beanspruchen auch Straffreiheit für sich. Um sie von dem Heere der anderen abzusondern, bedarf es genauer Untersuchung und scharfen ärztlichen Blickes.

Wir kommen nun im Fortgange unserer Betrachtung der durch Alkohol ausgelösten Bewusstseinsstörungen zum Delirium tremens. — Nach einem grösseren Alkoholexcess, bei einem unvermittelten plötzlichen Entzug des gewohnten Reizmittels, wie es nicht selten vorkommt, wenn Leute, die dem Alkohol ergeben sind, in Folge einer Verletzung oder einer fieberhaften Erkrankung in ein Hospital aufgenommen werden, entwickelt sich häufig ein Zustand, den man im Volksmund als „Säuferwahnsinn" bezeichnet.

Der Kranke ist in beständiger Unruhe, hat anhaltende Sinnestäuschungen, namentlich solche des Gesichtes, ist meist über seine Umgebung nicht orientirt, schläft wenig oder gar nicht. Er hat anhaltend grosse Angst und zittert, besonders an den Händen. Sein Bewusstsein ist, wie Schüle treffend sagt, ein mehr oder minder stupides. „Systemlos, unzusammenhängend, oft in den curiosesten Sprüngen einer entfesselten Phantasie, Mögliches und Ungeheuerliches, Erlebtes und Erträumtes bunt durcheinander mengend, so blitzen die Phantasmen auf, wie ein Lichtspiel auf ein gehemmtes Bewusstsein."

Die intensiven Sinnestäuschungen und die grosse Angst löst
Gewaltacte aus, welche die Kranken als in hohem Grade gemein-
gefährlich erscheinen lassen. Die Trübung ihres Bewusstseins sichert
ihnen die Milde des Gesetzes. — Unter den Verbrechen, die hierher gehören, sind wieder in erster Linie die Körperverletzungen
anzuführen. Inwieweit die Erinnerung für die unternommenen Handlungen besteht, das hängt natürlich von der Höhe der Bewusstseinsstörung ab. Ein Delirant, der fortwährend durch die angsterregend-
sten Sinnestäuschungen gepeinigt, impulsiv gegen seine vermeintlichen Verfolger aggressiv vorging, wird sich nach Ablauf des Deliriums der in demselben begangenen Gesetzesübertretungen nicht
mehr erinnern können.

Vom Delirium tremens wird man, wenn nicht die erste Attaque
durch Erschöpfung oder Selbstmord das Ziel gezogen hat, in der
Mehrzahl der Fälle häufiger befallen. Alle guten Vorsätze, alle
Drohungen oder in Aussicht gestellten Belohnungen, der bevor-
stehende Ruin des häuslichen Glückes, der bürgerlichen Ehre und
Stellung, alles nützt nichts und das Recidiv tritt ein, weil der Trieb
stärker ist als der durch den langen Gebrauch des Giftes degenerirte Wille. Je häufiger die Delirien sich einstellen, desto schwächer
wird die Widerstandsfähigkeit des Individums in der freien Zeit.
Ein Stückchen nach dem anderen wird aus dem geistigen Besitz-
thum losgebröckelt, bis schliesslich nichts mehr übrig geblieben ist,
als ein willens- und geistesschwacher, energieloser Mensch, welcher
der Führung Anderer bedarf, wenn er nicht ganz verkommen soll.

Wir stehen hier an der Grenze zu einer weiteren durch den
Alkohol veranlassten Degeneration der Psyche, an der Grenze des
sog. chronischen Alkoholismus. Nicht als ob ich behaupten wollte,
dass der wiederholte Eintritt des Delirium tremens schliesslich den
Alk. chronic. auslöste! Es kann der in Frage stehende Zustand
eintreten, ohne dass jemals ein Delirium vorhergegangen ist. Das
Vergleichsmoment war bloss die Aehnlichkeit in dem physischen
Befinden der beiden; des einen, der häufige Delirien hinter sich
hat und dabei immer weiter trinkt, und des anderen, der von vornherein systematisch seiner Leidenschaft fröhnte und vor acuten
Exacerbationen verschont geblieben ist.

Der chronische Alkoholismus ist ein chronischer Ver-

giftungszustand des Gesammtorganismus, veranlasst durch anhaltenden, wenn auch langsamen Alkoholgenuss, er ist eine „syste-
matische Durchseuchung" des ganzen Körpers. Das Resultat
dieser Durchseuchung ist eine Herabminderung der körperlichen
und geistigen Kräfte, eine Degeneration des Gesammtindividuums.
Ich darf hier nicht auf eine Schilderung der Symptome dieses
Zustandes eingehen, weil uns das zu weit führen würde, mir liegt
einzig und allein daran, festzustellen, inwieferne Störungen des Bewusstseins dadurch ausgelöst werden und inwieferne dadurch Colli-
sionen mit dem Strafgesetzbuch beobachtet werden.

In dreifacher Beziehung erleidet der chronische Alkoholist Einbusse an seiner Psyche. Durch die Veränderungen im Vorstellungs-
vermögen, im Gemüth und im Willen bildet sich der sogenannte
alkoholistische Charakter, bei dessen Schilderung ich auf die classische Auseinandersetzung in Schüle's Handbuch der Psychiatrie*)
verweise: „Der werdende Gewohnheitstrinker beginnt sein Geschäft
zu vernachlässigen und frequentirt dafür das Wirthshaus. Hier wird
er neben dem zunehmenden Zecher der immer frechere Renommist.
Zu Hause Misshandlung der Frau, gesteigerte sexuelle Zumuthungen.
Wachsende Arbeitsscheu, zunehmende Kälte und Plackereien der
Familie; Gleichgültigkeit gegen sein sinkendes Ansehen; ständige
Unruhe, welche den Kranken im Hause herum und von da wieder in's
Wirthshaus drängt. Hier und in der Familie fortgesetzter Streit und
Hader; vermehrtes Bedürfniss nach der Flasche. Jetzt oft tagelange
Betrunkenheit, alle Getränkesorten untereinander. Die Erscheinungen
psychischer Schwäche brechen überall durch, und zwar im nüchternen
Zustande noch bestimmter. Jüngst erlebte Thatsachen verschwinden,
Einnahmen werden vergessen, Bestellungen doppelt und dreifach
gemacht, eigene Behauptungen verläugnet und widersprochen. Im
Geschäft widersinnige Anordnungen. Unfähigkeit, die einfachsten
Combinationen zu Stande zu bringen, unrichtige Buchungen u. s. w.
Der Kranke kann im Gespräche dem einfachsten Gedankengange
nicht folgen, hat keine Gründe mehr, kommt bald in sinnloses Ge-
fasel oder renommistischen Wortschwall. Dabei halt- und grund-
loses Schwanken in den verschiedensten Tonarten der Stimmung:

---

*) l. c. p. 412.

bald düster bis zum Lebensüberdruss, bald ausgelassen heiter, bald
kleinlaut und wortkarg; bald hoch zu Ross, heftig bis zur Raserei,
redefluthend; in einer Stunde zerknirscht und voller Selbstvorwürfe,
in der nächsten trotzig und voll Ueberhebung, jedoch ohne leitenden
Tenor und Motivirung. Verhältnissmässig noch bedeutender leidet
die Willenskraft Noth. Der Kranke vermag sich nicht aufzuraffen,
obwohl er fühlt, dass der Boden überall unter ihm bricht. Bildsam wie
Wachs lässt er sich durch alle Eindrücke bestimmen; aber es haftet
nichts und bleibt nichts bestehen — als der Hang zum Trinken.
Die Energie zur Selbsterhaltung und zur Versorgung der Familie
ist längst gebrochen, die Kraft zum sittlichen Aufschwunge gelähmt;
heute säuft er, misshandelt auf's schnödeste seine Frau; morgen
bittet er auf den Knien um Verzeihung; trinkt einen Tag wenig
oder nichts und geht mit Eifer an die Arbeit — aber schon am
Nachmittag wird gelungert und wieder getrunken. Jetzt zerfliesst
er in Thränen über irgend eine gute Handlung, von welcher er
eben gehört, im nächsten Augenblick prügelt er Weib und Kind;
jetzt pocht er auf seine Selbständigkeit und Bürgerehre, will sich
nichts vergeben und — kurz darauf beugt er sich wieder dem nächst-
besten Worte, unterwirft sich jedem fremden Willen."

Welche Unsumme von Gefahren, die bestehenden Gesetze zu
verletzen, ist in dieser vortrefflichen Schilderung angedeutet! Rohe
Gewaltakte, wie sie bei den häuslichen Dissidien so nahe liegen, wie
sie andererseits bei einem weiteren Charakterzug des Trinkers, den
Schüle nicht angeführt hat, naheliegen — ich meine die Eifersucht
und den Wahn, ehelich betrogen zu sein —, veranlassen das Ein-
schreiten des Strafrichters und bei der Untersuchung findet der
Sachverständige eine degenerirte Psyche vor, die im Unterscheiden
von Gut und Schlimm sich nicht mehr nach den anerzogenen und angeborenen Grundsätzen der Moral richtet, sondern nach jeweiligen
krankhaften Eingebungen. Der Wille ist zu schwach, um zum Guten
zu helfen und das Schlechte zu verhindern. Selbstverschuldete Noth,
das eigene Elend und der Kummer der Familie, die an relativ guten
Tagen quälende Reue, der innere Zwiespalt, all das wirkt zusammen,
um eine Persönlichkeit zu schaffen, deren Bewusstsein gestört, krankhaft beeinflusst, zeitweise aufgehoben ist.

Die Art und Weise der Gesetzesübertretungen wird sich in dem einzelnen Falle darnach richten, nach welcher Seite das Zünglein des gestörten Gleichgewichtes ausschlägt. Bei tobsüchtiger Erregung rohe Gewaltacte, bei den sich häufig einstellenden Verfolgungsideen Reaction gegen die im Wahn vorhandenen Verfolger und feindseliges Benehmen gegen die am nächsten Stehenden; bei melancholischen Zuständen, wenn das ganze Weh sich vor der empfänglichen Seele aufrollt, Selbstmordversuche und Mordthaten in der Familie. Daneben das grosse Heer von Betrügereien und Schwindeleien, die theils der Charakterschwäche entspringen, theils gar nicht gewollt sind, sondern ihren Ursprung im Leichtsinn, in der Vernachlässigung der wichtigsten Berufs- und Standespflichten haben.

Es ist von grossem Interesse, an dieser Stelle das statistische Material beizuziehen, wie es uns Bär in seinem Werke: „Der Alkohol, seine Verbreitung und seine Wirkung auf den individuellen und sozialen Organismus"*) vorführt. Im Jahre 1874 waren in Deutschland unter 32,837 Gefangenen 13,706 (also 41,7 %) Trinker, und zwar 7269 (22,1 %) Gelegenheitstrinker und 6437 (19,6 %) Gewohnheitstrinker. — Was die einzelnen Verbrechen anbetrifft, so war der Mord in 46,1 %, der Todtschlag in 63,2 %, Körperverletzungen schwerer Art in 74,4 %, solche leichter Art in 63 %, Widerstand gegen die Staatsgewalt in 76,5 %, Vergehen gegen die Sittlichkeit in 77 % der Fälle im Zustande von Trunkenheit verübt worden.

Nach den amtlichen Erhebungen liessen sich in England $4/5$ bis $3/4$ aller Verbrechen auf den Missbrauch des Alkohols zurückführen. Es sind dies Zahlen, vor deren Höhe man erschrickt, — Zahlen, die uns unwillkürlich den Gedanken nahelegen, ob man nicht durch Beschränkung des Alkoholgenusses die Zahl der Gesetzesverletzungen herabmindern kann. Und in der That hat man dies in Ländern, wo lebhafte Propaganda gegen den Alkohol gemacht wird, auch schon constatirt, z. B. in Irland und Schweden.

Unwillkürlich drängt sich dem Leser die Frage auf, ob man denn von Staatswegen nichts gegen diese Sucht anfangen könne. Es verlohnt sich, obwohl es eigentlich nicht in den Rahmen der vorliegenden Arbeit gehört, doch in kurzen Zügen die in diesem

*) Berlin 1878.

9*

Betreff vorgeschlagenen oder durchgeführten Mittel zu besprechen. — Man hat schon das Verschiedenartigste versucht: das erste und am nächsten liegende Mittel ist wohl das Verbot des Branntweinhandels überhaupt; man suchte das Uebel an der Wurzel zu fassen, einzelne Staaten in Nordamerika haben diesen Versuch gemacht, natürlich nur, um das Volk zur Uebertretung dieser Vorschriften zu veranlassen. — Man hat hohe Steuern auf den Branntwein gelegt und dabei eine sehr ergiebige Einnahmequelle für den Staat geschaffen, es wurde einfach noch mehr Geld ausgegeben für den Branntwein als früher — ein Umstand, unter dem der Volkswohlstand leidet. — Die Monopolisirung des Schnapses hat eine sehr gute, nicht zu unterschätzende Seite, nämlich die Verbesserung des Produktes und die ermöglichte Controlle der abgegebenen Quantitäten.

Andere wollten die Trunksucht als solche bestrafen. Wenn man gerecht vorgehen will, dann muss man sie immer und in allen Fällen vors Forum ziehen, dann wird entweder einer demoralisirenden Spionage Vorschub geleistet oder der Gutsituirte, der in seinem eigenen Hause dem Götzen opfert, geht leer aus, während sein armer College, der in der öffentlich zugänglichen Schnapsschenke kneipt, bestraft wird. — Will man sich nach der Menge des genossenen Alkohols richten, dann geht der leer aus, der in der beneidenswerthen Lage ist, mehr vertragen zu können als der Andere. — Ja, hört man sagen, das braucht man alles nicht anzuführen, man soll blos dann strafen, wenn der Excess öffentliches Aergerniss giebt! Der Student, der betrunken scandalirend von der Kneipe heimwärts zieht, giebt ein ebensolches Aergerniss wie der Pennbruder, der sinnlos sich in der Gosse wälzt. Und doch wird in der Mehrzahl der Fälle aus dem Ersteren doch noch ein tüchtiger Mann, während der andere dieses Prädikat schon längst verscherzt hat.

Nun aber gar die Temperenzgesellschaften und die Heilsarmee mit ihren anwidernden, geradezu ekelhaften Schaustellungen. Sie sind ebenso gut eine Krankheit der Zeit und werden von der Nachwelt verlacht, wie so manche anderen Auswüchse am Baume der Jetztzeit. Eine Vereinigung von Schwindlern und Heuchlern, die nur bei Schwachsinnigen und Halb - Geisteskranken Glück hat, die niemals im Stande ist, ein Volk von einem Laster zu retten, das so tiefe Wurzeln geschlagen hat!

Wir sehen, dass man den allergrössten Schwierigkeiten im Kampfe gegen den Alkohol begegnet. Und wenn sich auf irgend eine Weise Besserung erwarten lässt, so kommt sie von selbst, wenn wir in der Verfolgung der jetzt bei uns eingeschlagenen Bahnen rastlos und unentwegt fortfahren: der Staat controllire die Produktion, wenn er sie nicht selbst übernehmen kann; er sorge dafür, dass die Schenkwirthe unter polizeilicher Aufsicht stehen und dass die Anzahl der Schanklokale nicht überhand nimmt. Nicht von der Oeffentlichkeit vertreiben und so zum verbotenen und darum um so süsseren Genuss soll man den Alkoholgebrauch machen, man soll ihn gerade ans Licht des Tages ziehen, dann kann man ihn auch überwachen. Man soll sich aber auch nicht die Augen verbinden und soll daran denken, dass nicht alle Menschenclassen gleich gut situirt sind. Wenn der Gebildete weniger excedirt, so ist das kein Verdienst: Erziehung, grösseres Pflichtgefühl und angenehme äussere Verhältnisse sind gewaltige Factoren gegen das Alkohollaster. Wie schwach steht dem der gemeine Mann gegenüber, der den Schnaps zu seiner Nahrung rechnet und der im Elend oft kein anderes Trostmittel findet als die Flasche. — Von unten muss angefangen werden, die Lage des arbeitenden Volkes zu saniren, das wird auch einen gewaltigen Rückschlag auf den Alkoholgenuss ausüben. Wohl kein Volk hat in den letzten Jahren gerade in diesem Punkte solche Fortschritte gemacht wie das deutsche mit seiner Krankenversicherung und Altersversorgung.

Und wenn trotz aller Gegenmittel sich noch welche finden, die dem Laster nicht aus eigener Kraft entsagen können (es giebt am gesündesten Baume schlechte Blüthen und faule Früchte), für solche ist die Errichtung von Trinkerasylen ein hochwichtiges Postulat, von Trinkerasylen, in denen sie ihre Gesundheit, die des Geistes und des Körpers, wiedererlangen, in denen sie Selbstbeherrschung und Lust zur Arbeit wiederlernen, um den Kampf ums Dasein aufs Neue aufzunehmen und zu bestehen.

Eine Uebersicht darüber, wie viele solcher Trinkerasyle man bis jetzt errichtet hat, gab auf einer jüngst stattgefundenen Versammlung des Berliner Zweigvereins des deutschen Vereins gegen den Missbrauch geistiger Getränke Pastor Reiche. Nach seinen

Ausführungen*) sind von 50 solchen in Amerika gegründeten Anstalten 20 eingegangen oder ihrem eigentlichen Zwecke entfremdet
worden. Die Heilungsziffer der amerikanischen Asyle wird mit 30
bis 33 %/₀ angegeben. In England sind 17 Asyle. Holland bestraft
die Trunksucht mit Gefängniss oder Arbeitshaus und hat keine derartigen Anstalten. Auch in Oesterreich fehlen dieselben, obgleich
man dieselben warm befürwortet hat. Die Schweiz und Schweden
haben je zwei Anstalten; eine in Norwegen gegründete konnte sich
nicht halten. — Das erste deutsche Trinkerasyl ist im Jahre 1851
in Lintorf bei Düsseldorf gegründet worden, das zweite in Sophien-
hof bei Rostock wurde 1881 eröffnet. Später entstanden noch
Asyle in Schlesien, in Schleswig und in Friedrichshütte. Die jüngste
Schöpfung auf diesem Gebiete wird in Guben (in der Mark) im
August dieses Jahres der Benutzung übergeben.

Wenn ich im Vorstehenden mich über den Kampf gegen die
Trunksucht verbreitet habe, so weiss ich wohl, dass ein gesetzliches
Vorgehen gegen den Trunkenbold wegen seines Lasters wenigstens
bei uns in Deutschland noch nicht möglich ist, denn uns fehlen
die entsprechenden Gesetze; aber ein entsprechender Gesetzesent-
wurf ist vorhanden und wurde im Jahre 1881 von den verbündeten
Regierungen dem Reichstag übergeben. Im Reichstag wurde der
Entwurf an eine Commission verwiesen.

Wir finden die hierfür nöthigen Anhaltspunkte in Schwarze's
Aufsatz: „Die Zurechnung der im Zustande hochgradiger Trunkenheit begangenen Handlungen"**), woselbst auch der Gesetzentwurf
selbst citirt ist. Derselbe lautet folgendermassen:

1) „dass die Trunkenheit, wenn sie an öffentlichen Orten Aergerniss erregt, bestraft werden soll;

2) dass derjenige, welcher sich in einen Zustand von Trunkenheit versetzt, der die freie Willensbestimmung ausschliesst, für die
in diesem Zustande begangenen Handlungen ebenso gestraft werden
soll, wie wenn er seine freie Willensbestimmung gehabt hätte."

Die dafür angeführten Gründe sind zu wichtig, als dass wir
sie hier übersehen könnten. Wir finden dieselbe Ansicht, wie ich

---

*) Münchener med. Wochenschrift. 1889. No. 21.
**) Gerichtssaal XXXIII.

sie früher schon geäussert habe: Wenn Jemand sich betrinkt, um in der sinnlosen Trunkenheit ein Verbrechen zu begehen, so bedingt diese Trunkenheit entweder Bewusstlosigkeit — dann ist schwer auffindbar, warum er das Geplante auch wirklich ausführen sollte — oder es besteht eine Continuität, dann war er nicht sinnlos betrunken, sondern hat sich nur Courage angetrunken — ein Umstand, der seine Strafbarkeit absolut nicht vermindert.

Des Weiteren finden wir nachstehende, wörtlich citirte Erörterung: „Wir läugnen daher, dass die in der Unzurechnungsfähigkeit verübte That dem Thäter zur vollen Schuld deshalb zugerechnet werden könne, weil er den Beschluss zur That in zurechnungsfähigem Zustande gefasst und behufs der Ausführung der That sich in den unzurechnungsfähigen Zustand versetzt hat; — wir läugnen den Causalnexus und meinen, dass die That selbstständig und unabhängig beurtheilt werden muss. Dagegen sind wir der Meinung, dass in den meisten der gewöhnlich hierher gezählten Fälle der Thäter sich immer noch eine Erinnerung an den Beschluss bewahrt hat und die That sich in Wahrheit als die Ausführung des Beschlusses darstellen wird, so dass wir schliesslich mit den Gegnern in dem praktischen Resultate übereinstimmen und dem Thäter die That zur vollen Schuld zurechnen."

Von der Majorität der Commission wurde nun der Beschluss gefasst, dem Reichstag folgende Bestimmung vorzuschlagen:

„Mit Gefängniss bis zu drei Jahren oder mit Geldstrafe bis zu 1000 Mark wird bestraft, wer in einem durch selbstverschuldete Trunkenheit herbeigeführten Zustande von Bewusstlosigkeit, durch welchen seine freie Willensbestimmung ausgeschlossen ist, eine Handlung begeht, durch welche der Tod eines Menschen oder eine Körperverletzung mit einer der im §. 224 des R.-Str.-G.-B. bezeichneten Folgen, oder eine Beschädigung von Sachen der im §§. 304, 305 des St.-G.-B. bezeichneten Arten oder ein Brand (§§. 306, 308, 311) oder eine der in §§. 312, 315, 317, 321, 322, 323, 324, 327, 328 des R.-St.-G.-B. bezeichneten gemeinen Gefahren oder Beschädigungen verursacht wird.

Dieselbe Strafe trifft denjenigen, welcher in dem in Absatz 1 erwähnten Zustande der Trunkenheit unter den in §§. 113 und 117 des R.-St.-G.-B. angegebenen Umständen einer der in diesen Paragraphen bezeichneten Personen mit Gewalt Widerstand leistet oder eine der in §§. 174—177 bezeichneten unzüchtigen Handlungen begeht."

Der Schluss des Antrages heisst: „Ueberhaupt wird der Richter bei Normirung der Strafe in diesen Fällen sich gewiss vergegenwärtigen, dass die Strafbarkeit zumeist nicht so hoch zu veranschlagen sei, wie bei den gewöhnlichen culposen Delicten, und dass insbesondere das Strafmass nicht überschritten werden dürfte, welches für das betreffende culpose Delict, wenn es nach dem R.-St.-G.-B. zu beurtheilen sein würde, in dem letzteren normirt ist." Damit ist aber auch die Frage begraben. Ich konnte den Entwurf auf seinem Wege bis zur Commission und deren Antrag eruiren, dessen weitere Schicksale jedoch sind nicht zu finden.

Unter den Intoxicationen spielt die zweitwichtigste Rolle das Morphium. Wir kommen hier auf ein Gebiet zu sprechen, über das man nicht offen genug reden kann. Alles Verheimlichen nützt nichts, im Gegentheil, es ist dringend nothwendig, dass man einem Laster, welches so tief in das Glück des Einzelnen und in das Familienleben eingreift, scharf in die Augen sieht.

Gewöhnlich beginnt der Morphium-Missbrauch mit einer, durch wirkliche Schmerzen gerechtfertigten Dosis. Dieselbe wird leichtsinnig überschritten, verdoppelt und verdreifacht, und eines schönen Tages sieht der Bedauernswerthe ein, dass er ohne das Gift nicht mehr arbeiten, essen, schlafen kann. Immer grösser wird die Quantität, immer heftiger wird der innere Kampf, ohne dass ein aus eigener Kraft möglicher Sieg denkbar wäre.

Ein Anderer kommt zum Morphium aus Neugierde, weil er so viel von dessen wunderbaren Wirkungen gehört hat; ein Dritter dankt es der Gewissenlosigkeit seines Arztes, der ihm die Morphiumspritze überlassen hat, weil er nicht selbst die Anwendung des vorübergehend nothwendigen Medicamentes controlliren wollte oder konnte.

Das grösste Contingent zu den Morphinisten stellen die Aerzte. In zweiter Linie kommen unter den Gebildeten die Naturwissenschaftler und Officiere; aber auch unter dem Volke finden wir nicht selten einen oder den anderen, der fast seinen ganzen Verdienst in Morphium anlegt.

Die Menge des consumirten Giftes ist natürlich sehr verschieden. Während Manche nur wenig über die Maximaldosis hinausgehen, finden wir Andere, die im Tag 2—3 Gramm nehmen, also die Maximaldosis um das 50- und 100fache überschreiten und ausserdem noch Chloralhydrat und Cocaïn brauchen. Diese kurzen Angaben werden genügen.

Dass der Morphinismus ein Laster ist, wird von Jedem, am meisten wohl von den Morphinisten selbst anerkannt; und da man sich doch schämt, ein Laster öffentlich zu betreiben, es überhaupt bekannt werden zu lassen, so wird Alles aufgewendet, um den Genuss und dessen Spuren zu verheimlichen: Der sorgende Freund wird durch directe Verneinung getäuscht und so kommt der erste Riss in den Charakter, in dem das Laster die Lüge grosszieht. — Allmählich entwickelt sich ein Charakterbild heraus, das in grossen Zügen etwa dem, wie es Schüle vom chronischen Alkoholismus gegeben hat, entspricht. Der Hauptzug ist die Willensschwäche, während andererseits Alles aufgeboten wird, um Schwierigkeiten aus dem Wege zu räumen, die der Erlangung des Giftes im Wege stehen. Es ist ein häufiges Vorkommniss, dass hierbei Briefe und Recepte gefälscht werden; es kommt vor, dass das Morphium auf andere unredliche Weise erworben wird, sei es durch Diebstahl, sei es durch Vorspiegelung falscher Thatsachen. Dabei leidet die Ausübung des Berufs, mitunter in hohem Grade, noth: ernste Geschäfte werden direkt vergessen, Versprechungen werden nicht eingelöst, in der Abwickelung wichtiger Amtshandlungen finden sich unbegreifliche Irrthümer. Die Sorge für die Familie tritt in den Hintergrund, ehrgeizige Bestrebungen für die Zukunft, die früher das ganze Ich beschäftigten, blassen von Woche zu Woche ab. Es ist nur ein Leben für den Augenblick; ein Kämpfen um den Besitz und Genuss des Gewohnheitsgiftes. Dabei darf man nicht vergessen, dass der Morphinist, wenn er kurz vorher seine gewohnte Dosis genommen hat, vollständig normal und leistungsfähig erscheint. Er kann auch noch in wissenschaftlichen Arbeiten ernsthaft mitthun, aber er kann es bei der Arbeit nicht aushalten, ohne zum Morphium zurückzukehren, das ihn mehr und mehr beherrscht.

Endlich kommt eine Zeit, wo sich der Morphinist selbst sagt, dass es auf die gewohnte Weise nicht weitergehen kann. Er fasst also den heroischen Entschluss, sich frei zu machen und kann das auf doppelte Weise versuchen. Entweder, er will sich das Morphium selbst abgewöhnen, indem er langsam mit der Dosis zurückgeht, oder er begiebt sich in die Behandlung des Arztes. Im ersten Falle wird es ihm kaum gelingen, zu dem gewünschten Ziele zu kommen, denn, mag er auch noch so viel Selbstbeherrschung anwenden, um über die letzte Spritze hinwegzukommen, dazu braucht man eine Charakterfestigkeit, die der Morphinist gewöhnlich nicht mehr hat. Im anderen Falle stehen ihm zwei Wege offen: die Aufnahme in eine offene oder in eine geschlossene Anstalt. In der offenen wird er nicht so unschädlich gemacht sein, wie in der geschlossenen, die ihm ihrerseits eine Behandlung gewährt, welche sich in nichts von der eines psychisch Erkrankten unterscheidet.

In allen drei Fällen aber wird der Morphinist im Stadium der Abstinenz gefährdet sein, eine Reihe von Gesetzesübertretungen zu begehen. Vorerst wird der Kranke, wenn der sogenannte Morphium- hunger anfängt, Alles versuchen, um wieder Morphium zu bekommen. Wenn er draussen in der Freiheit sich selbst entwöhnen will, so bedeutet dies einfach einen Rückschlag; er schadet dadurch blos sich selbst, nicht aber seinen Mitmenschen. In der Anstalt dagegen beginnen nun die vorhin angedeuteten Betrugsversuche. (Hierher gehört die wohl jedem Leiter einer grösseren Anstalt geläufige That- sache, dass die meisten Morphinisten schon mit einer Lüge in die Anstalt kommen, indem sie die Tagesmenge grösser angeben, als sie wirklich war. Sie wissen, dass man doch auf die Hälfte des Angegebenen sofort zurückgeht, und haben dann immer noch eine der früheren Menge einigermassen entsprechende Dosis. Ausserdem findet sich in den Kleidern, in den Stiefelsohlen, in hohlen Feder- haltern, im Hutfutter, in Einbanddecken von mitgebrachten Büchern, kurz, auf's raffinirteste eingeschmuggeltes Morphium. Mir selbst ist es vorgekommen, dass ich im Ofenloch zwei grosse Flaschen concentrirter Chloralhydratlösung fand.) Die ersten Personen, an die sich der Morphinist in seiner Noth wendet, sind die Wärter, denen goldene Berge versprochen werden. Ist es nicht gelungen, diese zu bestechen, dann wird der Versuch gemacht, mit Hilfe echter oder gefälschter Recepte aus den nächstgelegenen Apotheken Morphium zu bekommen. Gelingt auch dies nicht, so kommt die Correspondenz mit grösseren auswärtigen Droguerien. Doch das wachsame Auge des Arztes hat, aufmerksam gemacht durch die Dicke des eingelaufenen Briefes, auch diesen Versuch vereitelt. Nun bleibt nichts Anderes mehr übrig, als zu dem Morphium zu gelangen, das der Arzt selbst in seinem Zimmer aufbewahrt. Schränke und Kästen werden erbrochen, das gefundene Morphium wird mangels einer Spritze ungelöst gegessen wie ein Anderer sich an gestossenem Zucker delectirt. Doch das sind nur Möglichkeiten! In der für solche Kranke eingerichteten Anstalt ist man auf alle diese Vorkommnisse vorbereitet. Alle Versuche werden zu Wasser, weil der Arzt seinem Kranken auf allen Schleichwegen folgt. Schliesslich naht die Höhe der Abstinenz mit ihren oft sehr bedenklichen Nebenerscheinungen. Als eine der schlimmsten neben dem drohenden Collapsus rechne ich den Eintritt eines Deliriums, das sich in nichts von dem Delirium tremens unterscheidet: Massenhafte Gesichtstäuschungen, Gehörshallucinationen der beleidigendsten Natur, dazu eine gewaltige Angst vor dem Tode, verbunden mit allgemeinem Tremor. Jetzt muss der Arzt ständig auf seinem Posten sein; ein in diesem Zustande ausgeführtes Verbrechen, sei es eine Körperverletzung oder eine sonstige Gewaltthat, fällt so wenig unter den Begriff der Zurechnungsfähigkeit, wie eine in einer anderen Psychose unternommene Handlung.

Wir finden in der Monographie Lewinstein's über die Morphiumsucht p. 91 unter der Bezeichnung: „rechtliche Fragen" gleichfalls eine Behandlung des vorliegenden Gegenstandes: „Individuen können durch gewohnheitsgemäss lange fortgesetzten Morphiumgenuss geisteskrank werden und ferner können bei Morphiumsüchtigen durch die Entziehung des Morphium vorübergehende Zustände von geistiger Störung entstehen. Bei den Fällen erster Art kann die Form der „psychischen Schwäche" sich entwickeln. Die Psychose der Abstinenzperiode kann entweder die Form des acuten oder die des chronischen Deliriums haben. In beiden Fällen handelt es sich um eine gestörte Zurechnungsfähigkeit, die bei allen forensischen Verhältnissen, in welche Morphiumsüchtige gerathen, von höchster Bedeutung ist. Ich will gar nicht von der

Strafjustiz sprechen, die bei irgend welchen von Morphiumsüchtigen
begangenen Vergehen und Verbrechen auf diese verminderte Zurechnungsfähigkeit Rücksicht nehmen muss, obwohl ja die hier ein-
schlägige Casuistik gar nicht klein ist. Man denke nur an den
so oft wiederkehrenden Fall der Receptfälschung. Dahingegen
möchte ich auf civilrechtliche Vorkommnisse aufmerksam machen,
wie z. B. Testamentserrichtung, Kauf, Verkauf, Verträge, Cessionen u. A.
Inwieweit der bei solchen Actionen fungirende Gerichtsbeamte verpflichtet ist, die Zurechnungsfähigkeit des Testators oder Contra-
henten zu prüfen, und welche Hilfsmittel er zu ihrer Feststellung
anwenden kann, ist nicht Gegenstand dieser Erörterung. Nur das
ist hervorzuheben, dass ein bedeutungsvoller Einspruch gegen die
Gültigkeit aller gerichtlichen Acte entstehen kann durch den Nachweis: der Contrahent war zur Zeit der gerichtlichen Action morphium-
süchtig. Allerdings darf es bei diesem allgemeinen Nachweise der
Morphiumsucht nicht sein Bewenden haben, wenn der Einspruch
aus einem blos bedeutungsvollen zu einem wirklich erfolgreichen
werden soll, sondern dazu muss der Beweis der Psychose er-
bracht werden, sei es nur der einer Intoxicationspsychose oder der
einer Abstinenzpsychose.“

Der weitere Ablauf der Abstinenz gehört nicht hierher. Ist der
Morphinismus noch verbunden mit dem chronischen Gebrauche des
Cocaïns, das ja in den letzten Jahren als ein Allheilmitel so viel
gepriesen wurde und so rasch Aufnahme gefunden hat, dann treten
vor allem die Störungen im Gebiete der Gehörnerven in den Vordergrund. Eine ganz bedeutende Hyperästhesie des Acusticus veranlasst lebhafte Täuschungen oder mindestens eine falsche Auffassung der von der Aussenwelt eindringenden Gehörsempfindungen.
Dass das Cocaïn mit der Zeit eine ebenso verderbenbringende Rolle
spielen wird, wie es jetzt beim Morphium der Fall ist, steht ausser
allem Zweifel.

Noch viele andere Arzneimittel verursachen, wenn sie chronisch
und im Uebermass genommen werden, Störungen des Bewusstseins.
Chloralhydrat, Aether, Chloroform, all diese Medikamente haben, so
gut sie in der Hand des vorsichtigen Arztes auch wirken mögen,

immer degenerative Einwirkungen, wenn sie längere Zeit in grösseren Quantitäten consumirt werden. Wir haben beim Chloroform und beim Chloralhydrat die heftigsten Congestionen zum Gehirn, mit blaurothem Gesicht laufen die Armen umher, sind in einer fortwährenden aufgeregten Gereiztheit, sind zu Schwindel- und Schlaganfällen vorzugsweise disponirt.

Beim Chloroform (hierher gehören alle übrigen Betäubungsmittel wie Lachgas u. s. w. u. s. w.) müssen wir derjenigen Fälle gedenken, wo an betäubten Personen Verbrechen begangen worden sind. Es ist natürlich nicht möglich, was wir in Romanen so sensationell ausgeschmückt lesen können, dass durch kurze Bedeckung des Gesichtes eines schlafenden Menschen mit einem in Chloroform getränkten Taschentuch eine tiefe Bewusstlosigkeit entstehen könnte, aber es ist möglich, dass an einem Menschen, der aus einem anderen, sagen wir chirurgischen Grunde lege artis chloroformirt wurde, ein Verbrechen begangen wird, dessen sich das Opfer später durchaus nicht erinnern kann. Meist sind diese Verbrechen sexueller Natur und ich erinnere mich hierbei an einen Fall, wo ein französischer Zahnarzt wegen eines solchen Delictes verurtheilt wurde. Aber noch häufiger wird es sich ereignen, dass eine Anklage erhoben wird, es habe ein Arzt die Narkose zur Befriedigung seiner sexuellen Wünsche benutzt, und wenn man dann den Fall genauer untersucht, dann stellt sich die ganze Anklage als böswillige Verleumdung heraus. In dieser Gefahr steht jeder Arzt jeden Tag, besonders sexuell erregten, hysterischen oder halbverrückten Frauenzimmern gegenüber. Darum wird es sich unter allen Umständen empfehlen, dass man, sobald man eine Narkose in einem irgend bedenklichen Falle vorzunehmen hat, immer entweder einen Collegen beizieht oder sonst für einen Zeugen sorgt; es kann dadurch viel üble Nachrede, wenn nicht Schlimmeres unmöglich gemacht werden.

Seien hier in Kürze noch einige andere Arzneimittel genannt, deren Einverleibung in den Körper alterirend auf das Bewusstsein einwirkt:

Der Stechapfel (Datura Stramonium) ist eine Solanacee, deren Blätter und Wurzeln ein äusserst giftiges Alkaloid, das Daturin, enthalten. Der Genuss der Stechäpfel und des Daturin erzeugt neben grosser Trockenheit im Halse Lähmungen des Accomodationsapparates, Krampfanfälle und Zustände von wilder Raserei. Es scheint, dass Stechapfelabsude eine bedeutende Rolle bei den früheren Zauber- und Liebesträuken gespielt haben; Radestock*) erzählt von Frauen, die nach dem Genuss gewisser Getränke in einen Zustand von Halbschlaf mit wilden, buhlerischen Teufelsvisionen verfielen und diese nach Ablauf der Vergiftung für die durchlebte Wirklichkeit hielten.

Boerhave citirt gleichfalls einen ähnlichen Fall: ein erwachsenes Mädchen bekam im Getränke Stechapfelsamen. Sie verfiel in einen Zustand von Betäubung und gab in diesem körperliche Aeusserungen eines wüsten, sinnlichen Traumes.

Der Genuss des indischen Hanfes (Cannabis indica — Haschisch), der noch viel verbreitet ist, verursacht Trübungen und Aufgehobensein des Bewusstseins: die Stimmung wird eine heitere, der Gedankenablauf rascher und leichter, das Sinnliche gewinnt die Oberhand. Marco Polo**), welcher am Ende des 13. Jahrhunderts den Orient bereiste, berichtet, dass in Persien auf der Burg Alamut Hassan Ben Aloadin, der Alte vom Berge genannt, hauste; derselbe wusste eine Schaar von Jünglingen dadurch für seine Zwecke zu begeistern, dass er ihnen einen aus Haschisch bereiteten Trank reichen und im Betäubungsschlafe sie in ein Lustschloss bringen liess, wo sie zu raffinirtem Sinnesgenuss erwachten und im Paradiese zu sein glaubten. Später wurden sie unter Haschisch-Betäubung wieder in ihre früheren Verhältnisse zurückversetzt und durch Versprechen neuer paradiesischer Wonnen zu Thaten jeglicher Art angefeuert. Diese Haschischins (assassini) waren sehr gefürchtet.

Das Amylnitrit ruft in den kleinsten Gaben heftigen Blutandrang zum Kopfe hervor, der sich so steigern kann, dass das Bewusstsein Einbusse erleidet.

Der Genuss von Santonin verursacht Geschmacks- und Geruchshallucinationen, vor Allem aber das charakteristische Gelbsehen — alles Umstände, die die correcte Erfassung der realen Aussenwelt beeinträchtigen können.

Man sieht daraus deutlich, wie sehr die narkotischen Mittel auf die Psyche einwirken. Dass der Tabak gleichfalls hierher gehört,

*) l. c. Radestock, Schlaf und Traum. p. 59.
**) ibidem.

ist selbstverständlich; wenn er auch bei den meisten Individuen bei mässigem Genusse oder wenn man ihn sich angewöhnt hat, ein vorzügliches Stimulans und andererseits auch ein Beruhigungsmittel ist, so kann er doch auch, im Uebermass genossen, das Bewusstsein trüben, wie er andererseits, wenn sein Genuss mit dem des Alkohol verknüpft ist, die schlimmen Wirkungen des letzteren rascher hervorruft.

Wollten wir ins Detail eingehen, so fänden wir noch eine Reihe von Stoffen, welche toxisch einwirken und den Ablauf der psychischen Functionen in höherem oder geringerem Grade beeinträchtigen. Wer erinnerte sich z. B. nicht an die rasche Umnachtung des Bewusstseins, die eine Begleiterscheinung der Kohlenoxydgasvergiftung ist, wer hätte als Arzt noch kein Delirium beobachtet, das urämischen Ursachen seine Entstehung verdankt? Sogar bei den sogenannten Wurstvergiftungen und bei dem Genusse giftiger Schwämme, besonders des Fliegenpilzes treten Bewusstseinsstörungen auf.

Noch eine Krankheit haben wir kurz zu besprechen, die auf einer Vergiftung beruhend, die heftigsten Wuthanfälle und Gewaltthaten auslöst, ich meine die Hundswuth. Kürzere oder längere Zeit (man hat einen Fall beschrieben, wo über Jahresfrist verstrich) nach der verderbenbringenden Bissverletzung beginnt unter Krämpfen der Athmungs- und Schlingmuskulatur sich ein Zustand herauszubilden, in welchem die Kranken auf Grund aller möglichen Sinnestäuschungen und gefoltert von Todesangst in heftige psychische Erregung gerathen und dann ihre Umgebung im höchsten Grade gefährden können. Es werden bei der Hundswuth (Lyssa) Tobsuchten beobachtet, die zur mania gravis gezählt werden müssen. — Eigenthümlicher Weise gelingt es in einzelnen Fällen, durch energische Ansprache das Bewusstsein vorübergehend zurückzurufen, womit man den Kranken jedoch wohl kaum einen Liebesdienst erweisen wird.

Sechstes Capitel.

Der pathologische Affect.

In die Reihe derjenigen Zustände, welche den Zustand des Bewusstseins beeinflussen, gehört auch der pathologische Affect. Bevor wir jedoch daran gehen, denselben eingehender zu behandeln, dürfte es angezeigt erscheinen, sich darüber klar zu werden, was wir unter Affect selbst verstehen. Wenn wir die gewöhnliche Gemüthsverfassung eines Menschen, der unter normalen Aussenverhältnissen, bei ungestörtem Ablauf aller psychischen Functionen sich befindet, mit dem Affecte vergleichen, so haben wir die beiden Endpunkte des menschlichen Gemüthslebens. In dem einen Falle ist die Möglichkeit ruhigen, überlegten Denkens und Entschliessens gegeben, denn die Vorstellungen treten langsam und vereinzelt genug an die Psyche heran, um von ihr richtig aufgefasst und verarbeitet zu werden. Im entgegengesetzten Fall dagegen beeinflusst eine bestimmte Vorstellung, die ausserdem noch in gewissem Sinne eine extreme (angenehme oder unangenehme) genannt werden kann, so heftig das psychische Befinden, d. h. die betreffende Vorstellung ist so intensiv, dass sie auf Kosten der anderen gleichzeitigen Vorstellungen sich geltend macht, dass sie mit anderen Worten, eben weil sie weit mächtiger ist als die übrigen, mit Unterdrückung derselben im Vordergrunde steht und demgemäss das Handeln bestimmt. Es lässt sich ohne Weiteres annehmen, dass mit der Einwirkung eines Affectes die Gleichgewichtslage der Psyche gestört ist, dass während derselben der Ablauf der Willensäusserungen ein von dem gewöhnlichen verschiedener, unter Umständen beschleunigter oder gehemmter, jedenfalls aber ein einseitig betonter ist.

Wir unterscheiden die Affecte, je nach der Art ihrer Ursachen, in Lust- und Unlustaffecte. Die letzteren dürften bei weitem die häufigeren sein. — Die allgemeine Gemüthsverfassung eines Menschen, sein Charakter und seine Bildung können bei der Wirkungsmöglichkeit der affectauslösenden Momente ausschlaggebend sein. Wenn man auch annehmen muss, dass die meisten Menschen dem Affecte und seinen Folgen unterworfen sind, so wird es doch gewiss solche geben, die durch die Festigkeit ihres Charakters, durch die Ruhe, die über ihr ganzes Denken und Handeln ausgebreitet ist, im Stande sind, bei Anlässen, welche anderen Freudenbezeigungen, zornige Gesticulationen oder Trauerthränen entlocken, sich vollständig zu beherrschen und unbeeinflusst von den äusseren Bedingungen weitere psychische Operationen vorzunehmen. Solche Menschen werden selten sein, aber es giebt deren welche. Ob sie zu beneiden sind, ist eine andere Frage. Denn wenn sie auch im Unglück geeigenschaftet sind, den Kopf hoch zu behalten und ihre Besonnenheit zu bewahren, so entgehen ihnen doch auch wieder eine Menge von freudigen Minuten, die der gewöhnliche Mensch aus den Lustaffecten schöpft. Grosse Männer werden im Allgemeinen weniger unter dem Banne der Affecte stehen als die dii minorum gentium, obwohl man hier die Erfahrung anführen kann, dass Menschen, die sich im Grossen und vor der Welt im Zaume haben, oft in kleineren Dingen und in ihren vier Mauern recht labil sind.

Die meisten Menschen aber sind Affecten zugänglich, das weibliche Geschlecht und die Kinder mehr als der erwachsene Mann; der nervöse oder aus nervösen und geisteskranken Familien Entstammende in höherem Grade, als der gesund Geborene und Aufgewachsene; der im Drange aufreibender und verantwortungsreicher Arbeit stehende intensiver als der in kleinen, aber auskömmlichen Verhältnissen stehende Bürger.

Ich habe vorhin schon von Lust- und Unlustaffecten gesprochen und damit nur eine Eintheilung gegeben, welche die zwei Hauptgruppen kennzeichnet. Jede derselben hat eine ganze Anzahl von Unterarten, deren Einzelaufzählung zu weit führen würde. Ich nenne nur Zorn, Schrecken, Freude, Trauer u. s. w. Die beiden Erstgenannten haben insofern grosse Wichtigkeit, als sie mit Veränderungen im Gefässtonus verknüpft sind. Wir haben beim Zorn eine Gefässlähmung, wodurch das congestionirte Angesicht des unter seiner Herrschaft Stehenden zu erklären ist; wir wissen, dass bei der Wirkung des Schreckens ein Gefässkrampf gegeben ist, der alles Blut aus den peripheren Theilen vertreibt und das blasse, aschfarbene Gesichtscolorit des Erschreckten erklärt. Im Volksmunde haben wir dafür die hübsche Bezeichnung: „Ich hätte keinen Tropfen Blut gegeben."

Andere Affecte zeigen sich durch Reactionen der mimischen
Muskeln, wie wir es beim Lachen der Freude sehen; durch secre-
torische Vorgänge löst sich ein Traueraffect mit den hervorquellen-
den Thränen. Es kann sogar vorkommen, dass die ganze Körper-
muskulatur in Thätigkeit versetzt wird, wobei ich an die Gesticulationen jähzorniger Menschen erinnern möchte. Wie gesagt, jeder
Affect hat seine ihm eigene Art, sich zu dokumentiren, ein jeder
kann mehr oder weniger aus dem Antlitz des Betreffenden abgelesen
oder aus seinem Thun geschlossen werden.

In gewissen Grenzen sind die Affecte etwas ganz Normales
und Natürliches. Pathologisch werden sie erst durch ihre längere
Dauer oder durch ihre Intensität, und diese beiden Factoren wieder-
um hängen ab von vorausgegangenen acuten oder chronischen
Schädlichkeiten, wie lange dauernden Krankheiten, Blutverlusten,
schweren Sorgen um die eigene Existenz oder das Wohlbefinden
theurer Angehöriger, sie entstehen leichter auf einem durch hereditäre Einflüsse und verfehlte Erziehung vorgeebneten Terrain, als
wenn eine strenge Hand die Zügel geführt hat und die Familie
psychich und somatisch gesund ist.

Bevor ich zu den pathologischen Affecten übergehe, die in
ihren Aeusserungen häufig genug das Gutachten des Psychiaters
und des Gerichtsarztes veranlassen, deren Folgezustände oft die
unnatürlichsten Greuelthaten sind, möchte ich noch mit kurzen
Worten derjenigen Affecte gedenken, die harmloser sind und nicht
zu dieser Höhe ansteigen, sich im engen Familienkreise abspielen,
aber geeignet sind, trotz ihrer Harmlosigkeit das Glück einer
Familie in Frage zu stellen. Wir haben es hier mit solchen Menschen
zu thun, welche bei allen guten Eigenschaften, die sie sonst auch
besitzen mögen, doch den Fehler an sich haben, bei geringen
Anlässen in Zornesausbrüche zu verfallen. Unüberlegte bittere
Redensarten, schwere, grundlose Anklagen gegen Andere und gegen
die eigene Person werden in Scene gesetzt und steigern sich beim
geringsten Widerspruche. Ist dann der Sturm vorüber, so weiss
der Betreffende in den wenigsten Fällen, was er alles für thörichtes
Zeug herausgeschwatzt hat; das, was er noch im Gedächtniss behalten hat, reut ihn in hohem Grade, und es giebt für den ange-
griffenen Theil keinen besseren Rath, als rasches und vollständiges

Vergessen des Geschehenen. Es lässt sich mit solchen Menschen ganz gut auskommen, wenn man ihnen während der Zornesäusserungen ruhig und gewissermassen überlegen entgegentritt. Eine Lammsgeduld, die alles über sich ergehen lässt, ist ebensowenig am Platze, wie schroffes Entgegnen. Das erstere zieht dem Erzürnten keine Grenze, das zweite reizt ihn nur noch mehr. — Am allerschlimmsten ist es, wenn sich der angegriffene Theil die Details des verflossenen Zornaktes genau merkt und dann bei einem folgenden dieselben reproduzirt oder nach Vollendung desselben in Vorwürfe ausbricht. Es wird dadurch einerseits dem Zorn kein Damm vorgeschoben, andererseits die normal und spontan eintretende Reue in einer nicht günstigen Weise vermehrt. Während des Jähzornes sei der beleidigte Theil ruhig und ernst, nach demselben mild und vergessend. Es sind oft nicht die schlimmsten Menschen, die Jähzornigen, und sie ersetzen in ihren guten Zeiten, die ja auch die häufigeren sind, durch verdoppelte Anstrengungen das im abnormen Zustand Versäumte. Nach dieser kleinen Abschweifung will ich nunmehr zu dem pathologischen Affect, dessen Beschreibung, Aeusserungen und Beurtheilung übergehen.

Pathologisch wird ein Affect durch seine Höhe und durch seine Dauer. Verbunden damit ist eine mehr oder weniger ausgeprägte Amnesie des Geschehenen, ferner eine grössere Intensität der begleitenden secretorischen, motorischen und vor Allem vasomotorischen Erscheinungen. Die Aehnlichkeit dieser Zustände mit transitorischen Psychosen, besonders mit der Mania transitoria, ist so auffallend, dass man von einzelnen Seiten eine Differenzirung für unmöglich und unnöthig hält. Wir haben nicht nur wuthzornige Erregungen mit blindem Zerstörungstrieb, sondern auch Verdunkelungen des Bewusstseinsinhaltes, die analog dem Stupor sind. — Dass eine gewisse, ich sage absichtlich nur eine gewisse, Besonnenheit im Handeln erscheint, dass der Wuthzornige sich in seinen Beschimpfungen oder Thätlichkeiten auch an die richtige Person wendet, das darf uns nicht verleiten, diese Besonnenheit zu hoch anzuschlagen. Auch, der Betrunkene handelt mitunter, ebenso wie der Schlafsüchtige oftmals anscheinend ganz überlegt, er vollzieht seine Tagesgeschäfte in geordneter Weise und kann sich hinterdrein doch nicht mehr daran erinnern.

10*

Dass der pathologische Affect dann eher eintritt, wenn hereditäre oder allgemein schwächende Einflüsse vorhanden sind, habe ich oben schon besprochen. Hierher gehört noch die Erfahrungsthatsache, dass Insolation, ferner ein rascher Trunk an einem heissen Tage, heftige Gemüthserschütterungen massgebend sein können. Wollen wir uns an einem Beispiel die hier zu besprechenden Fragen beantworten. Ich benütze eine von Zippe in der Wiener medicinischen Wochenschrift (1878, Nr. 51) beschriebene Krankheitsgeschichte:

Ein Aufseher, der in Folge einer Herzhypertrophie zu Gehirncongestionen neigte, der ausserdem verschiedene Schädelverletzungen erfuhr, erkrankte nach der Arbeit in der Sonnenhitze unter den Symptomen einer meningealen Reizung. Er hatte Convulsionen, delirirte, knirschte mit den Zähnen. Nachdem diese Erscheinungen geschwunden waren, klagte er noch über Kopfschmerzen und Hyperästhesieen der Kopfhaut und war im Ganzen drei Wochen lang arbeitsunfähig. Nunmehr genesen, zeigte er eine auffallende Charakterveränderung, er war gereizt, streitsüchtig und konnte keinen Alkohol mehr vertragen, der heftige Congestionen, verbunden mit Angst und Verwirrtheit, verursachte. Etwa vier Monate nach der Erkrankung erschlug er in einem solchen Zustande einen Arbeiter mit einem Schürhaken. Erst am folgenden Tage kam er zum Bewusstsein der That, die er nunmehr nicht begreifen konnte.

Wir haben als disponirende Ursache in dem vorstehenden Falle verschiedene Punkte aufzuführen: der durch ein organisches Herzleiden an und für sich zu Gehirncongestionen geneigte Mann acquirirte durch längeres Arbeiten in directer Sonnenhitze eine drei Wochen anhaltende Gehirnerkrankung, deren Folgezustände einerseits Charakterveränderungen, andererseits das Unvermögen, Alkohol zu vertragen, waren. In einer solchen, durch Alkohol bedingten Erregung gerieth er in Streit und erschlug in demselben seinen Gegner.

Dass wir es hier mit einem pathologischen Affect zu thun haben, ist zu beweisen durch die Dauer des krankhaften Zustandes, der bis zum anderen Tage währte, und durch die Höhe desselben, die ihn zum Todtschlag trieb. Dass ferner die That mit dem ganzen Gebahren des Angeklagten in normaler Zeit contrastirte, ergiebt sich daraus, dass er, zum Bewusstsein zurückgekehrt, dieselbe nicht begreifen konnte. Er erinnerte sich derselben, machte auch keine beschönigenden Ausflüchte, konnte sich aber nicht erklären, wie er dazu gekommen war.

Das Gutachten nahm an, dass zur Zeit der Begehung der That ein Zustand krankhafter Sinnesverwirrung bestanden habe, worauf der Angeklagte freigesprochen wurde.

Der Gerichtsarzt ist in einem solchen Falle mangels anderer gesetzlichen Bestimmungen genöthigt, sich auf den §. 51 des R.-St.-G.-B. zu stützen, d. h. er muss nachweisen, dass der Thäter sich zur Zeit der Begehung der That in einem Zustande von Bewusstlosigkeit befand, durch welchen seine freie Willensbestimmung ausgeschlossen war. Dass man unter Bewusstlosigkeit hier nicht ein Aufhören der das Bewusstsein zusammensetzenden psychischen Functionen zu verstehen hat, sondern dass nur eine mehr oder weniger ausgeprägte Bewusstseinsstörung nachzuweisen ist, habe ich später noch genauer zu besprechen. — Die Hauptsache bleibt eben auch hier die Frage nach der Verfassung des freien Willens im Momente der That.

Ausser dem §. 51 sind noch andere Gesetzesstellen des deutschen Strafgesetzbuches hier in Betracht zu ziehen, ich meine diejenigen Paragraphen, welche vom Todtschlag und vom Kindesmord sprechen. Während der kalt überlegte Mord mit dem Tode bestraft wird, hat das Gesetz für den Todtschlag im Affect oder für den Kindesmord, der gleichfalls unter pathologischen Verhältnissen begangen wird, weit mildere Strafen.

§. 213 sagt: „War der Todtschläger ohne eigene Schuld durch eine ihm oder einem Angehörigen zugefügte Misshandlung oder schwere Beleidigung von dem Getödteten zum Zorne gereizt und hierdurch auf der Stelle zur That hingerissen worden, oder sind andere mildernde Umstände vorhanden, so tritt Gefängnissstrafe nicht unter sechs Monaten ein." —

Ich betone ausdrücklich die Ausdrücke: „ohne eigene Schuld", „gereizt", „auf der Stelle zur That hingerissen worden". Diese Worte lassen deutlich erkennen, wie grosses Gewicht der Gesetzgeber auf die logischen Vorbedingungen der That, auf die begleitenden Umstände und auf die geistige Verfassung legt. Wenn Jemand durch irgend einen Umstand „auf der Stelle zu einer That hin-

gerissen wird", so wird er jedenfalls ganz anders zu beurtheilen
sein, wie der kalt überlegende Verbrecher. Wer hingerissen wird,
muss sich erst, wenigstens zum grossen Theile, seines freien Willens
begeben haben. Denn wer noch im vollen Besitze desselben ist,
hat auch noch Kraft genug, äusserer Bedingungen Herr zu werden.
Der weiter angezogene §. 217 ist der bekannte Kindesmord-
paragraph, den ich in einem späteren Kapitel bei der Besprechung
der aus dem Puerperium entspringenden Bewusstseinsveränderungen
noch eingehend zu erläutern haben werde.

Wir haben also nach dem deutschen Gesetz drei Möglichkeiten
der Beurtheilung:

1) Die Bewusstlosigkeit hat die freie Willensthätigkeit aufgehoben, dann tritt Straflosigkeit ein (§. 51).

2) Die äusseren Verhältnisse zwangen zu einer sofortigen
Gewaltthat, dann sind mildernde Umstände gegeben (§. 213).

3) Die äusseren Verhältnisse haben so auf die Psyche einge-
wirkt, dass der Thäter, resp. die Thäterin nicht für normal zu
nehmen ist, dann qualificirt sich die Ermordung eines Menschen,
der vorsätzliche Todtschlag als Kindesmord und wird als solcher
nicht mit dem Tode, sondern mit Zuchthaus nicht unter drei Jahren
bestraft (§. 217).

In anderen Ländern hat man dem pathologischen Affecte noch
weiter Rechnung getragen, als bei uns, so z. B. in Frankreich.
Wenn ein Ehemann directer Zeuge des Ehebruchs seiner Frau wird
und den Thäter sofort niederschlägt, so geht er straflos aus. Diese
humane Beurtheilung, welche die Rache für die Verletzung der
intimsten Familienverhältnisse erfährt, ist nur zu erklären, wenn
man sich den Affect des Rächers seiner Ehre vorstellen will.

Die Aehnlichkeit der im Affecte begangenen Delicte mit den
im Rausch verübten ist eine sehr grosse. In gewissen Fällen finden
wir auch eine Vereinigung beider Ursachen, d. h. der sonst affectlose Mensch hat durch Alkoholgenuss ein labileres Gleichgewicht
bekommen. Wir dürfen dann nicht vergessen, bei der Besprechung
der Affectursache den Affect selbst zu betonen, denn es kann sich
ereignen, dass das genossene Alkoholquantum minimal war und dass
ferner die Symptome des Rausches so geringe waren, dass sie von
der Umgebung übersehen werden konnten. Es ist in einem solchen

Falle ganz bestimmt und klar auszusprechen, dass nicht unter dem
alleinigen Einfluss des Alkohols die betreffende That begangen
wurde, sondern dass der Alkohol bloss die Disposition zum Affect
geschaffen hat. Dabei ist es nicht nothwendig, dass die gewöhnlichen Anzeigen der Trunkenheit, wie unsicherer Gang, lallende
Sprache u. s. w. vorhanden sind.

Meistentheils werden es Körperverletzungen sein, welche dem
pathologischen Affect ihre Entstehung verdanken; ferner werden
Brandstiftungen angeführt; in einzelnen Fällen haben wir es nicht
mit thätlichen Beleidigungen zu thun, sondern mit wörtlichen. Hierher gehörige Fälle sind in der Literatur in ziemlicher Menge zu
finden.

In den meisten Fällen wird der Richter dadurch zum Zweifel
an der Zurechnungsfähigkeit des Beschuldigten veranlasst, dass derselbe bei der Vernehmung entweder erklärt, er wisse von der That
nichts oder er könne nicht begreifen, wie er dazu gekommen. Des
Ferneren wird die That des genügenden Motives entbehren und mit
dem sonstigen Handeln des betreffenden Menschen nicht in Einklang
zu bringen sein. Rechnen wir noch als Begleiterscheinung den unvermittelten, impulsiven Charakter des Verbrechens hinzu, so dürften wohl die Hauptmomente des pathologischen Affectes angeführt sein.

Ist nun beim Richter der Zweifel geweckt, so wird er an den
Ausspruch des Sachverständigen appelliren. Derselbe hat vor allem
die Pflicht, bis ins Detail die Anamnese zu erheben, er muss sich
vergewissern, wie die hereditären Verhältnisse sind, ob der Beklagte
schwere fieberhafte oder schwächende Krankheiten (mit besonderer
Berücksichtigung der entzündlichen Erkrankungen des Gehirnes und
seiner Häute) überstanden hat, ferner, ob er grosse Sorgen und
Kummer im Beruf oder in der Familie erfuhr. — Von grosser
Wichtigkeit ist ferner, dass der Sachverständige sich den Charakter
des zu Untersuchenden nach Möglichkeit klar legt, es kann hier
auf eine für unscheinbar gehaltene Perversität ankommen. Er hat
ferner die Pflicht, festzustellen, ob der Charakter nicht einmal im
Laufe der Zeit und im Anschluss an einen tiefgreifenden seelischen
Eindruck oder eine schwere körperliche Erkrankung eine auffallende
Veränderung erlitten hat. — Wie sich der Inculpat gegen Alkohol

verhält, ist zu erforschen, sowie die Frage, ob hier eine Aenderung eingetreten ist.

Nachdem alles dies erledigt und klargestellt ist, also mit anderen Worten die Vergangenheit vor dem Untersuchenden ausgebreitet ist und alle Momente, die das Denken und Handeln bestimmen, bekannt sind, wird sich der Experte damit beschäftigen, die That selbst zu studiren. Es ist hier das Verhalten und vor allem das Aussehen des Beklagten während der Action, auf das ich besonderes Gewicht lege. Die Erzählung der unbetheiligten Beobachter, dass die Züge des Beschuldigten verzerrt waren, dass seine Augen rollten, sein Antlitz auffallend bleich oder geröthet war, sind uns werthvolle Fingerzeige. Ausserdem kommt die Art und Weise des Handelns in Betracht und hier wird man sich oft auf das impulsive Vorgehen stützen können. Den Schluss der Beobachtungen macht die Erforschung des Benehmens nach der That. War eine Bewusstseinspause vorhanden, so kann dieselbe auch nach dem Verbrechen noch angedauert haben. Es hat eine gewisse Zeit gedauert, bis „er wieder zu sich kam". Wenn der Beklagte ängstlich Umfrage nach den Details seines Verbrechens hält, wenn ihm Vieles von dem Erzählten nicht mehr im Gedächtniss blieb, er also verwundert seinen Berichterstattern zuhört, dann ist totale oder partielle Amnesie vorhanden. Wenn er sich über die Motive seiner That nicht Rechenschaft geben kann — vorausgesetzt natürlich, dass kein Zweifel an seiner Glaubwürdigkeit besteht — dann handelte er unter dem übermächtigen Druck äusserer Verhältnisse und unter Ausschluss seiner freien Willensbestimmung.

Der pathologische Affect hat so viele Aehnlichkeit mit anderen pathologischen Zuständen der Psyche, wie mit den transitorischen Psychosen, mit der Epilepsie, dem Alkoholismus, hängt ferner so häufig direkt von diesen ab, dass Uebergänge des einen in das andere nur natürlich sind. Ist die Beurtheilung der Affecthandlungen aber an und für sich schon eine sehr schwere, um so mehr wächst die Schwierigkeit, wenn complicirte Verhältnisse gegeben sind. — Der Mensch hängt so sehr von rein äusserlichen Bedingungen ab, ist in so hohem Grade oftmals nichts anderes als das Produkt aus den psychischen Entartungen seiner Vorfahren und seiner Zeit, dass es kein Wunder nimmt, wenn wir mitunter vor der Beurtheilung von Verbrechen stehen, deren Motive wir nicht ergründen können, weil sie dem Thäter selbst nicht klar werden. Ich bin überzeugt, dass mehr Gesetzesverletzungen dem pathologischen Affect ihre Entstehung verdanken, als wir sonst annehmen, dass ausserdem viele auch bei genauester Untersuchung nicht klargestellt werden können, aber das soll uns nicht abhalten, in jedem einzelnen Falle, der uns zur Beurtheilung überwiesen wird, immer wieder von Neuem den mühsamen Weg gerechter und ausführlicher Begutachtung zu wandeln. — Ein einziger Fall, in dem wir helfen können, mag uns dann für die anderen trösten, in denen die Wissenschaft und das Erkenntnissvermögen nicht ausreicht.

<hr>

Siebentes Capitel.

Schwangerschaft, Geburt und Lactation.

Baut sich schon das ganze geistige Leben des Weibes anders auf als das des Mannes, wird es mehr und leichter von Gemüthseindrücken geleitet, um wie viel intensiver muss dies der Fall sein, wenn körperliche Beschwerden das ohnedies labile psychische Gleichgewicht beeinflussen. Schon bei dem Ablauf der Menstruation entdecken wir eine Reihe von Charakterveränderungen, wie Launenhaftigkeit, depressive Stimmung, sogar ängstliche Erregung; Störungen des Bewusstseins finden wir in allen Phasen des Geschlechtslebens der Frau.

Das Weib ist in der Schwangerschaft, während der Geburt und die ganze Lactationsperiode hindurch solchen Schwankungen seines Gemüthslebens unterworfen, dass wir von Abnormitäten und Geisteskrankheiten sprechen können. Dies ist auch dem Neurologen sowohl wie dem Psychiater bekannt und der Einfluss der citirten Umstände wird oft genug in foro geltend gemacht.

Wenn wir uns eine Eintheilung machen, um das Gebiet besser übersehen zu können, so ergiebt sich dieselbe, wie aus dem vorhergehenden Satze ersichtlich ist, von selbst: Schwangerschaft, Geburt und Lactation, das sind die drei Epochen im Leben des Weibes, die durchgesprochen werden müssen, damit wir an der Hand der beobachteten Thatsachen feststellen können, wie im jeweiligen Falle die Verfassung des Bewusstseins ist.

Die Schwangerschaft ist für das ganze geistige und körperliche Leben des Weibes von weittragender Bedeutung und ruft grosse Umwälzungen hervor.

Die körperlichen Symptome sind theils solche von Seite des Herzens (Herzklopfen) und der Blutgefässe überhaupt (Schwindelzustände, Congestionen), theils solche des Verdauungsapparates. Hier beobachten wir vor Allem das bekannte Erbrechen der Schwangeren, das zwar meist ganz harmlos ist, aber mitunter einen ernsteren Charakter annimmt. Zu erwähnen wären hier noch die sogenannten Gelüste (picae), die viel Aehnlichkeit mit denen Hysterischer und Bleichsüchtiger haben und die sich darum drehen, dass die Schwangeren einen heftigen Wunsch nach unverdaulichen, zum Theil nach widerlichen Dingen haben. Sie essen Kreide, Erde, Würmer.

Viel wichtiger sind die psychischen Veränderungen. Wir haben es mit depressiven Zuständen, mit auffallendem Stimmungswechsel, Schlaflosigkeit zu thun. Die Depression tritt anfallsweise ein und äussert sich dann als heftige Angst oder sie zieht sich durch die ganze Gravidität hindurch und manifestirt sich durch mangelnde Lebensfreude, durch die Befürchtung, die Geburt würde eine schwere und schmerzhafte und bedrohe das Leben.

Der Stimmungswechsel ist in vielen Fällen abhängig von körperlichem Missbehagen, und dann erscheint er motivirt, in vielen Fällen aber ähnelt er dem der Hysterischen. Ohne positiven Rückhalt verändert sich das Benehmen gegen die Nächststehenden, gegen den Ehemann. Der Wille ist krankhaft alterirt, so dass immer nur das gewünscht wird, was die Anderen nicht wollen oder als unzuträglich bezeichnen. Die dabei bestehende Reizbarkeit lässt eine klare Betrachtung der gegebenen Verhältnisse nicht zu und Thränen und Jammern treten an die Stelle früherer gesunder Ueberlegung und Entschliessung. — Kurz darauf ist die Wolke am Horizont wieder verschwunden, die Stimmung schlägt ins Gegentheil um, grosse Pläne werden bezüglich des zu erwartenden Kindes geschmiedet, Liebkosungen der Umgebung treten an die Stelle der eben erst verschwundenen Reserve.

Die Schlaflosigkeit hat wohl meist ihren Grund in körperlichen Aenderungen, sei es, dass ungleiche Blutvertheilung sie und ausserdem heftige Kopfschmerzen veranlassen, sei es, dass die Kindesbewegungen so heftig sind, dass sie die Gravida am Einschlafen stören. Am wichtigsten sind aber die wirklichen Geistesstörungen in dieser Periode. Sie entstehen einerseits auf hereditärem Boden, so dass die Schwangerschaft nur das auslösende Moment ist, andererseits sind sie verursacht durch die verschiedenfachen Einwirkungen (Angst vor der Geburt, körperliches Uebelbefinden, schlechte Ernährung). Am intensivsten sind diese Umstände bei ausserehelich Geschwängerten. Hier tritt noch die Reue über den Fehltritt, die Sorge, dass der Zustand entdeckt wird, die Angst wegen der Folgen dazu, lauter Einflüsse, die um so schlimmer wirken, als sie unablässig thätig sind und mit dem Fortschritt der Gravidität natürlich immer mehr in den Vordergrund treten.

Wir beobachten am häufigsten die Melancholie, die mit energischer Nahrungsverweigerung, mit andauernder Schlaflosigkeit einhergeht und nicht selten Selbstmordversuche nach sich zieht. Sind Sinnestäuschungen mit im Spiele, so ist es klar, dass der Bewusstseinsinhalt von diesen alterirt wird. — Die seltener vorkommende Manie ist durchaus der classischen Tobsucht gleich. Dass aber auch die übrigen Geisteskrankheiten in der Gravidität beginnen oder von ihr verursacht werden können, bedarf wohl keiner besonderen Betonung.

Ich untersuchte im Jahre 1888 den Geisteszustand einer Schwangeren, die durch ihre unaufhörlichen Eifersuchtsausbrüche ihrer Umgebung verdächtig und lästig geworden war. Durch Sinnestäuschungen erfuhr sie, dass ihr Mann es mit der Magd halte, dass die beiden verabredeten, sie — die Frau — durch Gift aus der Welt zu schaffen. Sie schmeckte dieses Gift auch aus den Speisen heraus, ass dann mangelhaft, kam sehr herunter. Sie jammerte unausgesetzt über die Nachstellungen von Seite ihres Mannes, über dessen Schlechtigkeit, über ihr verlorenes Leben, compromittirte den Ehemann öffentlich. — Die Psychose, die nach dem dritten bis vierten Schwangerschaftsmonate eingesetzt hatte (verschiedene Graviditäten waren im Laufe der vorausgegangenen Jahre ohne jede

Störung zu Ende gegangen, verlor sich nach den späteren Aussagen
der Angehörigen bis zur Niederkunft vollständig, obwohl man nichts
anderes als eine Entfernung aus den häuslichen Verhältnissen und
den stillen Aufenthalt bei einer fürsorgenden Verwandten inscenirt
hatte.

Es giebt Frauen, die während jeder Schwangerschaft geistig
erkranken, ihre Niederkunft im Irrenhause absolviren, um dann
wieder zu genesen. Ebenso wird aber auch das Gegentheil beobachtet, dass ein vorhandenes psychisches Leiden jedesmal in der
Schwangerschaft zurücktritt, so dass, wie Griesinger hierzu bemerkt, die Betreffenden nur so lange vernünftig und zu ertragen
sind, als sie schwanger sind.*)

Wenn wir ferner bei Schwangeren das Vorkommen von Stehlsucht finden, so lässt sich dies, wenn alle übrigen Gründe (wie
schlechte Erziehung, Noth) nicht zutreffend sind, wahrscheinlich auf
dieselbe Stufe stellen, wie die oben angeführten Picae der Schwangeren. Dass kleptomanische Vorkommnisse auch die bestsituirten
und besterzogenen Familien heimsuchen, ist ein Beweis dafür, dass
die That einen krankhaften Ursprung hat. Ich will mich aber damit nicht zu einem Vertheidiger der Kleptomanie stempeln und bin
überzeugt, dass die krankhafte Stehlsucht ein sehr seltenes Ereigniss ist, dass aber eine nicht krankhafte Uebertretung des sieben-
ten Gebotes auch in Fällen vorkommt, die man logisch nicht erklären
kann und nicht vermuthet hätte.

Ein krankhaftes Symptom, das der Schwangerschaft und dem
Wochenbett gemeinsam ist, sind die eclamptischen Anfälle. Wir
verstehen darunter Convulsionen, die mit Verlust des Bewusstseins
verbunden sind. Nach dem Anfalle bleibt eine mehr oder weniger
deutlich ausgesprochene Benommenheit zurück. Die Kranke redet
verwirrtes Zeug, kann sich nicht in der Umgebung orientiren. —
Die Aehnlichkeit dieser Insulte mit epileptischen ist so gross, dass
ich auf das dort Gesagte verweisen kann.

Gehen wir nun zu dem Geburtsact selbst über, so wird die
Zahl der im krankhaften Zustande begangenen Delicte eine viel

---

*) Guislau, Leçons orales, II, p. 275, und Griesinger, Psychische
Krankheiten, p. 207.

grössere. Wir kommen hierbei auf das wichtige Kapitel des Kindes-
mordes zu sprechen, den auch schon der Gesetzgeber mit anderen
Augen betrachtet, wie den gewöhnlichen Mord. Unter Kindesmord
verstehen wir die Tödtung des eigenen unehelichen Kindes in
oder gleich nach der Geburt. Das deutsche Reichsstrafgesetzbuch
sagt im §. 217: „Eine Mutter, welche ihr uneheliches Kind in oder
gleich nach der Geburt vorsätzlich tödtet, wird mit Zuchthaus nicht
unter drei Jahren bestraft. Sind mildernde Umstände vorhanden,
so tritt Gefängnissstrafe nicht unter zwei Jahren ein." — Vergleichen
wir damit den ersten Paragraphen der Verbrechen und Vergehen
wider das Leben, den §. 211: „Wer vorsätzlich einen Menschen
tödtet, wird, wenn er die Tödtung mit Ueberlegung ausgeführt,
wegen Mordes mit dem Tode bestraft", so haben wir in beiden
Paragraphen eine Strafandrohung für die vorsätzliche Tödtung
eines Menschen. Aber in §. 211 heisst es: wenn er die Tödtung
mit Ueberlegung ausgeführt hat, und in §. 217, wo dies fehlt,
finden wir die Betonung auf dem Unverehelichtsein der Mutter,
die in oder unmittelbar nach der Geburt das Kind tödtet. Es
muss also der Grund, warum die angedrohten Strafen so ungleich
sind, wohl in diesen Beisätzen liegen, oder mit anderen Worten,
das uneheliche Gebären und der in direktem Zusammenhange mit
dem Geburtsact vollbrachte Mord muss ein anderer sein als der
gewöhnliche Mord, oder der uneheliche Geburtsact muss einen Mil-
derungsgrund in sich schliessen. Dieser Ansicht des deutschen
Strafgesetzbuches entsprechen nicht alle übrigen Gesetzgebungen.
Nach englischem Rechte ist der Kindesmord wie jede andere Mord-
that mit dem Tode zu bestrafen und der §. 300 des Code pénal betrachtet den Kindesmord gleichfalls als Mord und droht die Todes-
strafe an. §. 131 der peinlichen Halsgerichtsordnung Karls V. lautet:
„Item, welches Weib jre Kind, das Leben und glidmass empfangen
hett, heymlicher, bosshafftiger, williger weiss ertödtet, die werden
gewohnlich lebendig begraben vnd gepfelt." — Wir wollen nun versuchen, die Gründe, welche den deutschen Paragraphen geschaffen
haben, herauszufinden und werden dabei die Ueberzeugung gewinnen,
dass die deutsche Ansicht als die psychologisch richtigere den Vor-
zug verdient.

Bleiben wir gleich bei dem Begriffe „unehelich" stehen. Ist

schon die aussereheliche Schwangerschaft ein Zustand, den man unter allen Umständen zu verdecken sucht, um wie viel mehr die aussereheliche Geburt. Dieselbe wird also ohne menschliche Hilfe, ohne tröstlichen Zuspruch vor sich gehen, ja es wird sogar in vielen Fällen noch die Angst vor der Ueberraschung dazu kommen. Wir brauchen blos einmal einen Vergleich zu ziehen. Das Eheweib in halbwegs günstigen Verhältnissen wird in der Schwangerschaft nach Möglichkeit geschont, sie freut sich täglich auf den in Aussicht stehenden Sprössling, als ein neues Bindeglied der Ehe, alle möglichen Hoffnungen werden auf das Kind gesetzt und alle denkbaren Pläne geschmiedet. Dabei wird fürsorglich alles für den jungen Erdenbürger in Stand gesetzt. Und kommt dann die schwere Stunde herbei, dann ist Hilfe und Trost in der Nähe, und der Haupttrost ist ja vor allem die Freude auf das Kind. Ist dies nun endlich da, wie stolz nimmt die junge Mutter die Glückwünsche entgegen. — Ganz anders bei der unehelichen Gravidität. Alle Beschwerden des Zustandes müssen ohne Klage ertragen werden, das körperliche Wachsthum wird künstlich zurückgedrängt und verdeckt, wodurch die Beschwerden sich natürlich noch vergrössern. Dazu kommt der Umstand, dass die Schwangere noch gerade so arbeiten muss, wie vordem; man soll ihr ja nichts anmerken dürfen. Die Nächte sind schlaflos, weil die Sorge um die Zukunft quält und nagt; Scham wegen der verletzten Geschlechtsehre, Bangen um die eigene Existenz und um die des Kindes, Reue wegen des Fehltrittes, alles wirkt zusammen. Schliesslich kommt die gefürchtete Stunde herbei, die noch weitere Gründe in sich birgt, um das klare Bewusstsein zu verdunkeln, es sind dies die Schmerzen des Geburtsactes und der damit verbundene schwächende Blutverlust. Endlich ist das Kind geboren, die Mutter erschrickt über die Blutung, über das Aussehen des Kindes, hört dessen jämmerliches Schreien, fürchtet verrathen zu werden und drückt ihm mit der Hand die Kehle zu, bis es todt ist. — Dann kommt die Furcht vor der Entdeckung des Verbrechens und die Leiche wird in den Abort geworfen oder vergraben.

Es gilt das eben Angeführte nur als ein Beispiel, der Mordarten sind natürlich verschiedene: die Mutter drückt den Mund des Kindes mit einem Kissen zu, sie überdeckt es mit Bettstücken,

sie fasst es an den Beinen und zerschmettert ihm an der Bettlade
den Kopf, sie schleppt es hinaus auf den Hof und lässt es in der
Winterkälte unbedeckt liegen, und so liessen sich noch eine Reihe
von Modifikationen aufzählen. Ein anderer Fall ist gegeben, wenn
das Kind in dem Blute der Mutter erstickt. Die hierbei häufig
angeführte Entschuldigung, die Mutter sei aus Schwäche bewusstlos
geworden und sei dadurch nicht im Stande gewesen, dem Kinde
die nöthige Fürsorge angedeihen zu lassen, muss genau erwogen
werden, weil sie auf vollständiger Wahrheit beruhen kann. Man
darf nur nicht vergessen, dass die Gebärende ohne Hilfe und
ohne Zuspruch war und dass die Vorgänge bei der Geburt, die
Schmerzen, der Blutverlust sehr leicht eine Aufhebung des Bewusstseins veranlassen können, die so lange dauert, dass das Kind
während derselben zu Grunde geht. — Eine weitere Ausrede ist die,
die Geburt sei so plötzlich eingetreten, dass das Kind dabei aus
den mütterlichen Genitalien heraus auf den Boden fallend, sich zu
Tode gestürzt habe und dass dann die Mutter in ihrer Verzweiflung
und um den Geburtsact überhaupt zu verheimlichen, die Leiche
bei Seite geschafft habe. Dabei muss man sich vor allem vergegenwärtigen, dass derartige „Sturzgeburten" wirklich vorkommen können,
dass dabei die Nabelschnur entzwei reisst und dass die räumlichen
Verhältnisse der Geburtswege diesem beschleunigten Acte nicht
hinderlich sein dürfen. Dies lässt sich hinterher durch die Untersuchung feststellen, aber gehört nicht in den Rahmen meiner Erörterungen.

Wenn ich oben von Eclampsie gesprochen habe, so gilt dieselbe auch hier als Grund, das Bewusstsein aufzuheben. Wir
brauchen uns blos vorzustellen, dass während des Geburtsactes ein
solcher Anfall eintritt. Derselbe dauert analog dem epileptischen,
verschieden lange Zeit — von kaum einer Minute bis zu Viertel-
stunden oder, wenn mehrere Anfälle aufeinander folgen, bis zu einigen
Stunden. Ist nun Hilfe in der Nähe, so ist die Sachlage eine ganz
andere, als wenn die Gebärende allein ist. Während der Bewusstseinspause ist das Kind in der grössten Gefahr, umzukommen.

Wir sehen also, dass der Kindesmord mit Recht auf eine
andere Stufe gestellt wird, wie der Mord an einem erwachsenen
Menschen. Der Zusatz des §. 217: „in oder gleich nach der Geburt"

beschränkt den Begriff Kindesmord auf eine kurze Spanne Zeit. Denn wenn eine Mutter, nachdem die Einwirkungen des Geburts- actes vorüber sind, ihr Kind tödtet, so ist das ein Mord so gut resp. so schlecht wie jeder andere. Die Beeinträchtigung des Be- wusstseins durch eine Reihe schwächender Einflüsse, die ich schon aufgeführt habe, stellen den Kindesmord als eine Affecthandlung hin, die in milderem Lichte betrachtet werden muss, als der wohl- überlegte, vorsätzliche Mord eines Nebenmenschen. Freilich empört sich das ganze menschliche Gefühl gegen ein Verbrechen wider das Leben eines so hilflosen Wesens, wie es ein neugeborenes Kind ist, aber diese moralischen Bedenken bei der Bestrafung einer That werden paralysirt durch die Betrachtung des Geisteszustandes der unehelichen Mutter, die unter den ungünstigsten Verhältnissen einem Ereigniss entgegensieht, dass ihr nicht, wie anderen Müttern, Freude bringt, sondern nur Schande und Noth.

Der Gerichtsarzt hat als Experte in einem Falle von Kindes- mord zuerst die genaue Untersuchung der Mutter vorzunehmen, deren Resultat Aufschluss darüber geben kann, ob die Aussagen der Angeklagten glaubwürdig sind. Bei der Angabe einer Sturz- geburt wird die Beschaffenheit der Geburtswege und des Nabel- schnurrestes am Kinde diese Möglichkeit wahrscheinlich machen müssen, sonst wird man die Angabe als eine erlogene zurückweisen. Werden hysterische und epileptische Anfälle vorgeschützt, so müssen solche auch aus der Anamnese hervorgehen und in der späteren Beobachtungszeit vorkommen, bei den eclamptischen jedoch kann es vorkommen, dass sie mit der Geburt scharf abschneiden. Des ferneren ist die Leiche zu untersuchen. Es kann hierbei zu sehr wichtigen Fragen kommen: Eine Mutter giebt an, das Kind habe kein Lebenszeichen von sich gegeben, sie habe es nur deswegen vergraben oder ins Wasser geworfen, um die Geburt überhaupt zu verheimlichen. Nun findet sich bei der Untersuchung, dass das Kind zwar nicht gelebt hat (dass die Lungen nicht lufthaltig sind und bei der bekannten Schwimmprobe untersinken), dass aber die Leiche Fingereindrücke am Halse und am Nacken aufweist. Wir stehen nun vor der Alternative: hat die Mutter das todte Kind stranguliren wollen, weil sie nicht wusste, dass es schon todt war, oder sind die Fingereindrücke nur dadurch entstanden, dass die

Die Störungen des Bewusstseins. 161

Gebärende bei ihrer Selbstentbindung das Kind am Nacken und Hals erfasst hat, um es heraus zu ziehen? Man wird aus der Stellung der Eindrücke gegebenen Falles wohl Anhaltspunkte finden. Wenn die Mutter aber in einem Zustande von Bewusstlosigkeit das Kind getödtet hat, dann hat sie auch keinen Kindesmord begangen, ebensowenig wie diejenige einen Mord, die ihr Kind im Schlafe erdrückt hat. Stehen wir also vor der Behauptung, dass durch die Geburt und ihre Einflüsse eine Bewusstlosigkeit entstanden ist, in der das Kind umkam, sei es dass es erstickte, sei es dass es auf den Boden fiel oder erfroren ist, dann muss man das Benehmen der Angeklagten unmittelbar nach der That einer genauen Untersuchung unterziehen, ebenso wie ihren Geisteszustand überhaupt.

Bei der Angabe, es seien Krämpfe die Ursache der Bewusstseinsstörung gewesen, müssen sich ähnliche Zustände anamnestisch nachweisen lassen. Wird eine ohnmachtähnliche Schwäche, die durch den Blutverlust entstand, vorgeschützt, dann ist es unmöglich, dass die Mutter kurze Zeit nach der Entbindung ihren gewöhnlichen Geschäften nachgeht, als ob nichts vorgefallen wäre. Wir dürfen also in allen denjenigen Fällen, wo die Mutter unmittelbar nach der Geburt deren Anzeichen zu verbergen gesucht hat, wo sie also mit anderen Worten so gehandelt hat, wie es ein Verbrecher thut. der der Strafe zu entgehen sucht, annehmen, dass das Bewusstsein zur Zeit der That nicht aufgehoben war. Anders ist die Frage, ob das Bewusstsein nicht getrübt gewesen, und da kommen wir wieder auf das schon oben Gesagte zurück, dass der Gesetzgeber die ausserehelich Gebärende während des Geburtsactes und gleich nach demselben als in einem Ausnahmezustand befindlich ansieht, in einem Zustand, wo Schmerzen, Blutverluste, Schamgefühl, Sorge und Angst um die Zukunft zusammenwirken, um das Bewusstsein von Recht und Unrecht so zu beeinflussen, dass es dem Menschen nicht mehr als guter Rathgeber zur Seite steht.

Die Geisteskrankheiten, die durch die Geburt ausgelöst werden und die sich unmittelbar an dieselbe anschliessen, müssen strenge auseinandergehalten werden. Denn wenn der Geburtsact an und für sich durch die heftigen Schmerzen oder durch die Erregung die Ursache für eine geistige Störung ist, so können wir annehmen,

Müller, Psychopathologie. 11

dass, da mit der Beendigung des Actes die Schädlichkeit beseitigt ist, auch rasch die restitutio ad integrum erfolgt, während andererseits die im Wochenbett resp. in der Lactation sich ausbildenden Psychosen anderen Charakter und längere Dauer haben.

Es sind nun eine Reihe von Beobachtungen vorhanden, dass während der Geburt resp. während des Durchtrittes des Kindes sich Delirien einstellten, in denen die betreffende Frau sich und ihre Umgebung beschädige, ohne dass man sie dafür verantwortlich machen konnte. Solche Fälle sind von W. F. Montgomery und von Peter Müller beobachtet; zu den letzteren bemerkt der genannte Autor, dass schon vor der Conception Anzeichen von Hysterie vorhanden waren, so dass man die Störung während des Geburtsactes als ein vorübergehendes hysterisches Irresein auffassen konnte. Abgesehen davon lässt sich ohne Weiteres annehmen, dass der Geburtsact als solcher auf ein zartes Frauengemüth so einwirken kann, dass ein deliranter Zustand sich herausbildet.

Haben nun diese Erscheinungen auch keine üble Prognose, weil ja die Schädlichkeit rasch vorübergeht, so haben sie um so grössere forensische Bedeutung. Sie veranlassen gegebenen Falles eine Gewaltthat, die mit dem übrigen Thun und Denken des Individuums contrastirt, die von ihm später auf das lebhafteste bereut und als unerklärlich bezeichnet wird. Ich nehme an, dass eine Mutter, die während der Geburt in ein Delirium verfiel, sofort nach Beendigung derselben ihr Kind getödtet hat. Kurz darauf, vielleicht schon nach einer Stunde, kehrt allmählich das klare Bewusstsein zurück, die That ist entweder vollständig vergessen oder haftet nur dämmerhaft im Gedächtniss. Der klare Geisteszustand steht dem Verbrechen fremd gegenüber, beklagt und verabscheut das Vollendete. Hier ist die That ein Ausfluss des Deliriums gewesen, es kommt also darauf an, dass die Umgebung das Vorhandensein des Deliriums erkannt hatte. Ist dies der Fall, dann ist die That als in einem krankhaften Zustand von Bewusstseinsstörung begangen anzusehen. Und es wird, wenn irgend verständige Menschen der Geburt beigewohnt haben, nicht schwer werden, die psychische Alienation nachzuweisen.

Anders liegt der Fall, wenn der Geburtsact keine Zeugen hatte: Aus dem geistigen Befinden der Mutter einen oder mehrere Tage

nach der That, kann der Sachverständige nicht ersehen, dass dieselbe unmittelbar nach der Geburt in einem durch diese selbst
ausgelösten Delirium handelte. Er muss sich auf die Aussagen der
Angeklagten stützen und muss nachforschen, inwieweit dieselben
verdienen, als glaubwürdig angesehen zu werden. Vor allem wird
die Mutter immer wieder betonen, sie wisse entweder gar nicht,
dass sie die That begangen hat, oder sie könne sich nicht erklären,
warum sie dieselbe beging. Ferner wird sich daran ein grosser
Schmerz anschliessen, dass das Kind auf solche Weise hat um-
kommen müssen, und endlich werden sich keine genügenden Motive
zu einem Kindesmord auffinden lassen. — Nicht ein einzelner dieser
eben angeführten Gründe wird den Experten in seinem Urtheil bestimmen, aber alle zusammen miteinander verglichen, sind wohl im
Stande ihn auf die rechte Spur zu bringen.

Spiegelberg*) äussert sich über die acuten psychischen Störungen in nachfolgender vortrefflicher Weise:

„Die nervöse Erregung, welche die Geburt bisweilen erzeugt,
kann bei sehr ungeduldigen und empfindlichen Personen unter Umständen zu einer vorübergehenden Alienation sich steigern, und je
nach der Individualität zu einer vorübergehenden Bewusstlosigkeit
oder zu maniakalischen Delirien führen. Diese transitorischen Zustände (acutes Delirium) werden wesentlich unter schnell einander
folgenden, starken und lange anhaltenden Wehen beobachtet, welche
die Kreissende in fortwährender Anstrengung und Unruhe halten
und sie kaum zu momentaner Erholung und Besinnung kommen
lassen, und der Schmerzhaftigkeit der einzelnen Geburtsstadien entsprechend, hauptsächlich am Ende der Erweiterung des Mutter-
mundes, wo dessen Ränder auf das Aeusserste gespannt sind, und
beim Durchtritte des Kopfes durch die Vulva gesehen. Hin und wieder
tritt auch gleich nach Ausstossung des Kindes eine kurze Bewusstlosigkeit oder ein Verzweiflungszustand mit Tobsuchtsanfällen ein,
wenn die vorhergehenden Schmerzen resp. deren Aeusserung unterdrückt wurden, und es ist wohl verständlich, dass aus solchem Zustande hervorgehende Angriffe auf den vermeintlichen Urheber der
Schmerzen, das Kind, gerichtet werden. Diese transitorische Manie

---

*) Lehrbuch der Geburtshilfe. p. 644.

hat in Rücksicht darauf, dass gerade heimlich Gebärende am ehesten in die erwähnte Lage versetzt sind, forensische Bedeutung." An zweiter Stelle haben wir uns mit den geistigen Störungen im Wochenbett zu beschäftigen und da sich ungezwungen daran auch diejenigen der Lactationsperiode anschliessen, so will ich dieselben mit behandeln.

Am ersten müssen wir uns über diejenigen Störungen unterrichten, die aus dem sogenannten Puerperalfieber entstehen. Wir wissen, dass durch mangelhafte Reinlichkeit die Wöchnerin einer Infectionskrankheit mit excessiver Temperaturerhöhung — dem Puerperalfieber — anheimfällt. Die Steigerung der Körpertemperatur ist es nun, welche wie bei jedem anderen Fieber delirante Zustände, Umnebelungen und Aufhebung des Bewusstseins verursacht. Es sind dies genau dieselben Thatsachen, wie wir sie schon früher bei der Schilderung des Fieberdeliriums kennen gelernt haben. Die Art dieser Wochenbettserkrankung ist so charakteristisch, dass sie kaum verwechselt werden kann und sind deshalb auch die im Puerperalfieber vollbrachten Gesetzesverletzungen leicht als solche zu erkennen, die straflos bleiben müssen.

An zweiter Stelle wollen wir diejenigen Psychosen betrachten, welche sich im Wochenbett unabhängig von Fieberzuständen entwickeln. Es werden hier die verschiedenartigsten Störungen beobachtet, maniakalische Aufregungszustände, hallucinatorische Verwirrtheiten und melancholische Erkrankungen. Es ist hier nicht der Platz, sich über die Häufigkeit des Vorkommens der einzelnen Arten, über deren Dauer und Heilbarkeit zu verbreiten, uns interessirt an dieser Stelle nur die Verfassung des Bewusstseins während derselben und da irgend ausgesprochene Fälle der Irrenanstalt zugeführt werden, die sie vor Gesetzesverletzungen schützt, so sind es nur die Anfänge der betreffenden Krankheiten resp. die Krankheit von ihrem Beginne bis zur Ueberführung in die Anstalt und zweitens solche Fälle, die anscheinend milder verlaufen und aus diesem Grunde die Ueberwachung in einer Specialheilanstalt als nicht nothwendig erscheinen lassen.

Haben wir es mit einem maniakalischen Erregungszustand zu thun, so sind es genau dieselben Symptome, wie sie bei der Manie überhaupt zu Tage treten, nur haben wir bei der puerperalen Manie

ein sehr kurzes Prodromalstadium melancholischer Verstimmung,
das oft nur einen Tag dauert. Die puerperalen Tobsuchten sind
im Allgemeinen recht schwere Krankheitsfälle mit tiefen Bewusstseinsstörungen, die natürlich das Zustandekommen der schwersten
Verbrechen begünstigen. Die Verbrechen drehen sich meist um
Verletzungen an Leben und Gesundheit des Kindes, insofern als
dasselbe vernachlässigt in seiner Hilflosigkeit umkommt oder indem
es einem direkten Angriffe unterliegt.. Die Bewusstseinsstörung ist
hier immer leicht nachzuweisen und sollten ja diagnostische Schwierigkeiten sich ergeben, so werden dieselben sicher während des Ver-
laufes der Krankheit gehoben. Die hochgradige Verwirrtheit während der puerperalen Manie erklärt sich wohl am besten durch
die in grosser Zahl und Abwechselung auftretenden Hallucinationen.
Auf die Manie pflegt, wahrscheinlich veranlasst durch die schwächen-
den Einflüsse des Puerperiums überhaupt und ferner durch diejenigen,
welche die Psychose mit sich bringt, ein länger andauernder Stupor
zu folgen, in dem noch häufige impulsive Gewaltacte möglich sind.

Melancholien werden als im Wochenbett beginnend, seltener
beobachtet. Es ist die Melancholie die eigentliche Psychose der
Lactationszeit. Hier sind es vor allem wieder schwächende Einflüsse, die wir für das Entstehen der Krankheit verantwortlich
machen müssen. Zu den Einwirkungen der Geburt, den dabei stattfindenden Blutverlusten, kommt noch als cumulirend die schwächende
Lactation. Ich will nicht behaupten, dass in dieser Zeit keine
Manien vorkämen, es werden deren im Gegentheil ziemlich viele
beobachtet, aber das grössere Contingent stellt die Melancholie.
Dass in derselben sich neben einem oft lange andauernden Stadium
von Selbstmordsucht noch der Trieb einstellt, das Kind zu be-
schädigen oder ums Leben zu bringen, ist bei der Art der Erkrankung und bei dem Gedankenkreis, in dem sich die erkrankte
stillende Mutter bewegt, eigentlich selbstverständlich. Wir erleben
hier die schrecklichen Verbrechen, wo die Mutter in ihrer quälen-
den Angst nicht nur das Jüngstgeborene, sondern auch etwa vorhandene ältere Kinder tödtet und dann Hand an sich selbst legt.
Die unnatürlichsten Verbrechen erwachsen auf dem Boden schwer-
müthiger Verstimmung oder durch hallucinatorische Antriebe melan-
cholisch Erkrankter.

Möge ein Beispiel aus dem Leben das soeben Besprochene illustriren: Eine verheirathete Frau, die mit ihrem Manne in auskömmlichen Verhältnissen lebte, hatte zwei Kinder von etwa drei Jahren und einem Jahre. Als sie anfing, das letztere zu entwöhnen, änderte sich ihr Charakter. Sie wurde wortkarg, stellte die Besuche bei ihren Bekannten ein, verrichtete aber noch ihre gewöhnlichen Arbeiten. Ohne irgendwelche Ursache warf sie plötzlich ihre beiden Kinder aus dem Fenster auf das Strassenpflaster und stürzte sich dann selbst in die Tiefe. Das ältere Kind war sofort todt, das jüngere starb nach kurzer Zeit. Die Frau selbst, die schwere Verletzungen am Schädel erlitten hatte, kam trotzdem wieder zum Bewusstsein. Sie hatte keine Ahnung von ihrer schrecklichen That, fragte sogar, wo ihre Kinder wären, und freute sich sehr darüber, als man ihr — in Rücksicht auf ihren Zustand — sagte, sie befänden sich wohl.

Mitunter wird ein Wechsel von Manie und Melancholie beobachtet, der dann nicht selten in secundäre Verrücktheit übergeht.

Ich muss noch einmal auf die Eclampsie zurückkommen. Die neueren Ansichten über die Entstehung dieser Zufälle gehen dahin, dass diese mit krankhaften Veränderungen der Nieren Hand in Hand gehen. Es werden demnach die eclamptischen Anfälle als durch eine Zurückhaltung des Harnstoffes im Blute bedingt angesehen und stehen mithin auf demselben Boden, wie die durch Urämie entstehenden Convulsionen. Diese Lehre wurde von Frerichs begründet, hat aber zahlreiche Gegner, denn einerseits kann bei vielen an Eclampsie Leidenden keine Nierenaffection nachgewiesen werden und andererseits verlaufen sehr viele chronische Krankheiten der Niere, wie beispielsweise der Morbus Brightii, ohne dass jemals intercurrent ein eclamptischer Anfall aufträte. Die Gegner haben deshalb die Ansicht aufgestellt, dass die Eclampsie dann eintritt, wenn bei plötzlicher Aortendrucksteigerung ein acutes Gehirnödem entsteht, wobei eine ebenso acute Gehirnanämie die Folge ist. Da hier nicht der Platz ist, sich weitläufig über die Berechtigung dieser beiden Theorieen, über ein eventuelles Ueberwiegen der einen über die andere auszusprechen, so genügt die einfache Anführung derselben.

Im Allgemeinen ist Eclampsie selten, sie tritt nach Krafft-

Ebing unter 400 Fällen einmal auf. Der Umstand, dass manchmal längere Zeiträume verstreichen, in denen kein einziger Fall auftritt, während zu anderen Zeiten der Geburtshelfer eine rasche Anhäufung der Eclampsie in kleineren Zeitabschnitten constatiren kann, veranlasste Spiegelberg, der übrigens die Verhältnisszahl 1 : 500 noch als zu hoch gegriffen bezeichnete, zu dem Hinweis auf atmosphärische Einflüsse.

Die Eclampsie kommt in allen Stadien der Schwangerschaft zur Beobachtung, die Fälle mehren sich, je näher die Geburt heranrückt, und sind am allerhäufigsten während der Geburt selbst. In den Symptomen dem epileptischen Insult gleich, finden wir eine Verschiedenheit in der Dauer, die bei der Eclampsie nur in vereinzelten Fällen eine Minute übersteigt. Dafür aber wiederholen sich die eclamptischen Anfälle sehr rasch, so dass ein Anfall in den anderen übergehen kann, ohne dass das Bewusstsein in der Zwischenzeit klar geworden wäre. Letzteres zeigt immer eine tiefe Störung, ist vollständig aufgehoben und auch nach dem Anfall besteht durch längere Zeit ein Stadium schwerer Somnolenz.

Es kann nun vorkommen, dass in den krampffreien Zwischenzeiten sich bei Andauer der Bewusstlosigkeit eine Erregung einstellt, die zu sinn- und rücksichtslosen Gewaltthätigkeiten Veranlassung giebt oder dass mit den Krämpfen Delirien abwechseln.

Im gegebenen Falle hat sich der Sachverständige die Differentialdiagnose klar zu stellen. In Frage kommt hierbei die Hysterie und die Epilepsie. Vor Allem wird er die Anamnese berücksichtigen, die besonders bei etwaiger früherer Epilepsie werthvolle Anhaltspunkte giebt. Auch die Beobachtung des Einzelanfalles kann ihn bei der Kürze der einzelnen Krampfattaque auf den richtigen Weg bringen. Zum Dritten ist das psychische Befinden unmittelbar nach dem Anfall genau zu beachten: es kann ja vorkommen, dass auf einen epileptischen Insult eine protrahirte Somnolenz folgt, aber das ist nicht die Regel dabei, ebensowenig bei der Hysterie, während es bei der Eclampsie constant ist. Am allermeisten aber wird er sein Augenmerk auf den Ablauf der Nierenfunctionen richten. Es braucht nicht gerade eine entzündliche Erkrankung der Nieren vorzuliegen, sondern es kann auch bei länger dauernder Geburt und vorliegendem Kopfe durch Compression der Harnröhre eine

Retention des Urins in der Harnblase stattfinden, wie uns dies ein von Spiegelberg in seinem „Lehrbuch der Geburtshilfe"*) angeführter Fall lehrt.

Alle diese Ausführungen sind recht schön und klar, wenn der Geburtsact beobachtet wird; dann ist ja auch anderweitig Hilfe vorhanden, um etwaige krankhafte Willensäusserungen zu unterdrücken oder wenigstens unschädlich verlaufen zu lassen. Wie aber, wenn die Geburt heimlich, ferne von einem beobachtenden Auge und von menschlicher Hilfe vor sich geht? — Dann bleibt nur die Anamnese als letztes Aushilfsmittel übrig, um einen Lichtstrahl auf einen Vorgang zu werfen, der einem krankhaft gestörten Gehirnleben seine Entstehung verdankte.

---

*) l. c. p. 515.

Dritter Theil.

Bewusstseinsstörungen und Strafgesetz.

Den Schluss meiner Ausführungen möge noch eine kurze Betrachtung darüber machen, wie sich die Gesetzgebung der verschiedenen Zeiten und Länder zu den behandelten Störungen gestellt hat. — Bis zum Anfange unseres Jahrhunderts ist nicht viel Gutes zu berichten. Denn während man im Alterthum Hypnotische, Hysterische und Epileptiker nur zu oft als übernatürliche Menschen ansah, die Kräfte besassen, welche anderen Sterblichen fehlten und während man aus diesem Grunde solche Unglückliche eher als Heilige wie als Verbrecher behandelte, brachte uns das Mittelalter die Hexenprocesse. — Der psychisch abnorm Veranlagte war in ständiger Gefahr, seine Excentricität auf dem Scheiterhaufen zu büssen. Von einer sachgemässen Untersuchung oder gar Beurtheilung konnte deshalb keine Rede sein. — Eine Wandlung hierin hat erst die moderne Gesetzgebung gebracht. Wenn wir die Gesetzbücher unseres Jahrhunderts nachschlagen, so finden wir folgende Stellen, die für uns von Bedeutung sind:

§. 2 des österreichischen allgemeinen Strafgesetzes sagt: „daher wird die Handlung .. nicht als Verbrechen zugerechnet, wenn die Handlung

c) in einer ohne Absicht auf das Verbrechen zugezogenen Berauschung oder einer anderen Sinnesverwirrung, in welcher der Thäter sich seiner Handlung nicht bewusst war, begangen worden, und g) wenn die That durch unwiderstehlichen Zwang erfolgte."

Ein bayerisches Gesetz vom 29. August 1848 enthält den Satz: „Wenn das Bewusstsein der Strafbarkeit der Handlung in dem Verbrecher zur Zeit der begangenen That zwar nicht gänzlich aufgehoben, aber doch durch grosse Geistesbeschränktheit, durch Altersschwäche, durch Gemüthskrankheit, durch unverschuldete Trunkenheit oder durch eine derartige Verwirrung der Sinne oder des Verstandes in so hohem Grade getrübt war, dass die Zurechnungsfähigkeit als gemindert erklärt wird, so darf auf eine geringere als die gesetzliche Strafe erkannt werden."

Der Artikel 67 des Strafgesetzbuches für das Königreich Bayern vom 10. November 1861 lautet: „Eine strafbare Handlung ist nicht vorhanden, wenn dem Handelnden zur Zeit der That wegen Blödsinns, Wahnsinns, Raserei, höchsten Grades der Betrunkenheit oder aus ähnlichen Ursachen die Fähigkeit der Selbstbestimmung oder die zur Erkenntniss der Strafbarkeit der That nöthige Urtheilskraft gänzlich gemangelt hat.

Gleiches gilt in dem Falle, wenn zur Zeit der That die Freiheit der Willensbestimmung des Handelnden durch Gewalt oder Drohung gegen ihn oder einen seiner in Art. 61 genannten Angehörigen (Verwandte und Verschwägerte u. s. w.) oder durch Nothstand ausgeschlossen war."

In der Anmerkung steht, dass, nach den Motiven des von der Staatsregierung im Jahre 1853/55 vorgelegten Entwurfes, in den wirklich erwiesenen Fällen die über die Thatfrage urtheilenden Geschworenen oder Richter nach Erwägung aller Umstände und nach ihrem durch ärztliches Urtheil keineswegs gebundenen Ermessen zu entscheiden haben, ob die Voraussetzungen dieses Artikels vorliegen. —

Sächsisches Strafgesetzbuch Art. 87 (1868): „Die Fähigkeit der Selbstbestimmung ist bei Personen, welche das 14. Lebensjahr zurückgelegt haben, vorauszusetzen, dafern nicht nachgewiesen werden kann, dass sie . . .

c) die That in einem bewusstlosen Zustande oder während einer Seelenkrankheit verübt haben, welche den Vernunftgebrauch im Allgemeinen oder in der besonderen Richtung, welche bei der That in Betracht kommt, gänzlich aufhebt."

Hannoverisches Strafgesetzbuch Art. 83: „Es bleiben mit aller Criminalstrafe verschont:

2) Solche, welche an Raserei, allgemeinem oder besonderem Wahnsinn oder überhaupt an einer Geisteszerrüttung oder Gemüthskrankheit leiden, durch welche der Vernunftgebrauch aufgehoben wird."

Württembergisches Strafgesetz Art. 97 (1839): „Eine unerlaubte Handlung ist straflos, wenn sie in einem Zustande begangen wurde, in welchem der freie Gebrauch der Vernunft aufgehoben war. Dahin gehört hauptsächlich Raserei, allgemeiner und besonderer Wahnsinn, völliger Blödsinn und vorübergehende gänzliche Verwirrung der Sinne und des Verstandes."

In der Beilage zu Nr. XI des Badischen Regierungsblattes von 1845 finden wir:

§. 71. Die Zurechnung ist ausgeschlossen durch jeden Zustand, in welchem das Bewusstsein der Strafbarkeit der Handlung oder die Willkür des Handelnden fehlt.

§. 75. Zu den Zuständen, welche unter der Voraussetzung des §. 71 die Zurechnung ausschliessen, gehört namentlich Raserei, Wahnsinn, Verrücktheit, völliger Blödsinn und vorübergehende gänzliche Verwirrung der Sinne oder des Verstandes." —

Wir wundern uns bei der Durchsicht der Gesetzesstellen über die Nebeneinanderstellung der Begriffe Wahnsinn und Verrücktheit, die doch nach unserer Nomenclatur das Gleiche bezeichnen. Damals verstand man aber unter den zwei Worten noch nicht das, womit sie sich jetzt decken, nämlich die Paranoia, sondern man musste sich bei der Unkenntniss des Krankheitsbildes der Dementia paralytica und der classischen hallucinatorischen Verrücktheit mit mehr allgemein gehaltenen Ausdrücken, wie Wahnsinn und Verrücktheit, behelfen und begnügen.

Alle diese Gesetze wurden abgelöst durch das Strafgesetzbuch für das Deutsche Reich, das aus dem Strafgesetzbuch für den Norddeutschen Bund hervorgegangen ist und am 1. Januar 1871 resp. 1872 eingeführt wurde. Aus demselben interessirt uns für die vorliegende Arbeit am meisten der §. 51:

„Eine strafbare Handlung ist nicht vorhanden, wenn der Thäter zur Zeit der Begehung der Handlung sich in einem Zustande von

Bewusstlosigkeit oder krankhafter Störung der Geistesthätigkeit befand, durch welchen seine freie Willensbestimmung ausgeschlossen
war."

Der letzte Relativsatz, welcher mit den Worten „durch welchen"
eingeleitet wird, bezieht sich auf das Substantivum „Zustand"; mithin sind als Ursache für die Ausschliessung des freien Willens zwei
Momente gegeben, nämlich:

1) die Bewusstlosigkeit, und
2) die krankhafte Störung der Geistesthätigkeit.

Ich betone diese aus dem Wortlaut des Gesetzes geschöpfte
Detaillirung um so mehr, als falsche Citirungen des Relativsatzes
zu falschen, wenn auch recht geistreichen Erklärungen Veranlassung
waren. Es sind mir zwei solche Fälle bekannt: Schäfer führte in
einem Artikel in der Vierteljahrsschrift für gerichtliche Medizin den
§. 51 in unrichtiger Weise an, worauf Mendel in der Jahresver-
sammlung des Vereines deutscher Irrenärzte zu Baden die Rectification brachte. Das diesbezügliche Referat findet sich in der Allg.
Zeitschrift für Psychiatrie, Jahrg. 1886, p. 499.

Der zweite, dem dasselbe Malheur begegnete, war Rieger und
zwar in seinem Werke: „Der Hypnotismus"*). Da sich derselbe über
den Relativsatz weiter auslässt und seine Mittheilungen trotz des
unrichtigen Ausgangspunktes von grossem Interesse sind, so will
ich hier dieselben im Wortlaut anführen. Es heisst in dem genannten
Buche**): „Der Relativsatz: „„durch welche seine freie Willensbestimmung ausgeschlossen war"" bezieht sich dem deutlichen Wortlaut nach nicht auf das Wort „Zustand", da das Femininum gebraucht ist. Das „welche" könnte aber pluraliter gemeint sein und
sich auf die beiden Begriffe Bewusstlosigkeit und krankhafte Störung
der Geistesthätigkeit beziehen. Dann wäre aber einmal grammati-
kalisch unklar, warum das Relativum dann nicht vollends besser im
Masculinum und Singularis auf „Zustand" bezogen ist, und zweitens
dürfte ein Zustand von „Bewusstlosigkeit" so absolut für Jedermanns
Urtheil die freie Willensbestimmung ausschliessen, dass der Zusatz
nur seiner Selbstverständlichkeit wegen störend würde. Es ist ja
gewiss ein grosser, der Wissenschaft zu dankender Fortschritt darin

---

*) Jena, Fischer, 1884.
**) p. 84.

ausgedrückt, wenn durch diesen Paragraphen überhaupt von vornherein anerkannt ist, dass es nicht nur solche „bewusstlose" Zustände giebt, in denen überhaupt jede Thätigkeit aufgehoben ist,
sondern auch solche, in denen sogar strafbare Handlungen begangen
werden können. Aber eine „freie Willensbestimmung" ohne Bewusstsein ist doch undenkbar, wenn überhaupt das Wort „Bewusstsein" noch einen Sinn haben soll, und darum wäre in Bezug hierauf
der Relativsatz völlig überflüssig. Anders ist es nun allerdings mit
demselben, wenn er sich nur auf krankhafte Störung der Geistesthätigkeit beziehen soll, wogegen seitens des Wortlautes nichts im
Wege steht. Hierbei kommt nämlich eine Frage in Betracht, die
in der That durchaus nicht unpraktisch und deren Beantwortung
nicht selbstverständlich ist. Und hier handelt es sich eben um
Fälle, wo trotz der notorischen Geistesstörung das Individuum so
handelt, wie es auch ohne Geistesstörung handeln würde, wo eine
strafbare Handlung im abnormen Geisteszustand eben einfach gerade
so gut begangen würde wie unter gegebenen Umständen auch im
Normalzustande. Wenn wir sehen, wie die eine That begangen,
die andere nicht begangen wird, je nach dem Charakter des Individuums überhaupt, so dürfen wir auch nicht sagen, dass die freie
Willensbestimmung durch den Zustand krankhafter Störung der
Geistesthätigkeit aufgehoben war. Fassen wir also den erwähnten
Beisatz als eine wesentliche Bestimmung des Paragraphen, so
muss in manchen Fällen bei notorisch Geisteskranken das Vorhandensein einer strafbaren Handlung angenommen werden. Der
Hauptpunkt, um den es sich hier handelt, ist der, dass eine Geistesstörung durchaus nicht alle Handlungen zu berühren braucht, dass
sie für Viele ganz indifferent sein kann. Und in solchen Fällen
kommt in praxi erfahrungsgemäss etwas ganz anderes in Betracht,
als die Frage nach dem Ausschluss der freien Willensbestimmung."

Nunmehr führt Rieger ein Beispiel an, dass ein Verrückter,
der ganz gut zu discipliniren war, im Disput einen Wärter schwer
verletzte. Der Kranke zeigte Reue, wusste, was er begangen hatte,
und vollbrachte eine That, die mit seinen Wahnideen gar nicht in
Zusammenhang gebracht werden konnte. Er war also in dem angezogenen Falle ebenso gut zurechnungsfähig wie irgend ein Geistes-
gesunder. Er wäre trotzdem von keinem Gericht bestraft worden,

es wurde überhaupt gar keine Anklage gegen ihn erhoben, denn er befand sich ja im Allgemeinen und chronisch in einem Zustande krankhafter Störung der Geistesthätigkeit. „Jener Zusatz des §. 51 — durch welchen seine freie Willensbestimmung ausgeschlossen war — wird aber dabei ganz vernachlässigt und muss es auch werden. Derartige Individuen haben durch ihre Verrücktheit eine Art Freibrief, die bekannte Narrenfreiheit. Das innerste Motiv für deren Gewährung ist nicht so sehr der bestimmte Gedanke an Unzurechnungsfähigkeit des Betreffenden, als vielmehr das allgemein menschliche Gefühl, dass das Unglück verrückt zu sein, schlimmer ist, als alle Strafen. Die Betreffenden müssen dann consequenterweise einfach zeitlebens in einer Irrenanstalt internirt werden, statt wie andere Delinquenten eine Strafe abzubüssen."

Man kann den Auseinandersetzungen Rieger's die Anerkennung nicht versagen, dass sie mit grossem Geschick gegeben sind. Und trotzdem sind sie überflüssig gewesen, weil sie sich auf einer falschen Prämisse aufbauen, weil der Wortlaut des Gesetzes in Wirklichkeit ein anderer ist. — Ich habe mich bemüht, herauszubringen, auf welche Weise das falsche Citat in Rieger's Buch gekommen ist, da ich ohne Weiteres annehme, dass er nicht falsch gelesen hat. Er muss also ein Gesetzbuch vor sich gehabt haben, in welchem der ominöse Relativsatz wirklich so steht, wie er ihn anführt. Ich habe nun Folgendes gefunden:

Das Deutsche Reichsstrafgesetzbuch, das am 30. August 1871 für Elsass-Lothringen in Kraft trat, wurde im übrigen Deutschland am 1. Januar 1872 eingeführt und löste in Norddeutschland das Strafgesetzbuch für den Norddeutschen Bund vom Jahre 1870 ab. Und in diesem heisst es wirklich nicht „durch welchen", sondern „durch welche". Es ist also kaum anders anzunehmen, als dass Schäfer sowohl wie Rieger seinerzeit noch eine Gesetzesausgabe für Norddeutschland statt der für das Reich geltenden vorgelegen hat.

Unser heute gültiges Gesetzbuch stellt Geisteskrankheit und Bewusstlosigkeit als die beiden Ursachen des Ausschlusses des freien Willens dar. Ueber den Begriff Geisteskrankheit können wir rasch hinweggehen, da er in seiner Klarheit wohl kaum Missverständnisse veranlassen wird. Man versteht darunter alle angeborenen und erworbenen Anomalien des psychischen Lebens. Bei dem Worte

„Bewusstlosigkeit" dagegen müssen wir uns etwas länger aufhalten. Im gewöhnlichen Sprachverkehr versteht man unter Bewusstlosigkeit ein zeitweiliges vollständiges Cessiren aller gewollten Geistesthätigkeiten. Da der Wille vollkommen ausser Function getreten ist und da ferner die Perception äusserer Eindrücke durch die Sinnesorgane sistirt, so ist damit auch die Unmöglichkeit des Handelns überhaupt bewiesen. Der Bewusstlose im gewöhnlichen Sinne kann das Opfer eines Verbrechens werden, aber er selbst kann unmöglich ein solches begehen. Wenn wir nach dem Gesagten nun nicht annehmen wollen, dass der Text des §. 51 ein Nonsens ist, dann müssen wir uns nach einer anderen Erklärung der Bewusstlosigkeit umsehen, d. h. wir müssen nachforschen, ob der Begriff nicht weiter und allgemeiner zu fassen, und das ist de facto der Fall.

Der Jurist versteht unter Bewusstlosigkeit nicht ein vollendetes Cessiren der psychischen Actionen, sondern einen Zustand, in welchem die vorgenommenen Handlungen nicht bis zur Höhe des Bewusstseins resp. des Selbstbewusstseins vordringen.

Ich kann hier die Ansicht eines Juristen als mit der meinigen übereinstimmend anführen. Dr. Schwarzer sagt in seiner Abhandlung „Die Bewusstlosigkeitszustände als Strafausschliessungsgründe"[*): „Unter Bewusstlosigkeit versteht man ein gänzliches, obwohl nur stets vorübergehendes Cessiren aller seelischen Thätigkeit — ein transitorisches Herabsinken des ganzen geistigen Lebens auf den Nullpunkt. In diesem Zustand kann man aber nicht handeln, weil sowohl die Actionsfähigkeit wie auch der Wille vollständig fehlt. — Was aber die Gesetzgebung entgegen dem Sprachgebrauch als Bewusstlosigkeit bezeichnet, ist nichts Anderes, als ein in Folge von Bewusstseinsstörung eingetretener Mangel an ruhiger Besonnenheit, Ueberlegung und Einsicht. Der Thäter handelt wohl gleichsam unbewusst, seiner Sinne nicht vollkommen mächtig, wie im Traum, aber nicht bewusstlos."

Wenn man die Begriffe „unbewusst" und „bewusstlos" nebeneinandergestellt sieht und den einen annimmt, während der zweite

---

[*) l. c. p. 7 ff.

ausgeschlossen ist, kann es sich leicht ereignen, dass Jemand diese
Erklärung als eine sophistische auffasst, damit aber der Sache aus
dem Wege geht. Wenn wir uns den Ablauf der Gehirnvorgänge
etwas genauer vorstellen, kommen wir auch leichter in die Lage,
zwischen unbewusst und bewusstlos zu unterscheiden.

Aus dem im allgemeinen Theil Gesagten wissen wir, dass nicht
jede Thätigkeit unseres nervösen Centralorganes gleich ist an Werth.
Was ist für ein gewaltiger Unterschied zwischen dem nach klarer
Ueberlegung ausgeführten Acte und den Reflexvorgängen, zwischen
den Gedankenäusserungen des logisch Satz an Satz reihenden medi-
tirenden Philosophen und dem Denken des unreifen, tändelnden
Kindes? Während in dem ersteren Falle das Selbstbewusstsein
über alle im Gehirn sich entwickelnden Gedankenreihen vollständig
orientirt ist, kommen die zweiten häufig gar nicht bis herauf zur
Bewusstseinsschwelle, sie erfolgen rein mechanisch, automatenhaft.
Freilich lässt sich den Handlungen nicht immer -- wenn es auch
häufig möglich ist — ansehen, ob sie energisch gewollt oder reflectorisch ungewollt abgelaufen sind. Wir haben aber ein untrügliches
Kennzeichen für den „Werth" einer Handlung in der Repro-
ductionsmöglichkeit. Alle Reflexactionen werden mehr oder
weniger, theilweise vollständig vergessen sein, während andererseits
die mit Ueberlegung und bei klarem Verstande ausgeführten Thaten
eine gewisse — und zwar meist längere — Zeit hindurch mit Hilfe
des Gedächnisses reproducirt werden können. Es ist, um einen
recht handgreiflichen Vergleich zu bringen, genau so, wie beim
Phonographen. Die Handlungen gleichen den auf den Phonographen
hingesprochenen Worten, die gewollten denen, welche deutlich und
laut sind, die reflectorischen den anderen undeutlichen. Die ersteren
werden auf dem Staniolstreifen einen markanteren Eindruck hinterlassen als die letzteren und darum auch bei der Reproduction leicht
wieder erkannt werden, wogegen die undeutlichen noch undeutlicher
oder unverständlich klingen.

Es wäre aber falsch, wenn man annehmen wollte, dass diese
beiden Arten von Aeusserungen unseres Gehirns die einzigen sind,
die es giebt. Wie es überall ist, wie der Sommer nicht direct auf
den Winter folgt, sondern erst durch den Frühling sich anmeldet,
wie das menschliche Herz nicht blos Leid und Freud allein, jedes

in scharfem Gegensatz zum anderen empfindet, sondern wie es zwischen beiden die Mittelstufen des gemüthlichen Gleichgewichtes giebt, so ist es auch bei den vorgenannten zwei Begriffen. Es giebt gerade hier eine unendlich grosse Anzahl von Mittelstufen, eine Menge von Nüancirungen, und gerade diese Mittelzustände bieten grösseres Interesse als die ausgesprochenen Extreme, die ja ohne Weiteres zu erkennen sind.

So kann es vorkommen, dass beim ganz normalen Menschen einzelne Vorgänge über die Bewusstseinsschwelle emportauchen, während andere gleichzeitig ablaufende sie eben noch erreichen und darum gewissermassen nebel- und schleierhaft in der Erinnerung schweben, und andere schliesslich kommen nicht einmal so weit und sind darum sofort nach ihrer Vollendung „vergessen". — Wir haben also allen Grund, die Rückerinnerungsmöglichkeit als ein wichtiges Kriterium des Bewusstseinszustandes zu einer gewissen Zeit anzusprechen.

Hier ist auch der Platz, sich klar zu machen, dass die Erinnerung ihre verschiedenen Grade hat. Wir unterscheiden:

1) Völlige Amnesie; alles Geschehene ist vollständig aus dem Gedächtniss geschwunden. Durch keine Hilfe gelingt es, den zerrissenen Faden wieder zu knüpfen.

2) Die Erinnerung ist eine summarische, d. h. das Vergangene ist nur in grossen Zügen dem Thäter bekannt. Der delirante Brandstifter weiss noch, wie das Feuer aus dem Dache schlug, und dass er dann um Hilfe rief, aber alle Details, besonders die Vorgänge vor dem Verbrechen und die Motive zu demselben sind ihm entschwunden.

3) Es kann vorkommen, dass Jemand nach einem Delirium sich noch ganz deutlich auf die Hallucinationen in demselben zurückerinnert, aber nicht auf das aus ihnen resultirende Handeln und auf das Verhalten seiner Umgebung; der Inhalt der deliranten Vorstellung ist mit Ausschluss der äusseren Sinneswelt erhalten.

4) Die Erinnerung fehlt bei der Wiederherstellung des normalen Befindens, kehrt aber dann zurück, wenn der abnorme Zustand wieder eintritt. In diesem ist die Rückerinnerungsmöglichkeit an die luciden Zeiten geschwunden. Wir finden diese Beobachtung nicht.

selten bei der Hypnose und sprechen dann von einem doppelten
Bewusstsein.

5) Endlich ist es bekannt, dass in gewissen Fällen unmittelbar
nach dem krankhaften Verhalten die Erinnerung erhalten ist, dann
aber rasch und vollständig verschwindet. Dies kommt vor bei den
Dämmerzuständen und bei den Träumen.

Mit dem hier Angeführten dürften die verschiedenen Arten des
Erinnerungsvermögens erschöpft sein.

Nachdem wir also diesen für die Beurtheilung des Bewusstseins
hochwichtigen Factor kennen gelernt haben, gehen wir zu dem
Begriffe Zurechnungsfähigkeit über. Wir wollen vorerst die
Ansicht der Juristen über die Abhängigkeit der Zurechnungsfähigkeit von dem Verhalten des Bewusstseins kennen lernen.

Gegen die Ansicht Stahl's in seiner „Rechtsphilosophie"*):
„das Bewusstsein als eine positive Kraft ist unendlicher Steigerung,
unendlicher Herabsetzung fähig. Die Menschen sind daher in ver-
schiedenem Grade zurechnungsfähig" kann ich Wahlberg's**)
Meinung anführen: „Der Mensch ist entweder im Stande, sich nach
Vernunftgründen selbständig zu bestimmen, das Gute und Böse zu
unterscheiden oder nicht. Ein Drittes giebt es ebenso wenig, als
es einen halb- oder viertelfreien Willen geben kann." Von diesen
beiden Ansichten nimmt die erstere die geminderte Zurechnungsfähigkeit an, während die andere sich nur an die starren Extreme
hält. Mir scheint Stahl's Ansicht als die einzig annehmbare und
ich kann für mich die Autorität des Psychiaters Neumann zu
Hilfe rufen. Derselbe sagt in seinem „Leitfaden der Psychiatrie"***):
„Für mich giebt es keine absolute Zurechnungsfähigkeit oder —
Unfähigkeit. Für mich fallen alle menschlichen Seelenexistenzen
zwischen jene beiden Pole, sie sind Grade des Meridians, welcher
durch jene beiden Pole geht. Für mich giebt es nicht nur Grade
der Zurechnungsfähigkeit, sondern es giebt überhaupt nichts anderes
als Grade derselben."

Die Frage nach den Bedingungen, von denen die Zurechnungs-

*) l. c. II. p. 76.
**) In Bruck, Zur Lehre von der criminalistischen Zurechnungsfähigkeit.
p. 152, Anm. 26.
***) l. c. p. 134.

fähigkeit abhängt, beantwortet Mittermaier *) in folgender Weise:

„Dieselbe hängt ab:

1) vom Selbstbewusstsein, nach welchem der Handelnde sich und seine Beziehung zu der in Frage stehenden Handlung kennt;

2) vom Bewusstsein der vorzunehmenden Handlung und ihrer Beschaffenheit;

3) vom Bewusstsein der Aussenwelt und ihrer Beziehung zur Aussenwelt;

4) vom Bewusstsein des Unerlaubten der Handlung.

Wir haben also als für die Zurechnung zu einer That nothwendige Momente, dass der Thäter vollständig klaren Verstandes ist, dass er den Werth resp. Unwerth des Beabsichtigten erkennen kann, dass er ferner im Stande ist, mit gesunden Sinnesorganen seine Umgebung zu beurtheilen und schliesslich weiss, dass die Handlung verboten ist und bestraft wird.

Der letzte Punkt aber, nämlich das Bewusstsein des Unerlaubten einer Handlung, widerspricht der Praxis der Gesetzesanwendung. Es giebt eine Reihe von Verordnungen und Gesetzen, die dem Laien zwar zugänglich sind, wenn er sich bemüht, sie kennen zu lernen, die er aber im Allgemeinen doch nicht im Gedächtniss hat. Unkenntniss des Gesetzes schützt nicht vor Strafe, ist ein alter und viel gebrauchter Satz. Wir sehen also daraus, dass, wenn Mittermaier Recht behält, ein Mensch bei Gesetzesunkenntniss zwar unzurechnungsfähig sein kann, aber dennoch bestraft wird. In praxi wird dieser scheinbare Widerspruch aber keine grosse Bedeutung haben. Denn alle wichtigen Gesetze, deren Uebertretung mit schweren Strafen geahndet wird, sind durch die Lehren der Moral und Religion aus dem Schulunterricht nahe gelegt. Wer einen Mord, einen Todschlag, einen Betrug oder Diebstahl begeht, braucht die Gesetzesstelle nicht zu wissen, sein Gewissen muss ihm schon sagen, dass er damit sich gegen göttliche sowohl wie auch menschliche Gesetze vergangen hat. Unkenntniss des Gesetzes ist blos dann anzunehmen, wenn es sich um polizeiliche Verbote, um Gemeindevorschriften

---

*) In Bruck, Zur Lehre von der criminalistischen Zurechnungsfähigkeit. p. 152, Anm. 26.

handelt, und deren Uebertretung ist meist nicht von schlimmen
Folgen begleitet, sondern wird durch eine pecuniäre Busse gesühnt.
Trotzdem ist es misslich, wenn wir bei einer Theorie über die
Bedingungen eines so wichtigen Begriffes, wie es die Zurechnungsfähigkeit ist, einen der aufgezählten Punkte als irrig und den that-
sächlichen Verhältnissen nicht entsprechend zurückweisen müssen.
Einfacher und richtiger scheint demnach Berner's Erklärung zu
sein, wie sie in Bruck (Zur Lehre von der criminalistischen Zurechnungsfähigkeit) gegeben ist*): die Zurechnungsfähigkeit hängt
ab: „vom

1) Selbstbewusstsein,
2) Bewusstsein der Aussenwelt,
3) entwickelten Pflichtbewusstsein."

Bevor wir dazu übergehen, im Fortgang dieser Schilderungen
die Stellung des Arztes zu dem §. 51 näher zu präcisiren, wollen
wir noch ein Strafgesetzbuch nachschlagen, welches nach dem
deutschen entstanden ist. Wir werden gleich sehen, ob es in
den uns interessirenden Fragen einen Fortschritt enthält. Es ist
dies das italienische Strafgesetzbuch.

Es liegt mir vor: „Progretto del codice penale del Regno
d'Italia, 1883. In Titolo II (Dei Delitti) lautet §. 46: „Non è im-
putabile celui che nel momento dell' azione era in istata di follia,
o in qualsivoglia stato di mente che tolga la coscienza di commettere
un delitto, ovvero vi fu costretto da una forza esterna alla quale
non poté resistere."

Ich brauche wohl nicht zu betonen, dass das italienische Strafgesetzbuch, was die Beurtheilung der Bewusstseinsstörungen betrifft,
nicht über dem deutschen steht.

Auch in Oesterreich geht man damit um, ein neues Strafgesetzbuch einzuführen, aber es wird noch mindestens ein Jahr dauern,
bis die Motive dazu herausgegeben werden, das, was bisher von
demselben bekannt geworden ist, legt den Gedanken nahe, dass bei
der Anlehnung des ganzen Gesetzes an unser deutsches Recht auch
der „Bewusstseinsparagraph" nicht geändert werden wird.

---

*) l. c. p. 12.

Nun erübrigt noch, auf eine Streitfrage einzugehen, die schon vielfach besprochen, die für und wider entschieden worden, die in der Praxis sich häufig ganz anders darstellt, als wir es nach der Theorie vermuthen sollten. Es ist dies die Frage, wie sich der Arzt zu dem Beisatz des §. 51, der von der freien Willensbestimmung handelt („durch welchen seine freie Willensbestimmung ausgeschlossen war") zu stellen hat. Er erhebt die Anamnese, stellt den Status fest und äussert sich dann, ob im Sinne des Gesetzes eine Bewusstlosigkeit oder eine krankhafte Störung der Geistesthätigkeit gegeben war. Hat er nun die Pflicht, sich auch darüber zu äussern, ob durch die von ihm festgestellten Zustände der freie Wille auszuschliessen ist, darf er dies überhaupt thun, oder hat er das Recht, diese ihm vom Richter gestellte Frage einfach zurückzuweisen?

Wenn wir die Entstehung des §. 51 in den Motiven zum Entwurfe des Reichs-Strafgesetzbuches, die in „sämmtlichen Drucksachen des Reichstages des Norddeutschen Bundes vom Jahre 1870" enthalten sind, verfolgen, so finden wir in dem Gutachten, das von der Leipziger Facultät eingeholt wurde, Nachstehendes: „Der Gerichtsarzt hat zunächst zu untersuchen, ob Krankheit vorhanden war oder nicht, in welch' letzterem Falle er sich aller weiteren Erörterungen zu enthalten hat." Verständlicher konnte der Relativsatz kaum gehalten sein. Wir lesen nun weiter: „Es darf nicht befürchtet werden, dass dadurch (durch den Zusatz der Formel: Ausschliessung der freien Willensbestimmung) die verschiedenen metaphysischen Auffassungen über die Freiheit des Willens im philosophischen Sinne in die Criminalverhandlungen gezogen werden, denn es ist damit klar ausgesprochen, dass damit im einzelnen Falle nur untersucht werden soll, ob derjenige normale Zustand geistiger Gesundheit vorhanden sei, dem die Rechtsanschauung des Volkes die strafrechtliche Verantwortung thatsächlich zuschreibt, während diese letztere Thatsache selbst durch das Gesetz festgestellt und jeder weiteren Erörterung im einzelnen Falle entzogen ist. Sache des leitenden Richters ist es, die hierdurch gezogene feste Grenze nicht überschreiten zu lassen."

Was wir als ganz klar aus den Motiven zum Entwurf des Reichsstrafgesetzbuches herauslesen, finden wir auch anderweitig bestätigt. So sagt Berner*): „Der Schluss, den der Arzt aus dem Seelenzustand auf die Zurechnungsfähigkeit zieht, unterliegt, weil er wesentlich zur Rechtsprechung gehört und einen strafrechtlichen Begriff bildet, der sorgfältigen Controlle des Richters. Der Arzt brauchte ihn in seinem Gutachten gar nicht zu ziehen, konnte dasselbe vielmehr auf den Seelenzustand beschränken, ebenso wie er sich bei Tödtungen auf die Feststellung des Causalzusammenhanges beschränken und die davon wohl zu unterscheidende Zurechnungsfrage gänzlich dem Richter überlassen kann."

Ein kleiner Unterschied ist aber doch aus den beiden Ansichten zu ersehen. Während die Motive zum Reichsstrafgesetzbuch klar und deutlich sagen: „in welch letzterem Falle er sich aller weiteren Erörterungen zu enthalten hat", sehen wir aus Berner's Erklärung: „der Schluss, den der Arzt aus dem Seelenzustand auf die Zurechnungsfähigkeit macht, unterliegt ... der Controlle des Richters", dass er die Möglichkeit eines ärztlichen Gutachtens über die freie Willensbestimmung zugiebt. Denn, wenn der Schluss des Arztes der Controlle des Richters unterworfen ist, so muss doch wohl der ärztliche Experte vorerst diesen Schluss gezogen haben! — Den weiteren Vergleich mit der Feststellung des Causalzusammenhanges bei Tödtungen halte ich nicht für ganz geeignet, denn wir brauchen uns blos an den §. 223 a (Ist die Körperletzung mittels einer Waffe, insbesondere eines Messers oder eines anderen gefährlichen Werkzeuges, oder mittels eines hinterlistigen Ueberfalles, oder von Mehreren gemeinschaftlich, oder mittels einer das Leben gefährdenden Behandlung begangen, so tritt Gefängnissstrafe nicht unter zwei Monaten ein) zu erinnern, um auch sofort zu wissen, dass in unzähligen Fällen der Richter an den Arzt die Frage stellt und beantwortet erhält, ob das gebrauchte Werkzeug ein „gefährliches" im Sinne des Gesetzes gewesen ist. Die endgültige Entscheidung darüber steht doch wohl nur in dem Ermessen des Richters und trotzdem erholt er sich Rathes bei dem zugezogenen Experten.

Wenn ich Schütze's**) Ansicht hier reproducire, so gebe ich eigentlich nur eine Wiederholung der Berner'schen Ansicht: „Dem Begutachter ist nur die Vorfrage vorzulegen, ob ein abnormer

---

*) Citirt aus Allg. Zeitschrift f. Psychiatrie. 1886. p. 506.
**) Aus Allg. Zeitschrift f. Psychiatrie. 1886. p. 506.

Geisteszustand oder geistige Unreife bestehe, resp. bestanden habe, niemals aber die Frage, ob der Angeschuldigte zurechnungsfähig. Das Gericht hat da selbständig zu prüfen, inwieweit das Gutachten die Ueberzeugung bewirken könne, dass jener abnorme Geisteszustand vorgelegen und daraus nach rein strafrechtlichen Erwägungen den Schluss zu ziehen, ob Unzurechnungsfähigkeit anzunehmen ist oder nicht."

Ich bin mir wohl bewusst, dass in Schütze's Auslassungen nirgends ein Wort von freiem Willen vorkommt, und man könnte mir entgegnen, das Citat sei hier nicht am Platze, denn es spreche ja von etwas Anderem, als was ich behandle; aber man würde mir Unrecht thun. Die Zurechnungsfähigkeit hängt einzig und allein ab von der Verfassung des freien Willens im Momente der That. Darum darf man die beiden Begriffe in meinem Sinne identificiren. Wer dem Arzt das Recht nimmt, sich über die Zurechnungsfähigkeit zu verbreiten, der nimmt ihm damit auch dasselbe Recht bezüglich der Verfassung des freien Willens.

Haben wir nun die Ansichten der Juristen gehört, so sollen auch die Mediziner zum Wort kommen. Mendel*) erklärt, die freie Willensbestimmung sei kein medizinischer Begriff und demnach könne der Sachverständige nicht angeben, ob sie vorhanden war oder nicht. Der Gesetzgeber habe durch die Motive zum §. 51 (im Entwurf war es der §. 49) klar bestimmt, dass der Relativsatz nicht von dem sachverständigen Arzte zu beantworten sei und damit stimmten hervorragende Rechtslehrer in ihren Commentaren zum Strafgesetzbuch überein.

Es ist nun ganz wunderbar, auf der einen Seite diese scharf ausgesprochenen Ansichten, die Zurückweisung des Arztes zu vernehmen und dann in der Praxis die Erfahrung zu machen, dass immer und immer wieder der Arzt zum Schlusse seines Gutachtens gewissermassen als Resumé desselben sich auch noch über den Zustand des freien Willens auslässt. Die Frage wird tausendfach gestellt, tausendfach beantwortet, und ich möchte fast annehmen, dass ein Arzt, der sich weigert, den ominösen Relativsatz zu beantworten, berechtigte Verwunderung erregen würde. Es kann aber,

---

*) Allg. Zeitschrift f. Psychiatrie. 1886. p. 507.

wenn wir von dem rein akademischen Streite absehen, auch bedenkliche Folgen haben, wenn der begutachtende Arzt einzig und allein nur feststellt, ob sein Client bewusstlos oder geistig gestört war, es giebt ungezählte Fälle, in denen der Richter einfach gar nicht im Stande ist, trotz der Ausführungen des Arztes aus denselben den freien Willen zu construiren oder zu eliminiren, und zwar deswegen, weil er die krankhaften Störungen der Psyche nicht in ihrem vollen Werthe würdigen kann. Es giebt Zustände, die nur der erfahrene Psychiater, die nur der Psychologe durchschaut und die so verwickelt sind, dass eine allgemein verständliche Schilderung derselben direct unmöglich ist. Der Richter hat ja immer noch Zeit genug, er hat ja auch die Pflicht, nach eigenem Ermessen zu urtheilen, und wird wohl kaum ungünstig beeinflusst, wenn er auch noch weiss, wie der Arzt über den freien Willen des Untersuchten denkt.

Es sind goldene Worte, die uns Savage in seinen „Geisteskrankheiten"*) giebt: „Die Frage nach der Zurechnungsfähigkeit ist im Grunde überhaupt keine ärztliche Frage. Sie ist entweder eine solche der Philosophie oder des Rechtes oder des gesunden Menschenverstandes. Indessen können weder der Philosoph noch der Jurist, noch der gesunde Menschenverstand, wenn es sich um Fälle von Geistesstörung handelt, einen Schritt thun ohne Kenntniss der nöthigen Thatsachen. Diese bilden den Bereich des Arztes und wenn er auch die Erörterung der Frage nach der juristischen oder philosophischen Zurechnungsfähigkeit nicht selbst übernimmt, so ist es doch erwünscht, dass er aus seiner Erfahrung die Bausteine zur schliesslichen Errichtung des Gebäudes herzuträgt. Und in Fällen, wo es sich darum handelt, ob geisteskranke Personen in ihren gewöhnlichen socialen Beziehungen für zurechnungsfähig zu halten sind, ist der Arzt nach seiner ganzen Stellung allein befähigt, eine richtige Meinung zu äussern und Anderen einen Rath zu ertheilen."

Wenn also in der Praxis anders gehandelt wird als die Theorie dies vorschreibt, so können wir daraus schliessen, dass letztere weniger dem Leben angepasst ist als erstere. Der Arzt hat das

---

*) Leipzig 1887. p. 555.

Recht, die Frage nach der Zurechnungsfähigkeit von seinem Standpunkt aus zu beantworten, in vielen Fällen wird der Richter gar nicht entscheiden können, wenn nicht vorher dieser Punkt klargestellt ist. Nach dem Gesetze und nach den Commentaren hervorragender Rechtsgelehrten hat aber der Arzt auch das Recht, sein diesbezügliches Urtheil hintanzuhalten. Ich glaube nicht, dass man ihn zwingen kann, seine Ansicht über die Anwendbarkeit des Schlusssatzes unseres Paragraphen zu äussern, aber ich wünsche, dass möglichst wenig Weigerungen vorkommen, denn wer anders sollte des menschlichen freien Willens resp. der Gebundenheit desselben Richter sein als der Arzt, der ja auch der einzige ist, der die Untiefen des Charakters, die hereditären Einflüsse, die Wirkungen acuter und chronischer Krankheiten des Gehirnes in ihrem wahren Werthe erfassen und würdigen kann!

Der Begriff Bewusstsein ist ein noch lange nicht so geklärter, als wir es im Interesse unserer kranken Mitmenschen sowohl wie der Handlungen der Normalen wünschen könnten; wie sehr die Ansichten auseinandergehen, haben wir in dem einleitenden Capitel gesehen. Tot capita, tot sensus. Aber gerade das noch ungenügend Erforschte reizt an. Was klar vor den Augen liegt, verliert bald an Werth, es geht damit gerade so wie mit dem Begriffe Glück. Wir schaffen und streben nach irgend einem Gut, dessen Erreichung uns die reinsten Erdenfreuden verspricht, und wenn wir am Ziele angekommen sind, dann ist das Glück unendlich kleiner als wir gehofft. Nur im Emporklimmen, im Ringen und Streben sucht der Weise Befriedigung. Darum sei es uns nicht leid, dass auch in dem behandelten Thema noch manche Lücke herrscht, noch manche Frage offen steht, die der Beantwortung harrt. Wir wollen Baustein um Baustein zusammentragen, jeder nach seiner Kraft, zum Heile unserer Mitmenschen und zur Vermehrung unserer Erkenntniss.

Namen- und Sachregister.